新闻传播学系列教材

U0646363

XINWEN LUNLI YU FAGUI
新闻伦理与法规

罗　彬◎主　编

北京师范大学出版集团
BEIJING NORMAL UNIVERSITY PUBLISHING GROUP
北京师范大学出版社

图书在版编目（CIP）数据

新闻伦理与法规/罗彬主编. —北京：北京师范大学出版社，
2012.6（2024.8重印）

（新闻传播学系列教材）

ISBN 978-7-303-14468-6

Ⅰ.①新… Ⅱ.①罗… Ⅲ.①新闻学－伦理学－高等
学校－教材②新闻工作－法规－中国－高等学校－教材
Ⅳ.①G210-05②D922.16

中国版本图书馆 CIP 数据核字（2012）第 101981 号

图书意见反馈：gaozhifk@bnupg.com 010-58805079

出版发行：北京师范大学出版社 www.bnupg.com
　　　　　北京市西城区新街口外大街 12-3 号
　　　　　邮政编码：100088
印　　刷：北京天泽润科贸有限公司
经　　销：全国新华书店
开　　本：730 mm×980 mm 1/16
印　　张：13.5
字　　数：318 千字
版　　次：2012 年 6 月第 1 版
印　　次：2024 年 8 月第 7 次印刷
定　　价：25.00 元

策划编辑：王　强　　　　责任编辑：王　强
美术编辑：毛　佳　　　　装帧设计：毛　佳
责任校对：李　菡　　　　责任印制：马　洁

《新闻伦理与法规》
编写委员会

主 编
罗 彬

编 委
（按音序排列）

艾美华　郇 波　何秋红

李 彧　罗 彬　武鸿鸣

许全亮　杨永强　张菊兰

朱爱敏

目　录

第一章　新闻伦理概论

第一节　伦理、道德、新闻道德

一、伦理与道德

"伦理"一词源于希腊语"ethos"，义为品性、气禀以及风俗、习惯。"道德"一词源于拉丁文"mos"，义为品性、风习。在西方，伦理和道德二词含义相同，都是指外在的风俗、习惯以及内在的品性、品德，都是关于如何规范人们的行为。

在中国，伦理和道德在词源含义上却有所不同。"伦"本义为"辈"，引申为人际关系。"理"本义为"治玉"，引申为整治和物的纹理，如修理、理发、木理、机理，进而引申为规律和道理。"伦理"合称则指人与人之间相处应当遵守的道理、规律，或指人际行为事实如何的规律以及应该如何的规范。"道"本义为"道路"，引申为规范、规则。"德"本义为"得"，是对"道"的内心感悟；引申为品德。"道"是"德"的前提，没有"人所共由"的规范、规则，就不可能有对规范、规则的内心感悟；而"德"则是"道"的归宿，规范、规则只有通过"有得于心"才能被接受，并发挥作用。所以，"道"是外在规范，是未能转化为个体内在心理的社会规范；而"德"是内在规范，是已经转化为个体内在心理的社会规范。"道德"则指人际行为应该如何的规范。

道德和伦理在中国是整体与部分的关系。伦理是整体，其含义有二：人际行为事实如何的规律以及应该如何的规范；道德是部分，其含义仅一：人际行为应该如何的规范。

二、道德与应该

"道德"是人际行为应该如何的规范，那么是不是人际行为应该如何的规范一定是道德的？如吃饭，西方习惯用刀叉，印度人则习惯用手指，这两种习惯是两种应该如何的行为规范，却皆非道德。因为这些行为不具有利害社会之效用，也就无所谓道德不道德。"应该"是行为所具有的能够达到主体的目的、满足主体的需要、实现主体的欲望的效用性，简言之，就是行为能够实现其目的的属性，如"饿了要吃饭"、"渴了要喝水"、"累了要休息"。反之，则是不应该。

应该与不应该并不一定具有道德含义，它们只是行为对于目的的效用性。一个人的目的不论如何邪恶，他的某种行为如果能达到其邪恶的目的，那么，对于他来说，这种行为便是他应该做的；他的某种行为如果不能达到其邪恶的目的，那么，对于他来说，这种行为便是他不应该做的。如杀人者不应该把自己的指纹留在凶器上。"应该"是行为的善，是行为能够实现其目的的效用性。"应该"这种善仅仅存在于意识、目的领域。在意识、目的领域只有自由的、可选择的东西才可以言应该不应该。我们不能说一个人生得美是应该的，而生得丑是不应该的，因为这是不自由的、不可选择的。

道德是具有社会效用的行为应该如何的行为规范，是社会制定或认可的关于人们的对于社会具有利害效用的行为应该如何的规范。具有社会效用的行为有三种：一是利害社会的行为；二是利害他人的行为；三是利害自己的行为。所以，所谓道德，说到底，也就是关于有利或有害社会与他人以及自己的行为应该如何的规范。

三、道德应该与非道德应该

"应该"分为"道德应该"和"非道德应该"两大类。道德应该与道德不应该是行为对于社会创造道德的需要、欲望、目的的效用性，也就是行为对于道德目的的效用性。符合即为道德应该，也就是该行为有利于社会、他人，对社会具有正效用，具有可普遍化，如尊老爱幼、拾金不昧、诚信等。相违则为道德不应该，也就是该行为不利于社会、他人，对社会具有负效用，如偷盗、撒谎、欺骗等。非道德应该则是指行为对于非道德目的（如个人目的）的效用性，不具有可普遍化，它往往只是 A 的应该，而不是 B 的应该。

道德应该具有可普遍化性，因为道德目的是普遍的、一般的，任何社会都一样的，都是为了保障社会存在发展，增进每个人利益，实现每个人幸福，它是每个人的应该。

四、道德的本质

道德起源于社会的存在和发展的需要，是维持社会活动秩序从而保障其存在和发展的手段。保障社会存在发展是道德的普遍目的，而保障社会的存在和发展最终是为了增进每个人的利益，实现每个人的幸福。可见，道德的起源和目的是他律的，道德起源于道德之外的他物。为什么道德的起源和目的是他律的呢？这是由道德的本性决定的：道德乃是一种必要的恶。

道德就其本性来说就如同法律一样，是对人的某些欲望和自由的限制、约束、侵犯、压抑，因而其本身对人非但无益而是具有害。对人有益的是这些规范对人的损害所达到的结果、目的，它能够求得更大的利或防止更大的害，因而是一种必要的恶，是一种净余额为善的恶，它能够求得更大的善或防止更大的恶。道德规范则无不压抑人的欲望，侵犯人的自由，损害自我利益。道德规范所要求的境界越高，对自己的自由和欲望等利益的侵犯便越重。所以，只要符合道德较低标准（如为己利他、单纯利己）便无害社会和他人的行为，就不应该要求这些行为符合价高标准（如自我牺牲、无私利他）。只有不符合道德较高标准便有害于社会和他人的行为，才应该要求这些行为符合道德较高标准。

五、善与恶

所谓善，就是事物所具有的对于主体来说能够满足需要、实现欲望、达成目的的效用性，是人们所赞许、所选择、所欲望、所追求的东西。所谓恶，则是阻碍满足需要、实现欲望、达成目的的效用性。善与恶是客体的事实属性对于主体的需要、欲望、目的的效用性，而主体的需要、欲望和目的则是善与恶的标准。几乎所有的东西都可以言善恶，如晨风夕月、街柳亭花、民主自由、科学艺术等皆有用于人，因而都是善；地震飓风、山洪暴发、专制奴役、愚昧迷信等皆有害于人，因而都是恶。

道德应该也即道德善，是指人的行为所具有的能够满足社会创造道德的需要、欲望和目的的属性。道德不应该也即道德恶，则是指人的行为所具有的违背社会创造道德的需要、欲望和目的的属性。如"偷盗"对于个人来说是善，对于他人和社会则是恶。

道德善恶从属于善恶，但二者是有区别的。首先，它们的善恶客体或对象根本不同。善恶的客体或对象是一切客体、一切事物。与之相反，道德善恶的客体则仅仅是一种特殊的客体：每个人的行为和品德。其次，它们的主体根本不同。善恶的主体是任何具有需要、欲望、目的的生物，是任何人的需要、欲望和目的。与之相反，道德善恶的主体则是一种特殊的主体——社会，是社会创造道德的需要、欲望、目的。

六、两种代表性的道德标准：道义论与功利主义

道德起源于人类社会自身存在和发展的需要，是用来调整人与人、人与社会、人与自然之间的关系的行为准则和行为规范。因此，在一定社会的道德观念中，凡是有利于这种关系稳定，避免人与人之间、人与社会之间、人与自然之间发生冲突的行为均可以认为是道德的，即善的；反之，凡是不利于这种关系的稳定，导致人与人之间、人与社会之间、人与自然之间发生冲突的行为则是不道德的，即恶的。所以，道德标准主要就是是否有利于人与人、人与社会、人与自然之间关系的和谐与稳定，这也是一般伦理学意义上的道德标准。这种道德标准是人们评价道德行为的最直接的尺度，也就是说它可以用来直接

对某一道德行为做善与恶的评价。但在一些非常的、例外的、极端的情况下，如在应该与应该之间、善与善之间、两个有价值的东西之间进行一种非此即彼的道德选择，这时道义论与功利主义则提供了两种不同的道德标准。

道义论主要来源于康德的"绝对服从"。其核心思想认为具有道德的个体是自由和理性的，个体行为应遵循这样的前提，即他所做出的选择成为普遍的法则，"绝对服从"统领一切，它的原则是一个人"必须只能按照绝对真理而行事，同时你的行为方式应当对所有理性存在而言是普遍的法则"[①]，对道德行为的检验——他强调的是行为——就是它的普遍适用性。从这个原则出发，判断一个行为是否道德是由这个行为本身的特性决定的，我们在行为时考虑到这个行为是道德的就去做，即为了行为而行为，而并不考虑这样做是否会产生好的结果。也就是说它不看行为结果，只看行为本身是否道德。即使结果是善的，但只要行为本身是恶的，就要放弃。

功利主义以边沁和穆勒为代表。其核心思想是行为的结果是评价该行为是否符合道德的关键，提出了最大多数人的最大幸福为是非尺度的原则。功利主义认为判定人的行为对错的唯一道德标准，是所采取的行为能否增进最大多数人的最大幸福；更准确地说，一个行为乃至一种行为规则或制度的正确与否，取决于它所达到的结果或追求的目的，相对于其他选择来说是否更加有利于"最大多数人的最大幸福"。它不看手段，只看目的，只要结果是善的，即使行为本身是恶的，也可以去做。边沁认为，感觉经验是包括道德知识在内的一切知识的最根本而又真实的基础，因此，伦理道德也不能不建立在为人类经验所认可的人的趋乐避苦的本性和自我利益的追求之基础上："当我们对任何一种行为予以赞成或不赞成的时候，我们是看该行为是增多还是减少当事者的幸福。"[②] 当每个人都真正得到了自己的最大利益时，社会也就达到了"最大多数人的最大幸福"，因为"最大多数人的最大幸福"原理依赖于每个人的最大幸福之加总。于是，功利主义道德基本上就在于苦乐的计算。

作为道德标准的道义论与功利主义，其本身有一定的局限性。道义论不考虑个体的需求和欲望，检验一个行为是否道德看它是否具有普遍性——即它是否适用于每个人，仅仅根据理性本身的概念来建立道德王国。但是，这幢巨大

---

① ［德］康德：《道德形而上学原理》，苗力田译，4 页，上海，上海人民出版社，1986。

② ［英］边沁：《道德与立法的原理绪论》，罗也明译，见周辅成编：《西方伦理学名著选辑》，下卷，211 页，北京，商务印书馆，1987。

的理性大厦似乎将人类视为纯粹理性的天使，脱离了自然王国，使情感的道德意义不能得到充分的解释。功利主义将最大多数人的最大幸福作为是非尺度，但我们运用功利原则的动机何在？我们是否有权利为了较多人的利益而牺牲一个个体的幸福？在任何情况下幸福都是可测量的吗？审视一个行为的结果来判断该行为的正确性，作为绝对的道德原则显然是有困难的。

七、新闻道德

新闻道德亦称新闻职业道德，是指新闻从业者在新闻传播活动中形成的被社会广泛认同的调整相互关系的行为规范，如真实、客观、公正、责任等。新闻从业者在新闻传播活动中其行为（包括行为的物化形态——新闻作品）有利于他人或社会，能够给受众以积极的影响，这样的报道行为就是道德的行为；反之，则是不道德的行为，如收受贿赂、捏造假新闻、刊登假广告等。新闻道德内化于新闻从业者的品格、习性和意向中，又通过其言行表现出来，是在新闻传播活动中发挥着特殊作用的规范性调节体系。新闻道德这种内化的规范只有当新闻从业者从内心认同、接受并转化为个人的情感、意志和信念时，才有可能发生作用。

这里需要注意的是：不道德行为不同于非道德行为。非道德行为是指该行为不是由一定的道德意识引起，通常也不涉及是否有益或有害于他人和社会的后果，不可能也不应当进行善恶评价的行为。当新闻传播行为仅仅作为一种新闻工作行为的时候，就如同工人做工、农民种地、医生看病、教师上课一样，其本身并无道德意义，只有当这种新闻工作行为涉及是否有利或有害于他人及社会时，才具有道德意义，才可进行道德评价。

新闻道德的发生及作用机制必须同时具备以下两个条件：首先，新闻传播者是在一定的道德意识支配下主动采取的行为。如果某一新闻传播行为是在传播者不自知的情况下表现出与他人和社会的道德价值关系，那么这一传播行为就不在道德范畴之列，因为无论这种行为的结果如何，作为行为主体的传播者至少不应该承担道德上的责任。如一名记者在完全不知情的情况下，采访对象将"红包"塞进他的提包，这种行为对于记者来说是没有道德责任的。但是当他过后发现了"红包"却没有主动上交或退还，明知违反了新闻职业道德但禁不住诱惑，这时的行为就明显具备了道德的意义。其次，新闻传播者是根据自己的意志自愿抉择而采取的行为。如果新闻传播者不是出于自愿而是被外力——比如行政命令、环境所逼、强力迫使等，强迫做出或在失去自主力的情况下做出的行为，或在没有内在道德动机时，偶然的、非主观的、属工作失误性质的行为，这些传播行为大都是不具有道德意义的。

第二节 新闻道德的起源与发展

新闻道德作为人类信息传播活动最基本的行为规范，同其他社会道德一样，都是一种社会意识，属于上层建筑意识形态的范畴，是由人们的社会经济关系决定的，并在一定历史时期和一定历史条件下逐渐形成并不断得到发展的。

一、中国新闻道德规范的形成及发展

（一）古代新闻道德的形成

发轫于唐代的古代报纸靠封建社会的一般道德标准来维系和支撑，但在某些问题上已折射出当时的新闻道德标准，包含新闻道德的萌芽。

古代的新闻传播经历了口头传播、手写文字传播、印刷传播几个阶段。在相当长的历史时期中，新闻道德和一般的社会道德交融在一起，像水与乳那样难以分开，如先秦诸子提倡的"诚"、"信"、"实"、"公"，不仅是做人的品德，也是新闻传播的品德。[1] "道听而涂［途］说，德之弃也"（《论语·阳货》），"巧言令色，鲜矣仁"（《论语·学而》），"巧言乱德"（《论语·卫灵公》），孔子这些关于道德的言论，也包含了某些新闻传播道德思想。在古代，没有新闻记者这个职业，当时的官吏便充当了新闻记者的角色。中国古代封建王朝有一个突出而优良的传统，就是历代统治者都非常重视修史，而历代的史官和史学家都极为注重自身的品性修养，都自觉或不自觉地以"史德"来规范自己的职业行为。唐代著名学者刘知几对于"史德"有详尽的阐释。他十分强调史家"犹须好是正直，善恶必书，使骄主贼臣所以知惧"（《旧唐书·刘子玄传》）。在古代，新闻传播就是凭借当时的社会道德标准，特别是"文德"、"史德"标准来维系和支持的。

具有原始形态的古代报纸发轫于唐代。兴于北宋末年、盛于南宋的民间小报出现之后，社会开始出现办报职业的萌芽。从这时开始，新闻道德才作为一种行业道德逐渐凸现出来，形成自己某些成文或不成文的道德标准。这种道德标准可以从宋代流传下来的有关民间小报的文献中依稀可辨，新闻真实性即一例。宋周麟之《海陵集》卷三中的《论禁小报》，指责小报报道"往往以虚为实，以无为有"。《宋会要辑稿·刑法二之一二三》也指责小报报道"甚至凿空

---

① 参见刘建明：《宏观新闻学》，289 页，北京，中国人民大学出版社，1991。

捏造，以无为有"等问题。这些材料从负面说明小报的某些报道有悖新闻的真实性原则。传媒造假无论在哪个年代、无论出于何种目的，都被认为是有失道德的表现。

（二）近代新闻道德的发展

在近代，随着生产力的发展和政治、经济的需要，加上外国人在中国办报的影响，中国报业开始大发展，新闻道德作为一种社会职业道德也开始变得突出起来，一些进步报人开始意识到了新闻职业道德问题。他们在西方新闻学思想的影响和启迪下，在他们论述报纸的文章中，开始有片段文字明确提到新闻职业道德问题。

1. 记者的"品性"最为重要

中国近代著名报刊政论家王韬在《论日报渐行于中土》一文中详细论述了记者品性的重要性。"顾秉笔之人，不可不慎加遴选。其间或非通才，未免识小而遗大，然犹其细焉者也；至其挟私讦人，自快其忿，则品斯下矣，士君子当摈之而不齿。"王韬在这里提出了对报纸从业人员选拔的标准，强调他们应是知识广博的"通才"，如果滥竽充数，则"识小而遗大"，不能抓住重要问题加以报道，所以秉笔之人"非绝伦超群者，不得预其列"。更重要的是，他们还应品德高尚，记事持论"其居心务期诚正"，只有这样报纸才能反映出"人心之所趋向"。他反对利用报纸作为攻击别人的工具，尤其谴责那种"挟私讦人，自快其忿"的不道德行为。郑观应在《日报》一文中讲了清正廉洁问题："执笔者尤须毫无私曲，暗托者则婉谢之，纳贿者则峻拒之，胸中一尘不染，惟澄观天下者得失是非，自抒伟论，倘有徇私受贿，颠倒是非，逞坚白异同之辩，乱斯民之视听者，则援例告官惩治……"太平天国洪仁玕在《资政新篇》"关于太平天国之办报条陈"中谈到"兴各省新闻官"时说："其官有职无权，性品诚实不阿者。"强调了新闻官德人品问题。此外，邵飘萍也对记者的品质和道德提出过严格要求，认为记者"品性为第一要素"，"所谓品性者，乃包含人格、操守、侠义、勇敢、诚实、勤勉、忍耐及种种新闻记者应守之道德"。

2. 报道务求客观、真实、公正、全面

近代报人在他们的论述中几乎都谈到了新闻真实性问题。1904年梁启超在为《时报》所撰写的《发刊例》上列举了数条真实报道、客观评述的办报原则。其中他写道："论说，以公为主。不偏徇一党之意见……纪事，以确为主。凡风闻影响之事，概不登录。若有访函一时失实者，必更正之……纪事，以直为主。凡事关大局者，必忠实报闻，无所隐讳……纪事，以正为主。凡攻讦他人阴私，或轻薄排挤，借端报复之言，概严屏绝，以全报馆之德义。"在《论

报馆有益于国事》一文中，抨击了"闭门而造，信口以谈"等违背新闻职业道德的弊端。

3. 报纸文风要直抒胸臆、通俗易懂

报纸文风也是新闻道德的一个重要内容。在报章文体上是拘泥章法、不脱八股俗套，还是追求简明浅显、平易畅达的文风，体现了报纸的报道取向和价值标准，因而同样具有十分鲜明的道德意义。王韬、梁启超等一代进步报人极力倡导报章文体的革新，他们力主"崇白话而废文言"，"报章宜改用浅说"，反对空洞的说教和浮华的论调，强调报纸文风要通俗明快、言之有物。

4. 记者的责任

徐宝璜是中国最早较为全面论述新闻道德的新闻理论家。他在《新闻学》中说道："新闻记者，对于社会，负有重大之责任。彼以颠倒是非，博官猎贿，或专以致富为目的而办新闻纸者，乃新闻事业之罪人也。"[①] 他认为，报纸是社会的公共事业，与政治、经济、教育、文化等有着重大的关系，记者要为这个社会负责。徐宝璜对记者应具有的道德品质做了较多的论述，在《新闻学》这本书中，专门列"访员应守之金科玉律"和"访员之资格"两节，来论述对记者（访员）的道德要求。我们完全有理由把它看做中国最早的新闻职业道德规范。

以上是近代一些杰出报人关于新闻道德的一些表述。留学日本的新闻学者任白涛于 1941 年出版了《综合新闻学》一书。在该书中，他以"新闻事业道德"为题，用专章论述了新闻伦理道德。

（三）新中国新闻道德规范

中华人民共和国成立以后，新闻伦理道德研究空前活跃，成果显著。五六十年代，新闻伦理建设基本是按照党的思想道德建设来进行，新闻事业与国家政治形势发展密切相关。"文化大革命"期间，新闻伦理建设处于停滞状态。

改革开放以后，中国新闻传媒在新闻道德建设方面取得了一定成效，相继出台了比较完备的法规和条例。1981 年，中共中央宣传部新闻局和中央新闻单位商拟了一个《记者守则》（草案），在新闻单位内部试行。《守则》共十条，从各方面对新闻工作者的职业道德进行了规范。1991 年 1 月，中华全国新闻工作者协会第四届理事会第一次全体会议正式通过了《中国新闻工作者职业道德准则》。后来又根据《准则》实施的情况，于 1994 年 6 月和 1997 年 1 月两次进行修订。1999 年 12 月通过了《中国报业自律公约》，并公布实施。具体

---

① 徐宝璜：《新闻学》，9 页，北京，中国人民大学出版社，1994。

来讲，改革开放以来新闻界的伦理建设过程经历了三个发展阶段。

第一个阶段：20 世纪 80 年代以来新闻界开展的以维护新闻真实性为主要内容的活动。1984 年 6 月，"全国新闻真实性问题座谈会"在山西太原进行。1987 年 9 月，中共中央宣传部、国家新闻出版署和中国记协等部门出台了《中国新闻工作者职业道德准则》（草案）。1991 年 1 月，中华全国新闻工作者协会正式通过了《中国新闻工作者职业道德准则》。

第二个阶段：20 世纪 90 年代开展的以反对有偿新闻为主要内容的活动。90 年代初，有偿新闻成为新闻界乃至整个社会的一个严重问题。为此，中共中央宣传部、国家新闻出版署联合发出《关于加强新闻队伍职业道德建设、禁止有偿新闻的通知》，并随即在国内掀起了一场禁止有偿新闻的大规模的宣传教育活动，表明了政府主管部门对此的态度。

第三个阶段：进入 21 世纪，新闻传媒伦理建设呈现出全新发展的态势。2001 年 9 月 20 日中共中央颁发的《公民道德建设实施纲要》第六部分对新闻工作者提出了要求，要"积极营造有利于公民道德建设的社会氛围"。"大众传媒……对公民道德建设有着特殊的渗透力和影响力……要宣传科学理论、传播先进文化、塑造美好心灵、弘扬社会正气、倡导科学精神，大力宣传体现时代精神的道德行为和高尚品质，激励人们积极向上，追求真善美；坚决批评各种不道德行为和错误观念，帮助人们辨别是非，抵制假恶丑，为推进公民道德建设创造良好的舆论文化氛围。"

二、西方新闻道德观

19 世纪后半叶，在自由竞争理念的推动下，西方资本主义报业发展很快。进入 20 世纪以后，西方社会传媒集中和垄断的加剧使传媒越来越被少数人所控制，成为少数传媒大亨利益的代言者，而大多数人则越来越失去表达自己意见的手段和机会。在营利动机的驱使下，传媒内容越来越浅薄化、刺激化、煽情化，以金钱为唯一的驱动和价值评判，严重地危害了健康的社会道德规范，出现了劣币驱逐良币的现象，带来了不少深刻的社会问题。这种状况，引起了人们对当时占主导地位的自由主义理论及其传媒制度的强烈不满。同时，也迫使新闻界开始意识到他们需要进行自我批评和自我约束，需要从道义上重新审视自己的权利和责任。

1904 年，普利策在《北美评论》上发表文章，内容涉及新闻自律，他指出："只有最高尚的理想，最严谨追求真理的渴望，最正确的丰富知识，以及最忠诚的道德责任感，才能使新闻事业不屈从于商业利益，不谋求自私的目的，不反对公众的利益。"普利策的自律思想中已有新闻媒体的道德责任以及新闻记者的职业忠诚、不谋私利等概念。此文后来被誉为西方新闻伦理的奠基之作，标志着西方新闻伦理规范的建设从此发端。

1922年，美国报纸编辑协会通过《新闻准则》（一译《报业信条》），其主要内容有：责任；新闻自由；独立性；真诚、真实、准确；公正不偏；公平从事；庄重。

西方早期的新闻职业道德建设成效不大，传统的自由主义新闻理论下养成的放任自流传统仍根深蒂固。从早期的简单的新闻自律观点和社会责任观点出发的新闻自律实践，尚不足以同自由放任的传统相抗衡。这一局面随着报刊的社会责任理论的提出，才被打破。1947年，由美国芝加哥大学校长 K. 哈钦斯担任主席的美国民间艺术团体——新闻自由委员会出版了研究报告《一个自由而负责任的新闻界》，这份报告首次提出了新闻社会责任论，强调大众传播传媒对社会和公众应该承担一定的责任和义务，提倡自由而负责的报刊。报告指出："新闻自由的危险，部分源自新闻业经济结构的变化，部分源自现代社会的工业制度，在某种程度上，更是由于操纵新闻的人不能洞见一个现代化国家对新闻业的需求以及他们不能判断责任和不能承担肩负的责任所造成的。"[①]负责的报刊应把对社会的责任作为传播行为的重要规范。为此，报告指出，报刊应"接受一种社会责任，即要对社会负责"[②]。媒体对社会有责任提供确实和重要的消息，注意其职业品质，进行道德自律，为公众提供客观公正的报道。如果媒体忽略它的公共责任，政府可有限度地控制。社会责任论既承认新闻自由是人类不可剥夺的权利，又坚持新闻自由必须承担社会责任和义务，强调新闻自由是权利与义务的统一。这份研究报告出版以后，引起了西方新闻界对责任问题的广泛关注，开始了对新闻社会责任问题的研究，最终使得社会责任论在西方新闻界广泛流行。

截至1960年，世界上大约有70多个国家和地区制定有新闻工作者的职业道德准则。这些准则大体都有这样一些内容：记者应该对自己所负的社会责任有清醒的认识，要"为社会服务、为公众服务"；新闻要真实、正确、客观，评论要公正；不得中伤、诽谤、侵犯个人隐私；不许抄袭剽窃；保持职业廉洁，不接受贿赂而发表某种新闻或扣押、删除某些新闻事实；为秘密新闻来源保密；不许细致地描写淫乱、色情等有伤风化的情节和抢劫、凶杀等犯罪案件，等等。

---

① 转引自胡兴荣：《新闻哲学》，162页，北京，新华出版社，2004。
② 转引自胡兴荣：《新闻哲学》，162页，北京，新华出版社，2004。

经过长期的新闻实践，西方新闻道德倡导者在新闻传播活动中所积累和总结的一些经验，反映了新闻职业的特点和普遍规律的共同要求，不少方面值得我们借鉴。

第三节 新闻道德的作用

新闻传播活动遍及社会生活的各个角落，新闻传播不仅是以采集、传播和发布新闻信息为其主要任务，同时新闻传播活动对社会道德的形成和发展，有着巨大的作用，承担着多重角色功能。新闻道德的社会作用主要表现为以下几个方面：

第一，道德的传播者与道德教化者。现代社会，随着大众新闻传媒的迅速发展及其对社会生活无处不在的强大的渗透力与影响力，大众新闻传媒已逐渐成为人们获取信息的主要渠道。新闻传媒通过符号系统，传递道德价值观念，影响社会意识形态，强化受众的道德认同感，引导受众遵循社会道德规范，帮助受众树立正确的世界观和道德观。新闻传媒所传递的道德文化信息能够对人们产生广泛、迅速而连贯的影响，因此，可以利用大众新闻传媒对大众进行道德教育。大众新闻传媒的道德教育角色在人的社会化进程中体现得尤为明显。社会化是指一个由"自然人"到"社会人"的转变过程，这个过程主要表现为文化，尤其是伦理道德文化的继承和传播。

第二，新闻道德在新闻传播活动中起调节作用。新闻道德是调节新闻工作者新闻工作行为准则的总和。这种调节职能，通过评价、教育、示范、激励、沟通等方式和途径，来指导和纠正人们在新闻传播活动中的新闻工作行为，协调各方面之间的社会关系，如各种媒介之间的竞争问题、文化娱乐与宣传教育的问题、经济效益和社会效益的问题等。所有这些出现在新闻传播活动中的矛盾关系，除了按照国家颁布的有关法规和新闻单位内部制定的新闻纪律来约束处理外，相当一部分还必须依靠社会道德尤其是新闻工作道德加以调节和解决，新闻道德对新闻从业者自身行为起到指向的作用。新闻从业者在其职业活动过程中同样要接受社会道德的考验，受社会现实的影响，其价值观、人生观以及职业道德难以摆脱其职业影响。

第三，新闻道德对新闻工作者的新闻传播行为起指向作用。一个优秀的新闻工作者必须具备精深的新闻工作技能和高度的社会责任感，要真正达到这些要求，有时需要通过新闻道德的指导才能完成。事实正是如此，古今中外许多杰出的新闻工作者，他们在新闻工作中所表现出来的高尚的新闻道德，都对广大新闻工作者产生了并将继续产生积极的影响。他们那种严谨求实的工作作风、无私无畏的敬业精神、严肃认真的科学态度、高风亮节的道德情操，具有一种形象化的精神力量，具体而生动地昭示我们每一个新闻工作者品德的发展方向，引导、促进新闻传播事业沿着健康、正确的道路前进，从而对广大新闻工作者新闻道德的养成以及良好形象的塑造，发挥着积极的、不可忽视的指向作用。

第四，新闻道德对新闻工作者具有自我调节作用。所谓自我调节，是指新闻道德不仅能够对社会和他人产生作用，而且能够反过来影响新闻工作者自己，以此提高新闻工作者进行自我心理调适的能力和水平。在新闻传播活动中，新闻工作者常常会遇到个人与他人、个人与集体、局部利益与全局利益、眼前利益与长远利益等各方面的矛盾冲突的困扰，也经常会面临工作上的难与易、环境上的顺与逆、待遇上的高与低等现实问题。每当此时，一些人就往往容易产生心理错位，造成心态上的种种不平衡。在这种情况下，任何强制性的措施都不可能起到有效的作用，只有通过新闻道德的教育和反省，才能帮助自己冷静地、客观地分析各种利益关系，正确认识和处理各种现实矛盾和问题，确立崇高的道德责任感，纠正与新闻工作者道德相悖的各种思想和行为。这一过程，也就是新闻工作者进行自我心理调适的过程，对于保证新闻工作者心理的健康运转，愉快地生活、工作和学习，其效用无疑是十分显著的。

案例及评析

【案例】　新闻报道中的"隐性采访"问题

近些年来，在电视新闻采访活动中，随着"秘拍"工具的改进、"秘拍"经验的流传，在全国范围内，隐性采访和"秘拍"现象有增无减，其中许多与舆论监督有关。影响较大的例子之一是中央电视台每年的"3·15"晚会。3月15日是联合国规定的"国际消费者权益日"，每年的3月15日都是中国消费者期盼的维权日。自从1991年3月15日中央电视台经济部推出首届"消费者之友专题晚会"，对坑害消费者的伪劣商品进行曝光以来，每年的这个日子，中央电视台都会举办一场大型综合晚会，对坑害消费者的行为进行曝光。这种曝光的案例常常来自隐性采访。

【评析】

新闻传播中的隐性采访一直备受争议，其中最主要的是关于道义论与功利主义提供的道德正确性标准不同，使人们从这两个角度对同一行为产生了不同的道德评判，从而引发争论。从道义论出发，判断一个行为是否道德是由这个行为本身的特性决定的，我们在行为时考虑到这个行为是道德的就去做，即为了行为而行为，而并不考虑这样做是否会产生好的结果。而从功利主义角度来说，大众媒体肩负着扶正祛邪、激浊扬清的舆论监督责任。而社会丑恶现象一般总是在暗中进行的，依靠记者的正常采访有时很难获取事实的真相，为了揭露事实真相，除"秘拍"外就没有其他办法了。且涉及"秘拍"的很多问题对民生都是关系重大的，不揭露这些问题，公众的利益就会继续受损。从"秘拍"产生的巨大功用角度，功利主义认为"秘拍"在道德上是应该被允许的。而持道义论的人认为，"秘拍"者未经当事人允许，就将相关信息公布，可能侵犯了当事人的隐私。而且如果允许了"秘拍"，可能一些并不利于社会的"秘拍"行为会大行其道，现代技术的发达和普及也为随时随处的"秘拍"提供了便利，于是侵犯个人权利的"秘拍"事件就会层出不穷。用欺骗这种行为进行新闻采访无论何时都是错的，即使天塌下来，我们也要做道德上正确的事而不管结果如何。新闻不是欺骗的通行证，我们不能以目的的正当为由而不择手段。所以，道义论者认为"秘拍"在道德上是应被禁止的。

　　其实，隐性采访只是显性（公开）采访的一种辅助手段和工具。既然是辅助性的，那么就有一个"度"的问题。一般来说，只有无法或不能公开采访，或者在正常采访无法实现预期目标的特定情况下，才能不得已而为之，因为隐性采访毕竟使用的是一种欺骗的手段。进行隐性采访应遵循以下原则：（1）公共利益原则。（2）别无他法原则。

第二章 元伦理学与新闻伦理规范的必然性

元伦理学是关于道德判断或价值判断的确证的科学，所要解决的根本问题是"应该"或"价值"的来源，也就是"应该如何"与"事实如何"的关系问题，能否从"事实如何"推导出"应该如何"，是通过对于"应该如何"与"事实如何"的关系的探究而达成对于"应该"或"道德"的确证：一方面确证我们对于"应该如何"的道德认识之真伪；另一方面确证所指定的"应该如何"的道德规范之优劣。

伦理道德对于新闻传播活动是否充分必要，或者说伦理道德规范是否有人本学意义上的内在依据，这是任何元伦理学理论首先必须探讨的问题。

第一节 伦理道德的人本学依据

作为生物学上的一个物种，人类无疑有着许多生物学意义上的自然属性，这些属性包括自保的本能、利己的天性等。但这显然不是人之为人的本质，因为这类特性动物也具有。因此，人之为人的本质必须从人有别于动物的社会性方面去界定。而伦理道德正是人使自己成为人，是人性超越于动物性的一个本质规定。

一、道德之于人性的内在依据

人类社会为什么需要道德？传统伦理学对这个问题的回答是，因为人与人之间的社会关系需要道德规范的调整。但事实上，这并未揭示出问题的实质。因为疑问依然存在，即人与人之间的社会关系为什么需要调整？从最抽象的一般的元伦理学根据出发，人之所以要有道德，抑或道德存在的必然性根据在于：

第一，基于人类个体的共同要求。人类作为"类"的存在物，显然有许多共同的要求和愿望，如友谊、爱情、幸福、平安等。这些不仅每一个自我个体需要，而且他人和整个社会也都需要。为了满足人类的这些共同需要，人们除了确立法的规范外，还需要确立更普遍、更广泛、更有渗透力的行为规范，这就是道德。

第二，基于社会发展的共同利益。道德的基础是利益，其核心内容是调整利益关系。道德一旦离开利益，就会改变自己的面貌。马克思指出："既然正确理解的利益是整个道德的基础，那就必须使个别人的私人利益符合于全人类的利益。"① 在现实中，道德总是从利益关系的角度，特别是个人对待社会整体利益和其他个人利益的态度的角度，去调节人们的各种社会活动和社会关系。趋利避害是人的天性，人的这种自保、利己天性经常会诱使人去破坏社会、他人的利益。为了保护个人和社会利益不受侵犯，作为人性对自我存在中的诸如利己天性进行自觉规范的伦理道德才成为必然产生的东西。

第三，基于文化传统的需要。人是文化的存在，因而人必然要受文化传统的制约，人的道德意识也不例外。传统的道德自从每个个体懂事起就被家庭、学校和社会从各种途径以各种方式灌输着，这就使得行为个体在相当大的程度上要把历代承袭的道德规范视为"天经地义"的东西而予以信奉和遵循。当然，任何道德既是绝对的也是相对的，不同的时代、不同的环境，道德内容也在发生着改变。

二、人是道德的动物

人类的出现并不仅仅是一个生物进化的过程，更主要地还是一个社会关系的形成和发展的过程。从根本上讲，人之所以为人，还因为人是社会的人，他具有思维、理性、意志。这样，人便可被看成是自然的人和社会的人的合一。

第一，作为自然的人，人的行为受到一个最根本的东西的驱使：本能。承认人的本能的存在，就必须承认人的自然本性中天生具有保存自己和满足自身需要的利己心。也唯有正视这种事实存在，我们才能使人性的修养和完善具有一个真实的出发点，从而造就理想的人性。

第二，人又绝不满足于自然本能的存在，否则，人就永远只是动物。事实上，人从动物界脱离的那天开始，便作为一种社会的动物而存在和行动着。作为社会的存在，人意识到与他人、与集体、与社会的关系，从而自觉地意识到调整这种社会关系的需要。于是，约束人性的行为规范产生了。这种规范可能给人性许多限制，但人的理性却自觉意识到没有这种行为规范的调整，便没有社会关系的维护，从而便没有作为社会存在的人。人之所以为人，还在于人会使自己的自然本性从属于社会属性，在诸如求生本能、性本能等自然本能的追求和满足中也能表现出人性所特有的优美品性。这也表现在人能自觉地制定道德规范来限制自己的种种本能。

---

① 马克思、恩格斯：《神圣家庭》，见《马克思恩格斯全集》，2卷，167页，北京，人民出版社，1957。

可以肯定地说，使人成为人有各种各样的途径，但道德的规范是其中最重要的一条途径。我们可以从这个角度给"人是什么"下一个定义：人是有道德的动物。

三、人必然以德性塑造人性

人的存在包括两层含义：人的先天生就的自然存在和后天教育造就的社会存在。人的自然存在有了先天之性，亦即天性；后天的造就有了后天之性，亦即德性。这两者共存于人的本性之中。人的天性是和动物习性一样的存在，与生具有类似动物的许多诸如趋利避害、求生畏死的特性，这是一个客观事实。自然客观的存在是无法做善恶评价的。绝对自然的东西只是事实问题，而不是价值问题。如性本能的存在，作为一种生理现象，无所谓善恶，能对其做善恶评价的只能是人们在后天实现它的方式和途径。只是在后天的社会交往中，一些人使自己的性爱显示出优美崇高的道德审美价值，而另一些人则使性爱只沦为肉欲的追逐。

真正的人性不是天性，而只能是后天的德性。正是在后天的德性中，显示了人性的善与恶、高尚与卑劣、伟大与渺小。德性高尚的人使自己成为高尚的人，德性卑劣的人使自己成为卑劣的人。所以，在天性方面，人类天然平等。但在德性造就中，人们有了善与恶、高尚与卑劣的区分。由于人们自己造就自己的德性，所以是我们自己使自己拥有高尚的荣誉和幸福，也是我们自己使自己遭受卑劣的谴责和诘难。人注定是社会存在物，人的本质是社会性。而这种社会性作为一种最本质的人性，便使维护社会关系的道德成为了可能，从而也使得德性的造就成为可能。

人性的善与恶、高尚与卑劣，取决于自我德性的不同造就，而德性造就的根据存在于道德规范之中。人性作为一种可能性，向善或向恶都是人类行为是否有自觉的道德规范所导致的，伦理道德的根据在于人性向善的自觉规范。道德作为人类规范人性、完善人性的需要，是人类永恒的追求。

由此可见，伦理道德规范对于人性是充分必要的，而这正是伦理道德规范之于人类的人本学根据。

第二节 新闻伦理规范的必然性

元伦理学从人本学高度揭示了伦理道德之于人类行为的内在必然性，帮助我们确立新闻伦理道德的必然性观念，对于新闻伦理建设无疑是具有指引作用的。

一、传媒谋利的天性必须制约

在西方，最早的资本主义商业报纸一开始就带有商品特征。16 世纪在意大利水城威尼斯诞生的近代商业报纸以肆市行情、船舶班期、天气预报等经济和生活为主要内容，为新兴的资产阶级服务。马克思在 1862 年的经济学手稿中便把报纸与面包、牛奶、肉、啤酒并列为工人每天消费的产品。尤其是面向社会的大众化报纸出现后，办报成了商业行为，报纸也变成了获取利润的商品。"第一次世界大战"后，随着资本主义自由竞争步入垄断阶段，传媒也走向了垄断，它的经济属性也更为明显。在中国，早在 1949 年 12 月底，中共中央批转了中央人民政府新闻署党组《关于全国报纸经理会议的报告》，批准了《全国报纸经理会议的决议》，这个决议要求当时全国的公私营报纸"必须采取和贯彻企业化的方针"。1978 年年末，财政部批准了《人民日报》等 8 家报社实施企业化管理的报告，从此，中国"事业单位，企业化管理"的传媒宏观管理体制开始形成。1979 年 1 月 28 日，《解放日报》刊登了"文化大革命"之后的第一则报纸广告，在新闻界引起很大反响，同年 5 月 14 日，中共中央宣传部发文肯定了传媒恢复广告的做法，大众新闻传媒经营广告获得政策上的支持。1992 年 6 月 16 日，中共中央、国务院在《关于加快发展第三产业的决定》中，第一次明确报刊广播电视事业是第三产业。1996 年 1 月，新闻出版署批准了广州日报报业集团的申请。自此，中国大众传媒业开始了集团化的浪潮。一大批省市级报业集团如雨后春笋般迅速发展，并粗具规模，成为"自主经营，自负盈亏，自我积累，自我发展"的产业经营主体。随着社会主义市场经济体制的建立，在产业化改革的大趋势下，传媒的市场主体角色已经得到确认，产业属性为人们所认同。传媒产业化强化了传媒市场主体的角色，突出了传媒的经济属性与功能，肯定了其在市场上的主体地位。市场成为中国传媒业近年来长足发展的重要动力，市场手段成为大多数新闻媒体主导型的生存与发展方式。进入社会转型期后，中国的新闻业由国家财政包下来的计划经济体制生存环境逐渐过渡到必须在市场中获得自身生存发展的市场经济体制生存环境，新闻业面临着全面、深刻的观念变革、权利调整和利益重组，经受着巨大的制度变迁和体制重构。在经济价值关系中，价值主体是传媒，追求自身经济利益成为传媒的主要目标之一，这不仅是传媒为了维持自身生存与发展的需要，也是激励和督促传媒更好地满足受众的各种信息需求，提高自身运作效率的需要。只有在追求经济利益的基础上才能引进市场竞争机制，通过竞争机制的优胜劣汰激励和督促传媒不断进步。

传媒经济利益的实现是传媒通过信息传播吸引社会公众的注意力，塑造广泛的社会影响力，从而赢得发行费、视听费，特别是赢得广告商的青睐，然后将公众的"注意力"卖给广告商，获取经济利益，维系自己运作的经济命脉。传媒产业是典型的"注意力产业"，传媒的经济运行并不仅仅依赖出售自身产品获得全部回报，传媒所获得的最大经济回报来自于"二次售卖"，即将凝聚在自己的版面或时段上的受众"出售"给广告商或一切对于这些受众感兴趣的宣传者等。传媒所吸引的受众的注意力资源才是传媒经济的真正价值所在。

传媒以谋求经济利益为天职，这不仅无可厚非而且它也是传媒作为企业经营活动得以进行的充分必要条件，但问题在于，作为人的利己天性在传媒经营活动中集中表现为谋利行为，还有一个是否合乎道义的问题，这种天性的过度张扬不仅会影响传媒的公信力，对传媒经营带来损害，甚至还会直接危及他人和社会的利益。如果传媒的谋利行为可能是不合乎道义的，那么，伦理道德对于人性的规范必然性就要求我们自觉地以一定的伦理道德规范来制约人性中唯利是图的天性。这种制约对于传媒行为而言是充分必要的，也是有现实可能性的，这种可能性源于人性中的理性和德性。

二、传媒因逐利而堕落

中国的传媒原来是国家机关的一个部门，没有自身的利益，听上面的指挥就可以了。但传媒被推向了市场以后，成为经济利益的主体，这样就有了维护和扩张自身利益的驱动力。在市场趋利本性的驱动下，传媒从业者的专业主义理念让位于"金钱至上"理念，导致传媒工作者职业精神的缺失。为了获得市场和更高的利润，一些传媒的编辑方针和基本取向是盲目取悦大众，愚弄大众，用一些低俗、煽情的手法来处理新闻，无视新闻"真实、客观、公正"等基本的原则，制造传播假新闻、有偿新闻等；为了刺激大众的感官，将新闻娱乐化；有些传媒为了独家报道，不惜侵犯他人的隐私；在灾难报道中，无视受难者的痛苦，对血腥画面做原生态的呈现。传媒的这些无德行为，不仅严重损害了社会公众的利益，也降低了传媒的公信力。传媒的公信力是传媒赖以生存和发展的基础，也是衡量传媒的受众亲和力、市场竞争力和社会影响力的重要指标，它直接影响着传媒的生存与发展。

近年来很多传媒都走上了娱乐化道路，将新闻娱乐化，甚至将娱乐化演变为"色情化"。例如，2002年世界杯期间出版的某周刊封面是女性人体的"1/3"：肩部以下、腹部以上，处于视觉中心的图案是两个硕大无比的乳房，乳房被描绘成足球状。在乳房线上，是一行黄色大字"世界杯期间的外遇"。更有一体育类报纸采用这样的标题："世界杯，忍受没有性生活的日子"。还有一些传媒炮制、相信并传播一些荒唐、离奇、腐朽、丑恶的东西，如有的报刊宣

扬 "呼风唤雨"、"和死人对话"、"换头术" 等无稽之谈，并且兜售 "长生不老术"、"招魂术"、"探祖望祖术" 等迷信巫术，还试图论证其科学性，把这些巫术 "升华" 为中国传统文化之 "精华"。这些文化糟粕与文化垃圾一旦侵入民族精神，将会使人民大众重新堕入封建迷信和愚昧无知的悲惨境地，玷污中国的民族文化。向来负有 "向导国民"、"启迪民智" 重任的传媒及其从业人员，对此应该有一个清醒的认识。

三、新闻伦理规范是对社会责任的理性认同

既然人的利己天性是需要规范的，那么，这种规范可能吗？这显然是新闻伦理所必须回答的问题。在以德性规范人性的可能性问题上，恩格斯的回答是肯定的。他认为这是人的社会本能，这种本能是人对自己作为社会存在物的理性认识。这种理性认识体现在新闻传播活动中就表现为新闻传播者对社会责任的一种理性认同。

新闻传播的社会责任是由新闻传播的社会公器角色所赋予的，与传媒作为公共领域的角色相联系，源于其作为社会公共资源的属性。人们在社会生活中涉及的最本质的关系，就是公共利益的创造及其作用的发挥。传媒的社会责任，是指传媒及其从业人员在新闻传播活动中通过新闻传播维护和增进社会公共利益时，对社会及公众应该承担的法律、道德和职业责任及义务。传媒的社会公器角色要求传媒在新闻传播活动中，坚守客观、真实，守望社会公平、正义，维护社会良知，追求公共利益、社会效益，对社会公众利益负责。社会责任是新闻传播作为一种职业或专业的核心支撑，是新闻从业者道德自律的目标指向，也是新闻职业道德的核心价值。

1947 年美国新闻自由委员会出版的研究报告《一个自由而负责任的新闻界》是新闻批评史上的一个里程碑。这份报告首次提出了社会责任论，提倡自由而负责的报刊，主张新闻自由应以社会责任为规范，媒体对社会有责任提供确实和重要的消息，如果媒体忽略它的公共责任，政府可有限度地控制，同时新闻媒体在行使社会责任时要进行自律，注意职业水准的品质，致力于客观公正的报道，使得人人有使用媒体的权利，新闻传播进而成为社会公器。此后，新闻界开始有了社会责任论的规范。

新闻传播者对社会责任的认同不仅是新闻传播者德性得以自觉生成的认知前提，也是新闻伦理规范在实践中的核心内容。事实上，对新闻传播所承担的社会责任的认同和自觉履行，也是传媒得以生存和谋利的一个德性方面的保障。

第三节　新闻道德评价

新闻道德评价是评价主体运用一定的新闻道德标准，对新闻活动主体的新闻传播行为及其品德做出的道德判断的活动。由于品德表现并形成于行为，所以新闻道德评价的对象也就是新闻活动主体的行为。

新闻道德评价包括认知道德评价、情感道德评价和意志道德评价。认知道德评价是对行为道德价值的认识。一个新闻行为到底造成了怎样的道德效应，这是一种事实性的存在或结果，是可认知的，即行为主体的行为到底是高尚的还是卑鄙的，是善的还是恶的，都有一定的事实性表现，评价者对事实真相是可以考察分析的，对事实的道德效应、道德结果是可以进行认知判断的。情感道德评价是对行为道德价值的心里体验。道德评价不只是认知问题，它有着强烈的情感色彩，在道德评价的主体心理向度上还存在着情感评价。人是有道德情感的动物，所谓道德情感，就是"对自己或他人的言论、行为、思想、意图是否符合自己的道德需要而产生的情感体验"[1]。当人们看到一些道德行为时，便会产生激动、钦佩、赞赏之情，这是典型的道德情感体验。当然，也有负面性质的评价情感，比如，人们看到有些行为就会愤怒、憎恨、心怀不满，如此等等，也都是以情感方式对一定行为做出的道德评价。意志道德评价是对行为道德价值的意志反应。人们面对一些行为，会有或强或弱的道德意志反应，表现出不同的行为倾向或意向。当人们看到一些道德行为，就想去学习模仿，生出学习效仿之心，这实质上就是对这些行为的肯定性的道德意志评价。当人们看到一些丑恶的行为时，同样会有道德意志反应，"我"决不能效仿这样的行为，这就是对这些行为的否定性的道德意志评价。

新闻道德评价是对新闻活动主体实行社会监督和行业自律的有效形式和手段。

一、新闻道德评价主体

在新闻传播活动中，任何主体（包括个体和社会主体）都可以对某种行为的道德性进行评价，这是所有人的道德权利。因而在逻辑上，一定社会中的任何人，也即任何新闻活动主体都可以是新闻道德评价主体。因此，可以把新闻道德评价主体分为"自我评价主体"和"他者评价主体"。

---

[1]　黄希庭编著：《普通心理学》，420页，兰州，甘肃人民出版社，1982。

　　自我评价主体与他者评价主体是针对新闻传播行为的承担者而划分的。自我评价主体是指某种新闻行为的道德评价者是新闻行为者自身。当新闻活动者自己对自己的新闻行为进行道德评价（自评）时，他就是自我评价主体。他者评价主体是指某种新闻行为的道德评价者是该新闻行为之外的主体，是"旁观者"性质的道德评价者。

　　如果以新闻职业主体为参照，可以把新闻道德评价主体分为"职业评价主体"和"非职业评价主体"。在非职业评价主体内部，主要由"官方评价主体"与"社会评价主体"或"民间评价主体"构成。在新闻行业范围内，职业主体评价自己的职业行为时，其身份是自我评价主体；当其评价同行的职业行为时，身份便转换成了行业内或者职业内的他者评价主体角色。

二、新闻道德评价客体

　　所谓新闻道德评价客体，就是新闻道德评价的对象，即新闻活动主体的新闻传播行为。新闻活动主体通常被分为新闻源主体、新闻传播主体、新闻收受主体和新闻控制主体，不同主体之间有时是重合的或者一体化的。所有这些主体的新闻行为都有可能涉及到道德问题、新闻道德问题，当然也会关涉到其他行业、职业领域的道德问题。因而，对他们的新闻行为不仅可以做出一般的社会道德评价，其他行业、职业领域的道德评价，也可以做出新闻道德评价。这里，新闻道德评价的对象主要是指传媒和新闻职业工作者的新闻传播行为。

三、新闻道德评价标准

　　评价，就是评价主体运用一定的标准或尺度去评说和衡量一定的对象。新闻道德评价就是评价主体运用一定的评价标准对新闻行为、新闻道德主体的品德进行道德判断。新闻道德评价标准，就是用来衡量评判新闻行为道德性、评价新闻主体、新闻道德品性的尺度。新闻道德评价的直接标准是新闻道德规范。

　　新闻道德规范是新闻界规范自己职业行为的直接依据。在新闻传播活动中，为协调新闻传播主体与其他主体间的关系，人们在新闻实践中逐渐总结出一些新闻工作的行为原则，新闻从业人员也逐渐建立起职业责任感和道德义务，新闻职业道德也逐渐从一般社会道德中独立出来，形成了自己特有的内涵和体系，最终成为一定社会中新闻工作者共同遵守的行为规范。

四、新闻道德评价方式

　　新闻道德评价方式就是新闻道德评价实现的途径和样式。以评价主体为参照，新闻道德评价方式主要有以下两种：

（一）自我评价

自我评价，就是道德行为主体按照一定的道德评价标准，对自己的新闻行为做出的道德评价。其实质是用自己认可的道德规范、道德标准评价自己的行为。这个道德规范、道德标准可能是社会的公德标准、行业的道德规范标准、媒体的道德规范标准等。因为，新闻工作者首先是社会中的一份子；其次是具有自己特殊职业的领受了社会对他的要求的职业人；另外，他还是社会主义社会中的一份子，对社会的义务的理解和态度决定了他不同于其他阶级社会的记者；他还有可能是一名共产党员，对党和对共产主义事业的态度和感情使他有着丰富的阶级内涵。

自我评价是一种用自己的"良心"评价自我行为、自身品质的方式，是自己对自己行为的道德价值的认知、判断、态度、感情、意志等一切心理反应活动。"在我们的现实生活中，'良心'一词是人们进行道德评价的一个基本词汇，发挥着巨大的效力和影响。"[①] 那么，什么是良心呢？洛克说："所谓良心并不是别的，只是自己对自己行为底德性或堕落所抱的一种意见或判断。"[②] 在道德评价论的视野中，良心就是自我的一种综合的道德评价能力或道德素质。良心就是"依据自己所认同的道德规范对于自己的行为的道德性质的自我意识"，"良心的命令仅仅针对一个人自己的行为：良心不涉及对其他人行为的道德评价"。[③]

在新闻传播活动中，良心是新闻从业者对自己新闻传播行为的道德评价，是自己对自己新闻传播行为的道德价值的认知、判断、态度、感情、意志等一切心理反应活动；如果是对自己新闻传播行为所具有的正道德价值的肯定性评价，叫良心满足。如果是对自己新闻传播行为所具有的负道德价值的否定性评价，叫良心谴责。例如：

> 例1：在新闻活动中，我好说实话。每思及此，总觉得自己这样做是正确的，并且不免为自己是个诚实坦荡、堂堂正正的人而自豪不已。于是，即使说实话于己有害，我也总是决定说实话。
>
> 例2：在新闻活动中，我好说假话取悦于人。半夜醒来，扪心自问，

---

① 何怀宏：《良心论》，31页，北京，北京大学出版社，2009。
② ［英］洛克：《人类理解论》，关文运译，31页，北京，商务印书馆，1959。
③ 转引自陈绚：《新闻道德与法规——对媒介行为规范的思考》，63页，北京，中国大百科全书出版社，2005。

觉得自己这样做是很不对的，并且为自己是个奉迎献媚的小人而惭愧不已。于是我决心不再说假话，而要做一个堂堂正正的人。

例1是肯定性的自我道德评价，是一种良心满足；例2是否定性的自我道德评价，是一种良心谴责。认为自己说实话正确而说假话错误，是良心的认知评价；因自己说实话而自豪、说假话而惭愧，是良心的情感评价；决心说实话而不说假话，是良心的意志评价。

良心是知、情、意三种因素的统一体，但它的基本因素是感情。因为感情是对需要的体现，是心理的动力因素。所以，良心的感情因素是良心的动力因素，它一方面产生良心的认知因素，推动自己去判断自己行为的道德价值；另一方面又产生良心的意志因素，推动自己做出行为的抉择。

（二）他者评价

他者评价，就是自我以外的其他主体的道德评价。他者当然是用他者的道德评价标准展开评价活动的，这个标准是社会公认的道德规范。他者评价在区分意义上基本包括两种道德判断：一是赋予道德荣誉，进行道德赞扬；一是给予道德恶名，进行道德谴责。也就是说，他者评价是通过塑造和损毁"名誉"的方式或手段进行的。赞扬某种新闻行为就等于给予行为主体以美好名誉，谴责某种新闻行为就等于给予行为主体以不好名誉。

在新闻传播活动中，名誉是新闻从业者相互的，或社会中人们外部的道德评价，是自己对他人和他人对自己新闻传播行为的道德评价，是自己对他人和他人对自己新闻传播行为的道德价值的认知、判断、态度、感情和意志等一切心理反应活动。如果是自己对他人或他人对自己的新闻传播行为所具有的正道德价值的肯定性评价，便是所谓荣誉；如果是自己对他人或他人对自己的新闻传播行为所具有的负道德价值的否定性评价，则是所谓的舆论谴责。例如：

例1：我对穷人和弱者有一种深切的同情，常常救济、帮助他们。别人都说我做得对，钦佩之情溢于言表，多有与我结交之意。

例2：我嫉妒张三，造谣中伤。同行们都说我心术不正，人人义愤填膺，个个有让我公开道歉之意。

例1是他人对我的行为的肯定性评价，叫荣誉。其中认为我的同情是对的而嫉妒是错的，是名誉的认知评价；对我深切的同情心的钦佩之情和对我的造谣中伤的义愤填膺，是名誉的情感评价；与我结交之意和让我公开道歉之意，是名誉的意志评价。

良心和名誉都能使人遵守社会道德规范。一个人的行为符合社会道德规范，他就会因为做一个好人的需要得到实现而体验到自豪的快乐，获得良心满足的喜悦。反之，它的行为如果违背道德，具有负道德价值，他的做好人的愿望就不会实现，他就会有内疚感和负罪感，便会受到良心的谴责的痛苦与折磨。而快乐和痛苦不仅是需要和目的是否得到实现的心理体验，还是引发一切行为的原动力。因此，良心一方面通过产生自豪感和良心满足的快乐，推动行为者遵守道德，以便再度享受这种快乐；另一方面，通过产生内疚感、罪恶感和良心谴责的痛苦，阻止行为者违背道德。同样，当一个人的行为符合社会道德规范、具有正道德价值，他便会从社会和他人那里得到道德赞扬，获得好名声，他的名誉心便会得到满足，从而体验巨大的快乐，他便会更加遵守社会道德。反之，如果一个人的行为违背社会道德规范、具有负道德价值，他就会从社会和他人那里得到坏名声，受到舆论谴责，他的名誉心就得不到满足，从而体验巨大的痛苦，就可以有效地阻止他违背道德。

五、新闻道德评价分析

道德评价事实上是一种价值评价，即对道德行为作"善"或"恶"的评价，而人们评价道德行为的善恶需要一定的根据，其出发点往往集中于该行为的起点和终点，即动机和效果上面。行为是受意识支配的实际活动，表明行为是主观因素"意识"和客观因素"实际活动"的统一体。行为的主观因素被称为动机，客观因素被称为效果。

在进行道德评价时应注意：

第一，对动机和效果统一起来考察。如果只考察动机，可能会把善于说大话、空话而一味蛮干的人视为有道德的人。如果只专注于效果，就势必把那些处于善良愿望并尽了最大努力，只是由于客观原因不能达到好的效果的行为，看做不道德的行为。这也势必会把一些伪善的行为和"歪打正着"的行为视为道德的行为。

第二，在动机善恶不清楚的情况下，考察行为的善恶应当注重效果。在总体上坚持统一考察、判断动机、效果善恶的同时，并不排斥在行为的各个环节上有所侧重。相对行为善恶的考察来说，应当把对效果善恶的考察放在首位。这是因为：首先，效果上的善恶相对于动机上的善恶表现得更为明显，直接表现出有利于或有害于社会或他人，容易让人按照一定的善恶标准进行判断。其次，只有弄清了效果的好坏，才能进一步去考察动机的善恶。

第三，在行为的动机和效果之间有四种情况：动机善，效果亦善；动机恶，效果亦恶；动机恶，而效果善；动机善，而效果恶。在对整个行为的判断上，显然应当把第一种情况看做善，把第二种情况视为恶。后面两种情况，如果着重于效果的善恶，那么就势必把第三种情况判断为善，把第四种情况一律判断为恶。在着重于动机的情况下，必然会把第三种情况看做恶，而把第四种情况看做或善（效果恶但与责任无关）或恶（效果恶而与责任有关）。如此看来，在动机和效果的善恶分别确定之后，对行为做善恶的判断，结合动机和效果而着重于动机的善恶，是较为合理和公正的。

第四节　新闻传播实践中伦理观的形成

新闻职业道德是根植于人们的社会经济关系而直接决定于传媒的工作性质，并在新闻传播活动中不断发展变化的，依靠传媒工作者的内心信念、内心认同以及社会舆论和传统习俗进行善恶评价的调节人们新闻传播关系和规范人们新闻传播行为的社会道德现象。新闻职业道德只有在新闻工作者从内心认同、接受并转化为个人的情感、意志和观念时，才有可能发生作用，而非依靠外在强制力来约束。

新闻道德认知的前提是形成正确的善恶观念，这就需要新闻工作者在认知、情感和意志诸方面对善与恶有一个认识和把握，从而构成新闻传播伦理实践得以展开的认识论前提。

一、形成清晰明确的善恶观念

善是一切符合道德目的、道德终极标准的伦理行为，也就是一切符合"增加社会和每个人的利益总量"的伦理行为，也就是利己和利他的行为，说到底，也就是有利于人类的行为。"利他与利己"或"有利于人类的行为"是善的定义，是一切伦理行为应该如何的总原则。反之，恶是一切违背"增加全社会和每个人的利益总量"的伦理行为，也就是"害他与害己"或"有害于人类的行为"，这是恶的定义，是一切伦理行为不应该如何的总原则。

人的全部伦理行为事实分为 16 种，按其对于道德目的、道德终极标准的符合还是违背的效用，可以分为四大具体种类：

第一类：纯粹利他和利己的行为。包括完全利他、完全利己、为己利他、为他利己 4 种。这些行为都符合道德终极标准"增加社会和每个人的利益总量"，因而都是道德的、应该的、善的。

第二类：纯粹害他和害己的行为。包括目的害他 4 种和目的害己 4 种。目的害他：利己以害他、利他以害他、损己以害人、完全害人；目的害己：利己以害己、利他以害己、完全害己、害人害己。在这 8 种行为中，那些出于复仇心的以牙还牙、等害交换的目的害人的行为与出于内疚感和罪恶感的自我惩罚、等害交换的目的害己的行为，意味着如果一个人损害社会和他人，那么，他也会受到同等的损害。这样，他便不会轻易损害社会和他人了。所以，这些行为赋予社会和人们以安全，有利于社会发展和人际交往，因而符合道德终极标准"增加全社会和每个人的利益总量"，是道德的、应该的、善的。除了这些，其余目的害人与目的害己的行为，显然都违背道德终极标准"增加全社会和每个人的利益总量"，因而都是不道德的、不应该的、恶的。

第三类：己、他内部利害混合行为，包括害己以利己与害他以利他两种。这都是在利己与利他各自内部发生利害冲突，因而利己同时害己、利他同时必害他的行为。但无论害己以利己还是害他以利他，如果利大于害，则其差为利，符合利益发生冲突情况下的道德终极标准"最大利益净余额"，因而便是道德的、应该的、善的；反之，如果害大于利，则其差为害，违背"最大利益净余额"，因而便是不道德的、不应该的、恶的。

第四类：己、他外部利害混合行为，包括自我牺牲与损人利己两种。在利己必害他、利他必害己、利己与利他发生冲突而不能两全的情况下，利他害己、自我牺牲是善；而利己害他、损人利己是恶。因为从总体上来说，社会和他人的利益总是大于自我利益。害己利他、自我牺牲，其差为利，利益净余额是增加了，符合最大利益净余额原则；相反，害他利己、损人利己，其差为害，利益净余额是减少了，违背最大利益净余额原则。

我们通过以道德之真正目的、道德终极标准为尺度，从人类全部伦理行为推导出善恶六大原则：

> 三大善原则：无私利他（最高的善、至善）
> 　　　　　　为己利他（最重要的善、基本善）
> 　　　　　　单纯利己（最低的善）
> 三大恶原则：纯粹害己（最低的恶）
> 　　　　　　损人利己（最重要的恶、基本恶）
> 　　　　　　纯粹害他（最高的恶、至恶）

道德的任务是把个人利益的追求引导到增加社会利益的道路上来，把人的行为纳入为己利他的善行大道。

二、开展多途径的伦理观教育

人是教育的产物。在新闻传播实践中，对新闻工作者进行伦理观的教育是必要的。主要途径有提高道德认知能力、陶冶道德情感和磨炼道德意志。

（一）提高道德认知能力

提高道德认知能力就是要认识和把握道德的根源、特征、本质和作用，尤其要认识新闻道德和新闻事业发展的关系。一名记者对自己工作道德内容的认识，应该包括这样一些内容：报道行为是一种具有广泛社会性的活动，决定了新闻报道者总是为社会其他一部分人或是为整个社会在报道新闻，而不是单纯地为自己或为某一个人报告消息。因此新闻的接受者总是以群体的形态出现，这同时也就决定了新闻传播行为是在一定的社会关系中表现出来的，它不仅反映出人们对新闻信息的实际需要，而且也通过个体的报道行为来满足人们对新闻信息传播与交换的需要。这种行为既是人类交往的一种特定方式，同时也逐渐成为社会关系中最为重要、最有价值的内容之一。正是从这个意义出发，我们说社会的整体利益、广大劳动人民的利益应该而且必须高于报道者个人或所属小集团的利益。在新闻传播活动中，凡是反映了人民的意愿，表达了人民的心声，代表了人民的利益，为广大人民群众所欢迎、所称道，这样的行为就应给予积极的肯定和善的评价，反之则必须予以抨击和谴责。

（二）陶冶道德情感

道德情感是人们对现实生活中的道德关系和道德行为的好恶等情绪、态度，它是构成人的道德品质的重要因素和环节，也是培养人的道德能力的重要内容。作为一名记者，讲真话、说实话是新闻工作者的天职，但在有些时候，讲真话、说实话是要担很大风险的。因此，一个新闻工作者要想做到在任何时候都能讲真话、说实话，必须怀着深厚的感情以及具有把任何风险都置之度外的对党对人民的高度责任感。王克勤以《兰州证券黑市狂洗"股民"》、《北京出租车业垄断黑幕》等报道被人们誉为中国身价最高的记者，被业界称为"中国的林肯·斯蒂芬斯"（美国著名揭黑记者）。《兰州证券黑市狂洗"股民"》这篇报道刊发后，在社会上引起巨大反响。王克勤也因此受到巨大威胁，他被告知：有人出500万元要他的人头。"苟利国家生死以，岂因祸福避趋之。"面对国家和民众的利益，王克勤没有退避，而是知难而上。他说：我的母亲是一个农民，直到今天还在田间劳作，我的妹妹是一个下岗工人，正在经历着失业的痛苦。作为她们的亲人，当看到一些像她们一样的弱势人群受到不平等待遇时，我无法也不能无动于衷，而正是这样的心态支持着我多年来揭黑不止。如果你把我称作"平民斗士",那将是我最珍视的荣誉。记者不仅仅是一个社会的记录者,还应该是一个守望者,随时警惕着前方可能出现的暗礁。一篇报道的发表,可能会帮助几个人,做一些善事。但更重要的是,一个记者通过对事实的客观报道和深入剖析,找出那些还存在着的弊端,推动我们的社会更加完善。[1]他对千百万善良的百姓充满同情和爱心,对国家充满了希望,而这种同情和希望又促使他履行记者的职责。

(三) 磨炼道德意志

道德意志是指人在履行道德义务时所表现出来的自觉克服一切困难和障碍、作出抉择的力量和坚持精神。新闻道德意志是一名新闻工作者的道德行为从心理、思想确定到实际实现的整个心理过程。一个人的道德意志主要表现在对动机冲突的解决、行为的选择上:如果是善的、道德的动机克服了恶的、不道德的动机,可以说他有道德意志,或者说他道德意志强;如果恶的、不道德的动机克服了善的、道德的动机,我们便说他没有道德意志,或者说他道德意志弱。新闻工作者在实践中常常遇到这样的情况:一些被社会公认、新闻媒体大量宣传的正面典型,不时暴露出一些问题,是人云亦云,随大流继续这样宣传下去,还是抓住蛛丝马迹,深入调查研究,把问题弄清楚,这也是一个新闻工作者责任感强弱的反映。

20世纪80年代末期,天津市静海县大邱庄作为"中国第一村",其负责人禹作敏作为优秀的农民企业家,新闻媒体对他进行了大量的宣传。一次,《法制日报》记者刘林山到大邱庄采访,听到有人说:"禹作敏不可一世,目空一切,天老大他老二,连天津市委都不放在眼里,早晚要出事。"有人听了可能不把它当成一回事,可刘林山却记在了心里。1994年4月11日,大邱庄村民刘玉田被禹家7人无端毒打至死,凶手虽被收审,但由于禹作敏上下活动,迟迟未作处理。刘林山闻讯后,在正义感的驱使下,决心将此事查明,捅开禹作敏这个"马蜂窝"。在政法机关的支持下,他终于掌握了确凿的证据,毅然给《法制日报》写了《残暴丑闻发生在致富典型村——大邱庄一起重大伤害人命案经过》。同年6月21日,他又以司马宣的笔名,在《法制日报》首次向全国公开报道了大邱庄伤害人命案。实际上,就在禹作敏开始走红之际,新闻界有些人对大邱庄发生的一些蹊跷事件就颇有议论,但是真正挺身而出进行深入调查并向党中央写内参反映情况的,刘林山是第一人。因此,他也招致了禹作

---

[1] 梁红、郭银星主编:《讲述——2003首届中国记者风云榜》,73~83页,北京,中国大百科全书出版社,2004。

敏的忌恨，说要对他不客气。但是，刘林山没有放下手中的笔。他说："作为《法制日报》的记者，一要抓好正面报道；二要如实向中央反映情况，当记者的，要恪守真实的原则，要有扶正压邪、维护法律尊严的勇气，同时要有冷静分析的头脑，对社会上的人和事有准确的观察和思考，这样才不会人云亦云，让别人牵着鼻子跑。"①

案例及评析

【案例】　记者拍摄中的良心和名誉

南非自由摄影记者凯文·卡特以一张名为《饥饿的苏丹》的照片获得了1994年普利策新闻特写摄影奖。照片上是一个苏丹女童即将饿毙跪倒在地，而兀鹰正在女孩后方不远处虎视眈眈，等候猎食女孩的画面。这张震撼世人的照片，引来诸多批判与质疑。人们纷纷打听小女孩的下落，遗憾的是卡特也不知道。他以新闻专业者的角色，按下快门，然后，赶走兀鹰，看着小女孩离去。虽然他获颁一生最高的荣誉，但他受到了不少来自全球各地看过这张照片的人的谴责。两个月后，卡特自杀身亡。

【评析】

良心和名誉都可以使人遵守道德，但名誉使人遵守道德的力量往往大过良心。卡特认为自己的行为对得起自己的良心，因为这张照片经国际媒体争相转载，很快便传遍世界，照片震撼人心的感染力激起世界人民对苏丹大饥荒的强烈反响，各国政府亦关注苏丹内战。正因如此，凯文·卡特的《饥饿的苏丹》获得普利策新闻特写摄影奖。并且卡特为照片也做了注释，提示会有人来帮助这个小女孩，小女孩不是独自一人在荒无人烟的沙漠里。但面对外界的谴责，名誉的毁损却使卡特选择了自杀。

---

① 樊国安：《无私无畏　除暴安良——记拉开大邱铁幕的记者刘林山》，载《新闻界》，1996 (2)。

第三章　规范伦理学与新闻职业道德的制定

规范伦理学主要研究优良道德的制定，所要确证的是一条一条具有具体行为内容的，且能够指导人们行为的道德。

"道德都是人制定的。但是，只有恶劣的道德才可以随意制定；而优良的道德却只能通过社会创造道德的目的、亦即道德终极标准，从行为事实中推导、制定出来；所制定的行为应该如何的道德规范之优劣，完全取决于对行为事实如何的客观规律与道德目的的认识之真假。"① 新闻职业道德的确定也应该符合社会道德标准及科学合理的道德推导过程。

第一节　优良道德规范的制定

道德只有落实于人心，被道德主体从内心所接受，成为人格的稳定气质，才真正具有持久和巨大的力量。对于一名新闻工作者来说，只有当新闻道德原则、道德义务及新闻理想纳入他的本性之中，成为一种真正属于他自己的稳定的东西时，道德才会发生作用，他才可能成为一名优秀的新闻工作者。因此。任何道德的制定必须从行为事实本身来推导而非权力的强制。

一、道德结构

道德是社会制定或认可的关于人们具有社会效用的行为应该如何的规范。道德定义表明，道德属于规范范畴：道德亦即道德规范。因此，所谓道德的结构，也就是道德规范的结构。那么，道德规范是怎样构成的？道德规范都是人为的，都是人制定、约定或认可的。所以，要知道道德规范是怎样构成的，也就是要知道人们是怎么或用什么、根据什么制定道德规范的。不言而喻，人们是根据行为事实的某种效用——亦即行为事实对于道德目的的效用——来制定行为应该如何的道德规范的。就拿"应该诚实"和"不应该欺骗"来说，这两种道德规范是怎样制定的？无疑是根据诚实和欺骗的某种效用来制定的。比如说，诚实是社会合作的基本纽带，符合道德目的：保障社会存在发展，最终满足每个人利益；反之，欺骗瓦解社会合作，不符合道德目的。人们认识到诚实

---

① 王海明：《新伦理学》，"题记"，北京，商务印书馆，2001。

与欺骗的这些效用，便一方面把诚实奉为行为应该如何的道德规范；另一方面则把欺骗奉为行为不应该如何的道德规范。

可见，人们是根据行为事实对于道德目的的效用来制定或认可道德或道德规范的。行为事实对于道德目的的效用，亦即行为应该如何，亦即道德价值。这样，说到底，道德或道德规范便是根据道德价值来制定或认可的。这意味着：道德或道德规范不过是道德价值的表现形式；而道德价值则是道德或道德规范所表现的内容。确实，"应该诚实"的道德规范究竟是什么呢？不过是对于诚实的某种效用、价值的反映和表现，它表现了诚实具有这样的效用和价值：诚实是社会合作的基本纽带，符合道德目的，因而是应该的，等等。因此，道德或道德规范就其自身来说，只是一种形式，它包容和表现着道德价值。换言之，道德具有形式与内容的结构，它是道德规范形式和道德价值内容的结合体：它的形式是道德规范，而内容则是道德价值。

但是仅仅道德规范与道德价值两者，是不可能结合在一起的。二者之结合，须有一种中介，这个中介就是道德价值判断。因为道德规范固然是人们根据道德价值制定的，但是，仅仅有道德价值存在那里，人们是制定不出道德规范的。人们要制定道德规范，首先必须知道道德价值是什么。因此，由道德价值到道德规范的飞跃和转化，必须有一个中间环节：道德价值判断。这样，人们制定道德规范的过程，首先便是探察道德价值，弄清道德价值究竟如何，形成道德价值判断，然后，在道德价值判断的指导下，制定与道德价值相符的道德规范。例如，要制定"应该为己利他"或"不应该为己利他"的道德规范，首先必须弄清为己利他的道德价值，形成道德价值判断：为己利他是否有利社会存在发展、符合道德目的、具有正道德价值？然后，在这些关于为己利他道德价值判断的指导下，我们制定与为己利他道德价值相符的道德规范：如果为己利他具有负道德价值，我们便会制定"不应该为己利他"的道德规范；如果为己利他具有正道德价值，便会制定"应该为己利他"的道德规范。

这样，道德实际上便由道德价值、道德价值判断和道德规范三因素构成。这就是道德的完整结构。在道德的这种结构中，道德规范是道德价值判断的表现和形式；道德价值判断又是道德价值的表现和形式。这样，道德规范便与道德价值判断一样，都是道德价值的形式，皆以道德价值为内容、对象、摹本。只不过，道德价值判断是道德价值的直接形式，是道德价值在大脑中的反映，是道德价值的思想形式；而道德规范则是道德价值的间接形式，是道德价值——经过道德价值判断之中介——在行为中的反映，是道德价值的规范形式。

因此，道德价值判断有真假之分：与道德价值相符的判断，便是真理；与道德价值不符的判断，便是谬误。反之，道德规范则没有真假而只有对错优劣之分：与道德价值相符的道德规范并不是真理，而是优良的、正确的；与道德价值不符的道德规范并非谬误，而是恶劣的、不正确的。

二、道德类型

不同民族或同一民族在不同时代，往往奉行不同的乃至相反的道德规范。例如，初民社会倡导"应该吃老人"；而今日社会则倡导"应该养老送终"。美国人谴责自杀，认可"失败后不应该自杀"的道德规范；日本人却敬重自杀。这些道德规范的差异，无疑只能说明道德具有多样性、特殊性，却不能否认道德具有普遍性、一般性。因为诸如善、公正、幸福、诚实、自尊、谦虚、智慧、节制、勇敢等道德规范，显然都是适用于一切社会、一切时代、一切阶级的普遍道德规范。

所以，道德既具有特殊性又具有普遍性：道德的性质是普遍性与多样性的统一。以道德的普遍性与特殊性为根据，一切道德显然可以分为两类：普遍道德与特殊道德。道德的普遍性与特殊性之关系，说到底，显然是根本与非根本、产生与被产生、决定与被决定、支配与被支配、推导与被推导的关系。由此观之，道德又可以分为道德原则与道德规则两大类型。所谓道德原则，便是某个领域根本的道德规范，是某个领域产生、决定和推导出该领域其他道德规范的道德规范，说到底，也就是某个领域普遍的、一般的、抽象的道德规范。反之，道德规则则是某个领域的非根本的道德规范，是某个领域被产生、被决定、被推导的道德规范，说到底，也就是某个领域的具体的、个别的、特殊的道德规范。

然而，任何道德规范——不论是道德原则还是道德规则抑或普遍道德或特殊道德——相互间都可能发生冲突而不能两全。就拿康德所举的例子来说，一个人看见被凶手追杀的无辜者藏身于某处，当凶手问他是否看见被追杀者时，他便面临着道德原则与道德规则的冲突：如果他遵守诚实的道德规则对凶手如实相告，就违背了救人、利人的道德原则而使被追杀的无辜者丧命；如果他遵守救人、利人的道德原则救助被追杀者，就要违背诚实道德规则而欺骗凶手。那么，他应该怎么办？显然应该遵守根本的道德规范（即救人、利人的道德原则），而牺牲非根本的道德规范（即诚实的道德规则）。进言之，当比较根本的道德原则与更为根本的道德原则发生冲突时，便应该服从更为根本的道德原则。于是，最终必定应该服从最为根本的道德原则，亦即道德终极原则、道德终极标准，它是最根本的道德原则，是产生、决定、推导出其他一切道德原则的原则，是在一切道德规范发生冲突时都应该服从而不应该违背的道德原则，是每个人在任何条件下都应该遵守而不应该违背的道德原则，因而也就是绝对道德。

绝对道德或道德终极标准只能有一个，即道德最终目的：增进全社会和每个人的利益。因为一切优良的道德规范、道德原则都是根据道德价值制定的，因而说到底，都是通过道德最终目的从行为事实推导、制定出来的：符合道德最终目的的一定类型行为之事实，就是该类型行为之应该，就是应该如何的道德规范；违背道德最终目的的一定类型行为之事实，就是该类型行为之不应该，就是不应该如何的道德规范。因此，增进全社会和每个人利益便是衡量其他一切道德原则的原则，是一切道德原则所由推出的原则，因而也就是道德终极的、绝对的原则，是绝对道德。

道德乃是由道德规范形式与道德价值内容构成的统一体。道德价值与道德规范根本不同，因为道德价值不是人们制定、认可或约定的，它是客观的；但道德规范完全是主观任意的，以人的意志而转移的，是可以自由选择的。因此，道德既具有主观性又具有客观性：就其内容——道德价值、道德目的和行为事实——来说是客观的、不以人的意志而转移的；就其形式——道德规范——来说则是主观的、以人的意志而转移的。以道德的主客观本性为根据，可以把一切道德分为优良道德与恶劣道德两大类型。首先，道德规范的主观性是道德有优劣之分的前提。因为只有在道德规范是主观任意的条件下，道德才能有优劣之分；反之，如果道德规范是客观必然、不可自由选择的，它怎么能有优劣之分呢？其次，道德价值的客观性是道德分为优良道德与恶劣道德的根据。试想，如果说道德规范有优劣之分，那么，究竟根据什么来确定道德的优劣呢？应该根据是否与道德价值的客观本性相符：与道德价值相符的道德规范便是优良的（即正确的、科学的）道德规范；与道德价值不符的道德规范便是恶劣的（即不正确的、不科学的）道德规范。这就是道德的主客观性与优劣性的基本原理。

第二节　新闻传播应遵循的道德原则与道德规范

要制定良性的、合理的道德规范，需要遵循一些基本的道德原则。任何道德规范、伦理守则都是依据一定的道德原则、伦理原则来制定的。

一、新闻传播应遵循的道德原则

（一）真实性原则

真实是新闻的生命，新闻因真实而存在。"新闻真实是指新闻与其反映对象的符合性。符合，就是真实的，不符合，就是虚假的"①，这是对新闻真实最基本的理解。新闻的诸多特有意义和价值、优势和影响，无不源于新闻的真实特性。

新闻真实是新闻传播者对客观存在的新闻事实的再现。在这个再现过程中，新闻传播主体往往会受到各种因素的影响和干扰，因为，"新闻真实与时效性有关，与记者的认识能力和个人观点有关，与媒体制度和新闻运作模式有关，与即时的政治氛围和文化氛围、民族传统、宗教信仰、意识形态都有一定的联系，与新闻源和收受者接受时的误读也有关，对真假的判断与价值判断、利益关系也紧密相关"②。因此，通常在媒体上呈现的新闻不可能对新闻事实达到完全真实的反映，新闻真实是一种相对的、有限度的真实，是一种带有"残缺"性的真实，新闻是"传媒机构内部每日讨价还价游戏的结果，这场游戏要将一段特定时间内发生的事件分类并制作出一个极易过时的产品。新闻就是压力之下匆忙决定造成的不完美的结果"③。新闻真实具有相对性，但新闻真实的相对性并不能成为新闻传播者传播失实新闻的理由。作为一种理想追求，传播者应努力实现新闻报道与对象的本来面目绝对符合，通过"有机的报纸运动"不断逼近新闻事实，诚如马克思所说："只要报刊有机地运动着，全部事实就会完整地被揭示出来。最初，这个完整的事实只是以同时发展着的各种观点的形式出现在我们的面前，这些观点有时有意地，有时无意地揭示出现象的某一方面。但是归根到底，报纸的这种工作只是为它的一个工作人员准备材料，让他把材料组成一个统一的整体。报纸就是这样通过分工——不是由某一个人做全部工作，而是由这个人数众多的团体中的每一个成员担负一件不大的工作—— 一步一步地弄清全部事实的。"④

作为一项基本的道德原则，报道真实的新闻是新闻道德的基本底线，这一

---

① 杨保军：《新闻理论教程》，144 页，北京，中国人民大学出版社，2005。

② 陈力丹：《深化新闻学和传播学的研究》，载《当代传播》，2003（3）。

③ ［美］埃弗利特·E. 丹尼斯、［美］约翰·C. 梅丽尔：《媒介论争——19 个重大问题的正反方辩论》，王纬等译，93 页，北京，北京广播学院出版社，2004。

④ 马克思：《摩塞尔记者的辩护》，见《马克思恩格斯全集》，1 卷，211 页，北京，人民出版社，1956。

道德原则要求新闻媒体在任何时候、任何情况下，都不能为了其他目的歪曲报道事实真相。《中国新闻工作者职业道德准则》第四条明确规定：真实是新闻的生命。新闻工作者要坚持发扬事实求是的作风，深入基层、深入实际、深入群众，加强调查研究，报实情、讲真话，不得弄虚作假，不得为追求轰动效应而捏造、歪曲事实。

（二）客观性原则

要实现新闻的真实，必须坚持新闻的客观。新闻的真实性是一个融主观与客观于一体的概念。说新闻的真实性是一个主观的概念，因为，第一，事件的真实再现离不开记者主观行为的参与。第二，对新闻事件的报道会受到记者认识能力的制约；第三，真实本身是一种主观认识，只有主体对客观事实认识得完全正确并如实地把它反映出来，才能谈得上真实。因此，真实是一种认识活动或者说是一种认识的结果。但同时，新闻真实又必须是客观的，因为，第一，客观事实是新闻的本源和前提，新闻的力量蕴藏于事实之中，事实永远是第一性的，相对于客观事实而言，新闻真实性则是第二性的东西。没有客观事实，就不可能有报道的真实。第二，新闻的内容反映的必须是客观事实的具体过程，新闻反映的全部东西必须与客观事实相吻合，否则就不是真实的新闻而是假新闻。因此，新闻传播主体在报道自身之外的对象时，不能用自己的意识、意志、情感等改变对象的本来面目，不要把自己的意见或评论带进报道中，不要改变新闻报道对象自身的内容。

"客观性既是一种道德理想，同时又是一整套报道、编辑实践，以及清晰可见的写作样式。"[1] 新闻客观性分为两个层面：一是理念层面；一是操作层面。作为一种理念，客观性是指："一个人应当也能够分辨事实和价值判断的差别。价值判断，则是个人对世界观的有知或潜意识的喜好，由于本质主观，因此不能推诸他人。对于'客观'的信念即是对'事实'之信任和对'价值判断'之不信任。"[2] 就是说，新闻传播者忠于事实本身，但对有关事实的意见或评论要保持一定的怀疑态度。在操作层面上，客观性作为新闻报道操作规范，它要求记者把事实与意见分开，以一种超脱情感的中立观点表述事实，努力做到公平和平衡，为事实涉及的各方提供相等的应答机会。反对在新闻中夹

---

① 黄旦：《传者图像：新闻专业主义的建构与消解》，69页，上海，复旦大学出版社，2005。

② ［美］Michael Schudson：*Discovering the News：A Social History of American Newspapers*，2版，何颖怡译，9页，台北，远流出版公司，2001。

叙夹议，不能掺杂个人意见，只要把事实发生的时间、地点、人物、情况、原因等交代清楚就可以了。客观报道的操作规范是客观理念的必然要求，同样，客观专业理念需要通过具体的客观操作规范来体现。客观性是人们准确地认识和把握事物的必要前提，它要求记者在新闻实践中对新闻事实的再现要符合事实本身。但我们知道，由于人的认识能力的有限性以及我们每个人囿于自己的历史文化背景、现实的环境、既定思想的影响，不可能完全做到客观，因此新闻的客观也是有限度的，但不能因为新闻客观是有限度的而拒绝追求新闻客观。在现实的场景中，无论从实践的要求，还是从人类理性的回归看，新闻报道的客观性不仅是受众的期待，也是评判新闻工作水平的标准，更是媒体进一步向前发展的必然趋势。

（三）人道原则

"人道主义"一词是从拉丁文 humanists 引申而来的，发展至今，已成为内容非常广泛的概念。人道主义意指弘扬人的价值，捍卫人的尊严，提高人的地位，实现人的个性解放和自由平等。从宽泛的意义上说，人道主义又称为人本主义或人文主义，其核心观点是认为人本身乃最高的价值或尊严。人本身是最高价值，一方面，是因为人对人具有最高价值："在所有的东西中间，人最需要的东西乃是人。"[1] 人对人之所以具有最高价值，是因为每个人的一切利益，都是人类社会给予的：人类社会对于每个人具有最高效用、最高价值。而人类社会又不过是每个人之和。所以，人类社会是每个人的最高价值意味着，归根到底，每个人对于每个人具有最高价值：人对于人具有最高价值。另一方面，则是因为人本身是社会及其发展等一切事物的目的。为此，康德提出了"人本身就是目的"："人，实则一切有理性者，所以存在，是由于自身是个目的，并不是只供这个或那个意志任意利用的工具。因此，无论人的行为是对自己的或者是对其他有理性者的，在他的一切行为上，总是要把人认为是目的。"[2] 人是目的，因而也就是万物的价值尺度，是评价社会及其发展等万事万物的价值标准而超越于一切事物的价值之上：人是最高的价值或尊严。人道主义视人本身为最高价值从而主张善待一切人、爱一切人、把一切人都当人来看。主张在尊重人的尊严和个性的基础上，全面培养、自由运用和发挥人的创

---

① ［法］霍尔巴赫：《社会的体系》，王太庆译，见周辅成编：《西方伦理学名著选辑》，下卷，89 页，北京，商务印书馆，1987。

② ［德］康德：《人自身是个目的》，见罗国杰编：《人道主义思想论库》，449 页，北京，华夏出版社，1993。

造力和能力，最后高度发展人的社会，使整个人类越来越完善、越来越自由。"尽管人道主义有各种不同的形态，但它们共通的东西则是尊重人的生命、人的价值、人的教养、人的创造力、并保卫它们，使它们更加丰富的一种精神。"①

新闻传播活动的本质是人的活动，它因人之需要而生，随人之需求推动而发展，是一种人了解自己的生存状态、生存环境和社会变化的手段，其最终目的是为人服务。所以，"新闻"是人所创造的一种独特的媒介传播内容，它以人的活动为中心，是在人对自身的生存状态和生存环境及其发展、变化认识的基础上对这些变化做出的相对真实与客观的描述，并且通过特定的媒介将之进行传播。通过传播，"新闻"体现了人对自身的生存状态和生存环境及其发展、变化的关注。这里的生存状态包括人的物质状态和精神状态，生存环境包括自然环境和社会环境。"新闻"的这种对人的关注，实际上是新闻活动本质的体现，新闻活动如果离开了人，也就失去了存在的意义。同时也体现了人对人类社会发展的思考：人是社会发展和历史进步的主体，人的生命状态、精神需要理应得到社会的关注和重视，这样才能促进人和社会的自由、协调、均衡的发展。

传媒作为文明的载体，在新闻传播实践中，理应体现人道主义情怀，有着自己善良的立场。关注人的生存和需求，尊重人、理解人、关心人，把人当人看，使人成为人，尊重和悲悯生命，理应成为新闻传播的主要诉求。

二、中国新闻职业道德规范

新闻职业道德规范是指新闻媒体及新闻工作者在新闻传播活动中所遵循的一些经长期实践约定俗成的职业行为准则。它通常由相关社会组织、行业机构根据以往的实践制定，是一种带有自律性质的职业行为标准。

新中国成立后，政治道德统领了几乎所有领域的职业道德。没有职业的意识，更别谈新闻职业规范了。新闻媒体作为党、政府和人民的"喉舌"，基本上是党的政治宣传工具，以行政机关的形式存在。对新闻媒体及其从业者行为约束是以政策、行政规范为主的行政管理来实施的，即政府通过一定的行政手段以国家的名义对新闻媒体的日常具体的行为进行控制。② 进入社会转型期后，中国的新闻业随着改革开放的深入也出现了不同程度的变化。从政治的附

---

① 沈恒炎、燕宏远主编：《国外学者论人和人道主义》，3辑，650页，北京，社会科学文献出版社，1991。

② 唐绪军：《报业经济与报业经营》，171页，北京，新华出版社，1999。

属物到有限负载政治宣传职能的以新闻为本的事业，从基本不过问自身的经济生存能力、国家包下来的计划经济体制生存环境到必须在市场中获得自身生存发展的经济资源的市场经济体制生存环境，中国的新闻业不仅经历着全面深刻的观念变革、权利和利益的重新调整和安排，而且要经受巨大的制度变迁和体制重构。这一时期，中国的新闻职业道德问题日益突出，开始由政府部门或中共中央宣传部、中华全国新闻工作者协会制定一系列的执业准则或行政规章。1991 年中华全国新闻工作者协会正式通过并公布了《中国新闻工作者职业道德准则》；1997 年中华全国新闻工作者协会发布了《建立新闻工作者接受社会监督制度》的公告；1997 年中共中央宣传部、广播电影电视部、新闻出版署、中华全国新闻工作者协会联合颁布了《关于禁止有偿新闻的若干规定》；2003 年由《人民日报》、新华社、中央电视台等多家机构联合制定《"弘扬职业精神、恪守职业道德、维护队伍形象"自律公约》；2005 年中共中央宣传部、国家广电总局、新闻出版总署又联合发布了《关于新闻采编人员从业管理的规定（试行）》。除此之外，还有一些行业性规范、公约或信条等。总体而言，这些职业规范基本是按照中华全国新闻工作者协会颁布的《中国新闻工作者职业道德准则》的大体思路来制定的。其主要内容有：

第一，全心全意为人民服务；

第二，坚持正确的舆论导向；

第三，遵守宪法、法律和纪律；

第四，维护新闻的真实性；

第五，保持清正廉洁的作风；

第六，发扬团结协作精神。

国际上关于新闻职业道德有各种各样的形式，总体来说，包括以下 8 条原则性内容：

第一，维护新闻自由，具有独立精神；

第二，献身正义、人道，为公众利益服务；

第三，恪守新闻报道的真实、客观、公正、平衡等职业标准；

第四，为新闻来源保密；

第五，不诽谤、侮辱他人；

第六，不侵犯普通公民的隐私；

第七，拒绝收取馈赠和贿赂以及其他各种影响客观报道的酬谢；

第八，不参与商业和广告活动。

第三节　新闻传播实践中的道德失范

新闻道德失范指"新闻工作者的新闻工作行为与新闻工作道德相悖逆，其行为的动机、手段和效果错离了自己的责任和义务范围，不应该在新闻工作中出现的却出现了，采写活动中的价值标准出现混乱，行为方式缺乏规范"[①]。发生在中国新闻队伍中的新闻道德失范，最具有代表性、最具有典型意义、危害也最为严重的主要有以下几种：

一、虚假新闻

虚假新闻是指未能真实反映客观事物本来面貌，报道者离开新闻赖以产生和依存的客观事实，任意凭借个人主观意愿或依据他人意志去报道"新闻"。虚假新闻的根本特性是新闻事实源的虚假性。简单地说，以虚构出的新闻事实为本源的"新闻"就是虚假新闻。

虚假新闻不同于失实新闻。相对虚假新闻而言，失实新闻在性质上还属于新闻范畴，它是对一定新闻事实"残缺"、"偏离"、"片面"反映报道而形成的新闻。失实新闻是不同程度的"劣质"新闻，但不是"假"新闻。因而，简要地说，失实新闻，是指具有新闻事实根据，但却没有全面、正确、恰当报道新闻事实而形成的新闻。因此，失实新闻不能与虚假新闻完全等同，它是虚假新闻中的一类。

二、有偿新闻

所谓"有偿新闻"，就是一种以金钱或实物做中介买卖新闻的现象，通过交换买卖双方捞取实惠。有偿新闻有三种表现形式：第一，收取新闻的刊播费用。这是"有偿新闻"中最经常、最普遍的一种做法，即新闻单位或新闻工作者个人根据一定的规格和标准，利用新闻报道的方式，向要求刊播新闻者提供的一种"有偿服务"。对于"服务者"来说，这种"服务"是以对方支付酬金为条件；而对于"被服务"一方来说，酬金的支付则要以新闻的刊播为前提。所谓刊播的"新闻"，一般都是以一条或一篇为单位，买卖双方的关系也大多是一次性的，即一次刊播便完成了一次交易。至于酬金的形态，可以是货币也可以是实物，而酬金的数量则有较大的随意性，这要视"服务对象"的经济实力、满意程度等因素而定。第二，出卖版面。就是新闻机构用一定的报纸版面

---

① 陈绚：《新闻道德与法规教程》，144页，北京，中国大百科全书出版社，2005。

或一定的节目时间，刊登或播出由买方指定的或认可的新闻报道内容，以此达到获利的目的。它与第一种"有偿新闻"形式的区别在于，前者的交易是以一条或一篇为计价单位，而后者是以一版或一块为计价单位。值得注意的是，这种交易往往具有隐蔽性，打着"协助"或"赞助"等旗号障人耳目。第三，转让报号。通过转让报号达到获利的目的，这种做法把"有偿新闻"推到了登峰造极的地步。如果说前面的两种形式是出卖一条或一版新闻，那么转让报号则是在出卖报纸的出版权。

近年来，"有偿新闻"又有了新的发展，变成了"有偿不闻"，即指发生了事件或事故，新闻媒体本该进行舆论监督，但是如果对方能"偿"而且做"到位"，就不报道、不曝光，如山西繁峙"6·22"特大爆炸案，记者纷纷去领取"封口"费。又如某地因管理不善而发生了水上交通事故，一家报纸已经写好了稿子，排妥了版面。但就在开印前半个小时，事主找来，说如果不曝光就为该报投放 30 万元广告，于是那家报纸居然临阵换马，撤了原稿。

三、传媒假事件

传媒假事件是指一些传媒为了迅速扩大知名度或者增加美誉度，以弘扬主旋律的名义，策划、推动的事实，它本来很小，可能有一点新闻价值，但在传媒的推动下，事实不再是自然发生的，而成为传媒自导、自演、自报的"假事件"，这时报道的"事实"，已经不是本来意义的新闻，其本质是传媒公关活动的一部分。

传媒假事件严格说也属于虚假新闻中的一类，但是表现形式和虚假新闻不同。传媒假事件是由传媒制造或推动了事实的发展，然后再加以报道，事实被传媒制造出来，成了实际存在的一件事儿了。

传媒假事件具有以下五个特征：

第一，消息来源与报道者重合；

第二，隐藏着形式上的宣传动机、公关动机或单纯职业主义动机；

第三，制造并推动事件的发展（导演事件）；

第四，将事件传媒化；

第五，暧昧的真实。

四、虚假广告

近些年来，虚假广告已经成为社会的一大公害，成为消费者集中投诉的问题之一。这些虚假广告往往利用消费者某种急于求成的心态，利用广告资源的垄断，不经权威部门的审查、证明或鉴定，信口雌黄，蒙骗消费者。广播电视广告媒体竞争激烈，为了生存，它们不严格按照法律法规办事，而让那些本来应该被禁止的虚假广告畅通无阻，放弃了媒体的社会责任和道德追求。虚假广告一般分为直接虚假广告和间接虚假广告。

直接虚假广告是指广告的商品或服务本来就是莫须有的，通过一定的形象包装来欺骗消费者。比如某经济台为一家销售企业播放了一年的"香酥梨"种子邮购广告，可这种种子长出来的"梨树"却是一种草本植物，结出的果实并不是梨而是一种凉粉果。结果许多农民上当受骗。后查明，此"香酥梨"并无齐全的证明文件，广告内容完全不真实，但是电视台却播放了广告。

间接虚假广告是指广告传播的商品或服务信息具有某种程度的真实性，但是由于表现手法过于夸张而难以兑现承诺，造成消费者的误解而作出错误选择，造成一定程度的损失。比如在房地产广告中，使用设计建筑效果图或模型照片，但却不在广告中注明；承诺有回升价值；在广告中对正在建设或规划还未实现的周边设施、物业管理等内容进行大肆渲染。

案例及评析

【案例一】 "林娟"追星传媒假事件

2006年3月22日，《兰州晨报》以"不见刘德华今生不嫁人"为题报道了"林娟"疯狂爱慕刘德华12年的历程。在这12年中，"林娟"的父母出于对女儿的疼爱，倾家荡产支持女儿追星，其父亲甚至想出卖自己的肾脏换得女儿进港与刘德华见面的机会。该报不仅刊登系列追踪报道，还以帮"林鹃"（报道中的化名）"圆梦"的名义，呼吁全国传媒关注，推动事实的发展。后来《兰州晨报》在报道基础上联合"星迷网"发起了"健康追星"大型调查活动。在《兰州晨报》的呼吁下，一年后（2007年3月），全国各地的传媒，甚至中央电视台这样的主流传媒也参与报道，派记者千里迢迢来到兰州，采访"林娟"及其父母，表示愿意为她与刘德华见面牵线搭桥，但最终"林娟"的父亲却自杀了。

【评析】

这是一起典型的传媒假事件。《兰州晨报》以关心和帮助弱势群体为旗号，实质是扬自己的名。"林娟"到任何地方都有传媒的陪同及采访报道，传媒是这些"新闻事件"的直接操纵者，这意味着传媒就是这个事件的消息来源，事件由该传媒报道后，传媒兼具消息来源和报道者的双重角色。从某种程度上说，事情最终会是如此结果，固然有当事人的一些原因，但从根本上说，该事件是由《兰州晨报》自导、自演、自报的一起"假事件"。

【案例二】 记者采访中的"封口费"问题

《西部时报》驻山西记者2008年9月下旬在网上图文并茂地发表了《霍州

霍宝干河煤矿为瞒矿难狂发"封口费"》，揭露他 9 月 25 日在山西霍宝干河煤矿公司看到与拍摄到的中国新闻界耻辱的一幕：该矿发生事故，造成一名矿工遇难，负责人未向上级相关部门报告，真假记者争先恐后地赶到该公司——不是为了采访报道，而是去领取公司发放的封口费，多则上万元，少则几千元。此新闻一出，社会哗然。

【评析】

有偿新闻有两种：一种是付费宣传；一种是付费封口。其本质都是贿赂。这些潜规则其实已经被程序化，并为业内人士所熟知。山西霍宝干河煤矿"封口费"事件再次将媒体这一潜规则推到了台前。"封口费"事件实质是媒体集体"有偿不闻"的体现，这与"有偿新闻"一样，都严重损害了媒体的公信力。

【案例三】　"纸馅包子"假新闻

2007 年 7 月 8 日，北京电视台 7 频道《透明度》播出《纸做的包子》新闻，节目援引"业内人士马先生"爆料称，用废纸制作肉馅"已经成了行内公开的秘密"，并安排记者在朝阳区十字口村暗访，随后联系朝阳区左家庄工商所做突击检查，相关商贩因为没有营业执照和卫生许可证被取缔。节目最后还通过海淀区的卫生执法人员，提醒观众识别纸馅包子的方法。7 月 10 日，北京电视台《北京新闻》以《"纸箱馅"包子流入早点摊》为题进行了报道。随后，多家中央和地方电视台、报纸进行了转载。结合猪肉涨价的背景，海外媒体也对其进行了关注。7 月 18 日晚间，北京电视台在《北京新闻》中称，"纸馅包子"被认定为假新闻，摄制者已被刑事拘留，北京电视台向社会深刻道歉。该新闻的制作者 2007 年 6 月通过查访，在没有发现有人制作、出售肉馅内掺纸的包子的情况下，为了谋取所谓的业绩，化名胡月，冒充建筑工地负责人，对制作早餐的陕西省来京人员谎称需订购大量包子，要求其将浸泡后的纸箱板剁碎掺入肉馅，制作成了 20 余个"纸箱馅包子"。在节目后期制作中，记者采用剪辑画面、虚假配音等方法，编辑制作了虚假电视专题片《纸做的包子》。2007 年 8 月 12 日，北京市第二中级人民法院对该新闻的拍摄者作出一审判决：作为北京电视台生活频道《透明度》栏目的临时人员，故意捏造事实，编制虚假新闻，并隐瞒事实真相，使虚假节目得以播出，造成恶劣影响。其捏造并散布虚假事实的行为，损害了特定食品行业商品的声誉，情节严重，已构成损害商品声誉罪，依法应予惩处。据此，该记者被一审判处有期徒刑一年，并处罚金 1000 元。

【评析】

北京电视台《透明度》栏目播出"纸馅包子新闻"，由于题材贴近受众生活，与受众利益息息相关，立即受到了较广泛的关注，但在受众还未来得及拍手称快之时，却被告知这是一则策划、捏造的假新闻。新闻报道应该是一个追求真实的过程，一旦受到玷污，连接节目制作人和观众之间的纽带就会断裂。虽然该栏目在真相被揭穿后郑重道歉，但它的可信度在受众当中肯定大大降低了。"纸馅包子新闻"的记者故意将虚拟事件描述成事实是记者违反职业道德最恶劣的行为，严重破坏了媒体自身的公信力，有碍新闻事业的健康发展。

【案例四】　俄罗斯别斯兰市劫持人质报道中的"人性冷漠"问题

2004 年 9 月 1 日，20 多名身份不明的武装分子占领了俄罗斯南部北奥塞梯共和国别斯兰市的一所学校，将包括 200 多名学生在内的 1000 多人劫为人质，并与警方发生交火。此次人质事件共造成 335 人死亡，其中近一半遇难者是儿童。2004 年 9 月 6 日晚，某中央媒体在播放俄罗斯人质危机的新闻报道时，屏幕下滚动播出这样的信息："有奖竞猜：这次俄罗斯人质事件，一共有多少人质丧生，A×××人，B×××人，C×××人。请发送短信到 ×××××××，赢取×××××。"

【评析】

这是一道带血的有奖竞猜题。该媒体以一种娱乐和商业的轻佻态度对待异邦灾难中的伤亡，无视生命、无视人性、无视人道，把别人的死亡拿来做游戏，诱导受众在他人不幸时争当"幸运者"，公然违背人类良知。生命的神圣性应当是全人类的共识，所有人都应当尊重生命、敬畏生命，没有任何东西可以凌驾于人的生命之上。在新闻传播活动中，任何时候都要首先坚持对生命、对人性的尊重，其次才是新闻报道。

第四章　美德伦理学与新闻职业道德的实现

　　美德伦理学主要研究优良道德之实现以及优良道德由社会的外在规范向个人内在美德的转化过程。美德伦理学关注的是人的个性及品质，它强调的是"德性"本身。"德性"也就是把道德原则、道德规范融入到人的个性、本性之中，成为一种真正稳定的、属于自己的东西。人们如果没有美德，那么再好的道德规范也不可能真正被遵守，从而得到实现。只有当人们具有美德时，道德规范才能真正被遵守，从而得到实现。

第一节　优良道德规范的实现

　　美德是任何优良道德规范真正实现的前提，也是新闻业良性发展的需要。詹姆斯·雷切尔斯说："我们可以把美德定义为一种品质特性，它表现于习惯性行为，对于拥有它的人是一种善。"① 传统伦理学家认为：道德生活其实是一种情感和行为上的习惯。美德在一定程度上是一种好习惯，习惯是一种稳定的倾向，使人们作出某种特定的行为。好习惯是一种美德，而坏习惯是一种邪恶。这些习惯指人的行为举止和个性，它们可以通过重复而强化，通常会产生各种后果。在新闻传播活动中，新闻工作者在面对许多突发事件或道德两难时的反应很多时候并不是出于有意识地遵守、应用某种道德规范，而是出自一种习惯行为。当然，美德不仅仅就是特定的行为倾向。亚里士多德认为，美德也是一种出色的品德，或者是一种不可缩减的、多元的、内在的善，它本身就有价值。更确切些说，美德是具有正道德价值的品德，是长期遵守道德所形成的品德，如"节制"、"公正"、"同情"、"勇敢"、"诚实"等。"道德"是外在规范，是未转化为个人内在心理和人格的规范；"品德"则是内在规范，是已经转化为个人内在心理和人格的规范。在新闻传播活动中，只有当新闻道德原则、道德义务及新闻理想纳入到新闻工作者的本性之中，成为一种稳定的人格特质，道德才能产生作用。

---

　　① Stevn M. Cahn and Peter Markie, *Ethics: History, Theory, and Contemporary Issues*, Oxford University Press, New York, 1998, p. 671.

一、亚里士多德的德性论

美德在伦理学中强调的是人自身所具有的善良或有德性的品质，而不是人的行为、行为结果、感觉或规则。美德伦理学更多地关注如何通过行好人或"德性"人之所行，发展人的内在道德品质，它与古希腊亚里士多德的"德性论"相联系。

德性是西方传统伦理的基本道德追求之一。早在古希腊时期，先哲们就对"德性是什么"以及"如何拥有德性"进行了探讨。苏格拉底认为"知识即德性"，"未经反思的人生不得活"。他的学生柏拉图在《理想国》中开始即提出了一个这样的问题：一个人应该怎样度过自己的一生，一个正义的人是否也能是一个幸福的人？而伦理学的奠基人亚里士多德在两位先师的基础上使伦理学成为一个固定成型的学科。美德伦理学起源于亚里士多德的《尼各马科伦理学》。亚里士多德认为人类所有的活动和技术都是抱有某种目的的，这目的就是他们视作善的东西，实现这些目的也就意味着去达到幸福，[①] 而善或幸福也就是合于人的德性的现实生活[②]。德性分为两类：一是理智的德性，即哲学的沉思；一是伦理的德性，即种种在过度与不及之间的中间的行为品质。[③] 人类努力通过实现这些德性去追求至善的目的和最大的幸福，人虽然是有死的存在，却应当去力求不朽。

美德伦理学研究的伦理中心问题是"我们应该如何生活"，它的研究目的在于描述在一定的社会文化中受到敬重的品格类型。美德伦理学的源头有两个：行为本身的性质和实施行为的人的道德特征。亚里士多德作为传统美德伦理的代表，他认为合乎伦理的行事需要：第一，必须通过运用实践理性知道你在做什么；第二，必须选择行为——一般良善地生活；第三，行为本身应该是坚定不变的品质的产物。

亚里士多德的思想给予新闻工作者的启示是：在新闻工作中不要存有平均主义思想，应看重自身的美德和自尊，还要行使"中庸之道"。

二、新闻采访中的中庸之道

亚里士多德认为："伦理德性，它是关于感受和行为的，在这里面就存在

---

① ［古希腊］亚里士多德：《尼各马科伦理学》，苗力田译，1～2 页，北京，中国人民大学出版社，2003。

② ［古希腊］亚里士多德：《尼各马科伦理学》，苗力田译，223 页，北京，中国人民大学出版社，2003。

③ ［古希腊］亚里士多德：《尼各马科伦理学》，苗力田译，25～26 页，北京，中国人民大学出版社，2003。

着过度、不及和中间。……德性就是中庸，是对中间的命中。……德性作为对于我们的中庸之道，它是一种具有选择能力的品质，它受到理性的规定……中庸在过度和不及之间，在两种恶事之间。……所以，不论就实体而论，还是就是其所是的原理而论，德性就是中间性，中庸是最高的善和极端的美。"① 在新闻实践中，新闻记者经常把亚里士多德建立在"德性"之上的"中庸之道"简单归结为在两种极端的行为中找寻中间点，这种理解是错误的。亚里士多德的"中庸之道"体现的是一种性格品质，或美德的存在方式。因此，中庸是一种品德，是一种伦理行为，是人的伦理行为之"中"。不论是恶行与善行之"中"，还是大小恶行之"中"，都不是中庸。那么，中庸究竟是一种什么伦理行为之"中"？人的一切伦理行为，说到底无非两类三种：一类是不遵守道德的行为，即所谓的"不及"。另一类是遵守道德的行为，又包括过当遵守道德的行为，即"过"；适当遵守道德的行为，即"中庸"。"不及"——不遵守道德是恶，这很明确。但为什么只有"中庸"——适当遵守道德才是善，而"过"——过于遵守道德却又是恶呢？过于遵守道德岂不是更加道德、更加善吗？非也，因为物极必反。任何事物都有保持其质的稳定不变的量变范围。事物在这个范围内变化，便不会改变事物的质；如果超出这个范围，便会改变事物的质，使事物走向自己的反面，变成另一事物。道德的遵守也会出现这样的情况。遵守某种道德，也是在一定范围内才是道德的、善的；超过这个范围，就会走向自己的反面，变成恶的、不道德的。

亚里士多德说："过度和不及都属于恶，中庸才是德性。"② 中庸是贯穿一切善行和美德的极其普遍、极其根本、极其重要的道德规范、道德品质。只有适当遵守道德的行为（中庸），才是道德的、善的；而过于遵守道德（过）与不遵守道德（不及）殊途同归，都是恶的、不道德的。因此，孔子说："过犹不及。"正如亚里士多德认为的，勇敢是一种中庸，过度则为鲁莽，不及则为怯懦。

三、新闻工作者的品德

品德是通过一个人的行为所表现出来的行为者的内心状态或心理特征。一个人一两次行为所表现的偶尔的、不稳定的内心状态和心理特征还不是品德。

---

① ［古希腊］亚里士多德：《尼各马科伦理学》，苗力田译，34 页，北京，中国人民大学出版社，2003。

② ［古希腊］亚里士多德：《尼各马科伦理学》，苗力田译，34 页，北京，中国人民大学出版社，2003。

我们不能因为一个人做了一两次好事便说他品德好，也不能因为他做了一两次坏事便说他品德坏。品德是一个人在长期的、一系列的行为中所表现出来的稳定的、恒久的、整体的心理状态。品德是个人的一种心理自我、一种人格、一种个性。

一个新闻工作者的品德不但表现于而且形成于他长期遵守或违背新闻道德的行为，不但表现于而且形成于他长期的道德行为。所以，一个新闻工作者的品德与其长期的新闻道德行为必定完全一致。

在中国，新闻工作者的品德是保证其在社会主义条件下自觉从事新闻传播活动的根本，也是社会主义新闻道德规范体系的核心内容，既决定着新闻工作者一切道德行为的方向，又赋予新闻工作者一切道德行为以动力，同时还是向新闻工作者提出具体道德要求的基础和前提。作为最基本的道德标准，它在调节、指导和评价新闻工作者的新闻工作行为方面占据着主导地位，起着支配作用。

社会主义新闻工作者品德的基本要素包括两点，即全心全意为人民服务与实事求是。这两点是社会主义制度下我们的党、国家和广大人民群众对新闻工作者的新闻工作行为提出的最基本的道德要求，是衡量和评价每一个新闻工作者的新闻工作思想和新闻工作行为的道德尺度，也是新闻工作者必须遵循的行为准则。

（一）全心全意为人民服务

为人民服务是社会主义道德建设的核心，是社会主义道德的集中体现，也是中国新闻工作的根本宗旨。新闻工作者要站在党和人民的立场上发挥党和政府联系人民群众的桥梁、纽带作用，坚持对党负责和对人民负责的一致性；努力使党的政策主张准确、迅速、广泛地同群众见面，为人民群众提供他们所需的新闻和信息，热情宣传他们建设社会主义的伟大创造和奉献精神，准确反映他们的愿望、呼声和正当要求；支持一切符合人民利益的正确思想和行为，批评、揭露违背人民利益的错误思想和行为及其他社会不良现象，发挥在批评报道中的作用；牢固树立群众观点，满腔热情地做好各种形式的群众工作，重视群众的稿件和信件，妥善处理公民有关批评、建议、申诉、控告和检举的来信、来访；密切联系人民群众，倾听群众对新闻工作的意见，自觉接受群众监督。

（二）实事求是

实事求是是无产阶级世界观的基础，也是马克思主义的思想路线。毛泽东指出："'实事'就是客观存在着的一切事物，'是'就是客观事物的内部联系，即规律性，'求'就是我们去研究。我们要从国内外、省内外、县内外、区内外的实际情况出发，从其中引出其固有的而不是臆造的规律性，即找出周围事变的内部联系，作为我们行动的向导。"① 毛泽东在这里是把"实事求是"作为我们党的工作方针和思想路线提出来的，它对于社会主义新闻事业的各项工作，包括新闻工作者的新闻工作道德规范，同样具有原则性的指导意义。

社会主义新闻事业就其实质来讲是无产阶级的。无产阶级新闻学，包括新闻伦理学，都是建立在马克思主义理论基础之上。社会主义新闻工作必须遵循辩证唯物主义的思想路线，这一切都是由社会主义新闻事业的基本性质所决定的。立足于这个前提，社会主义新闻工作者以实事求是为基本原则，既是新闻传播活动的客观规律的反映，也是无产阶级新闻事业优良传统和辩证唯物主义世界观的要求。

在中国，新闻工作者实事求是的品德要求有以下三个方面的内容：

第一，坚持真实性原则。新闻来源于客观事实，没有客观事实的发生，就没有新闻。新闻必须而且也只能是具体的事实的报道，因为真实性是新闻的第一生命，新闻通过对事实的报道所产生的社会功能，都是建立在真实性的基础之上。因此，新闻工作者要坚持实事求是，深入实际，深入群众，加强调查研究，不得捕风捉影，不得想象虚构，不得弄虚作假，不得为追求轰动效应而歪曲事实。

第二，坚持真理性原则。在新闻报道中仅仅做到一般的真实显然是不够的，因为往往真实的东西并非就是真理的东西。那种表现在新闻报道中的自然主义真实观或纯客观主义真实观，实践早已证明是不足取的，必须坚决予以抛弃。这里所说的"真理性"，不仅要求所报道的新闻要准确无误，完全真实，而且还要从事实的全部总和、从事物的联系上去把握事实，反映出整体事物的本质和趋势，指导人们认识事物的全貌和趋向，从而赋予新闻以更为广泛的社会意义和更为深刻的思想内涵。

第三，坚持客观公正原则。一则事实之所以能成为新闻，是通过新闻报道者这个"中介"来实现的。由于作为"中介"的新闻报道者总是生活在一定的社会氛围中，难免不受其阶级立场、政治态度、思想水平、好恶感情、文化观念以至审美情趣的影响。因此，事实与新闻之间永远不可能完全对等，既然新闻是通过人来报道的，那么主观因素也就不可避免地会融入新闻报道中。尽管

---

① 毛泽东：《改造我们的学习》，见《毛泽东选集》，2版，3卷，801页，北京，人民出版社，1991。

如此，新闻工作者还是要力求最大限度地缩小新闻与事实之间的距离，做到正直、公道、不怀偏私、忠于事实。只有在新闻传播活动中坚持了客观公正的原则立场，才可以说是坚持了社会主义新闻工作者应有的人格。

第二节　新闻职责忠诚

"每种职业都意味着承担一定的社会责任，即职责。职责只与人的职业角色相联系，而不同于人生其他角色的责任。"① 新闻传媒作为一种职业独立以来，其责任是巨大的。"新闻传媒的责任源于传媒在社会中担当的角色，传媒的责任与其社会功能密切相关，传媒社会角色的复杂性和多重性导致了附着在传媒身上的社会期待是多重的。人们从不同的视角出发，以不同的立场规定责任的对象和内容时，就会产生不同的观点。"② 这里从新闻工作者个人和传媒两方面来论述各自的职责及其职责忠诚。

一、新闻工作者职责忠诚的倒金字塔模式

（一）社会职责

新闻传播的社会职责是由新闻传播的社会公器角色所赋予，与传媒作为公共领域的角色相联系，源于其作为社会公共资源的属性。人们在社会生活中涉及的最本质的关系，就是公共利益的创造及其作用的发挥。新闻传播的社会职责，是指新闻工作者在新闻传播活动中通过新闻传播维护和增进社会公共利益时，对社会及公众应该承担的法律、道德和职业责任及义务。新闻传媒的社会公器角色要求新闻工作者在新闻传播活动中，坚守客观、真实，守望社会公平、正义，维护社会良知，追求公共利益、社会效益，对社会公众利益负责。社会职责是新闻传播作为一种职业或专业的核心支撑，是新闻工作者道德自律的目标指向，也是新闻职业道德的核心价值。

作为新闻工作者的个人，在新闻采访中首先要承担社会职责，这是任何一个人遇到问题时应采取的做法。例如，你准备采访的当事人正处于危险时刻，你这时的首要责任是救人而不是采访，专业工作任何时候都要给抢救人的生命让路。当没有这类事件发生时，当然是按照职业规范来工作，获得有价值的新闻，这是从专业角度而言要履行的职责。

---

① 李德顺、孙伟平：《道德价值论》，162 页，昆明，云南人民出版社，2005。
② 罗彬：《新闻传播人本责任研究》，51～52 页，武汉，武汉大学出版社，2011。

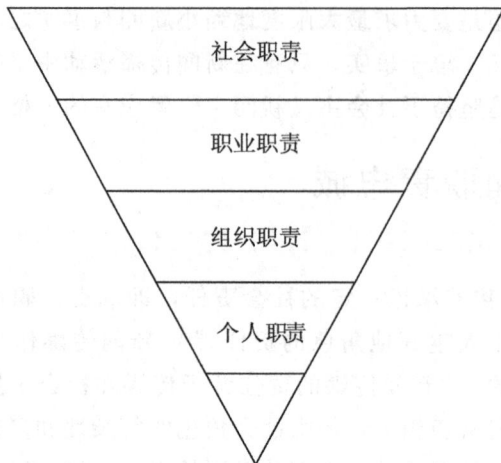

```
           社会职责
           职业职责
           组织职责
           个人职责
```

（二）职业职责

新闻传播的职业职责是新闻传播活动本身的职业角色所赋予的义务以及违背这些义务所应承担的后果。在职业职责中，既有法律的约束，又包含道德的规范，同时还体现了职业本身的特殊要求。新闻传播的职业职责源于新闻传播的功能，即满足社会大众新闻信息的需要。功能既是权利，也意味着责任。新闻传播的职业职责也称传播职责或专业职责。传播新闻信息是新闻传播的基本功能，也就是新闻传播的基本责任，新闻工作者在新闻传播过程中对新闻信息的采集、制作、发布必须承担责任。这就要求新闻工作者首先要尽力满足社会大众的新闻信息需求，传播社会大众所需要的，与大众生活、利益密切相关的，具有新闻价值的社会各个方面的信息，确保社会大众对新闻事件和各种信息的知情权。其次，新闻传播的内容要尽力做到真实、全面、客观、公正，这也正是新闻之所以为新闻的独特规定性，否则，新闻传播就失去了存在的理由。最后，在传播方法上，要尽力做到及时、实时、公开。

（三）组织职责

在新闻传播活动中，新闻工作者总是在一定的传媒组织中进行活动。传媒组织是一种专业的社会机构，它渗入社会的一切过程和现实生活的一切领域，并同国家或社会的一定机构有机地联系在一起，通过反映、阐明和分析、报道各种社会现象和社会问题实现其社会价值。传媒组织的成立得到了权威部门的认定和社会大众的承认，它有明确的目标，即满足社会大众的信息需求。传媒组织成员专门从事大众传播活动，并以此谋生和养家。传媒组织要开展活动、实现目标，必须合理地分化功能、协调行动、划清权限，形成传媒中特有的角色关系（如报社内有社长、总编辑、总经理、编辑部主任等）。任何传媒组织都有自己的编辑方针、经济责任、政治责任等，为实现这些目标，需要制定各种规章制度，以约束传媒组织成员的行为，为实现目标提供保证。因此，新闻工作者还要承担自己所服务的传媒组织赋予的具体职责。

（四）个人职责

莎士比亚说："全世界是一个舞台，所有的男男女女不过是一些演员；他们都有下场的时候，也都有上场的时候。一个人的一生中扮演着好几个角色。"[①] 新闻工作者作为一个职业人，同时又是一个社会人，他们面临多种角色期待，也必须扮演多重社会角色，每一个角色都会赋予他不同的职责，新闻工作者在自己的行为中必须为自己的这些职责而努力奋斗。

在上述职责中，首先最为重要的，也是基础的，就是作为人的社会职责，其次是自己所从事的行业的职责，再次是自己为工作单位承担的组织职责，最后是个人职责。因此，它呈现倒金字塔模式，任何时候都要把社会职责放在第一位。颠倒了，就会发生违背新闻职业道德和规范的事情。

二、传媒自律的正金字塔模式

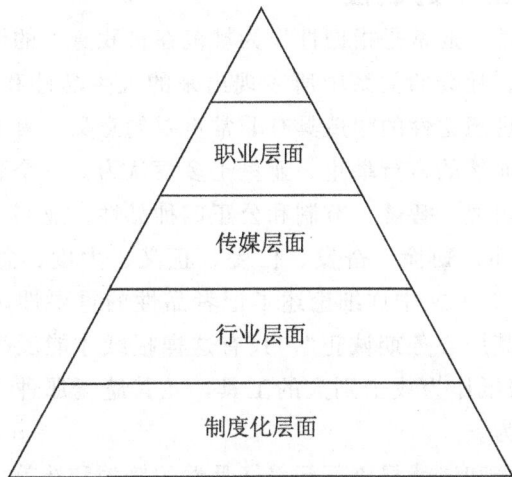

传媒自律的正金字塔模式是指传媒建立自律体系的社会条件。第一，传媒自律体系的建立依赖于社会制度化体系是否建立，依赖于公平正义的社会环

---

① ［英］莎士比亚：《皆大欢喜》，朱生豪译，见《莎士比亚全集》，2卷，139页，北京，人民文学出版社，1994。

境，这是传媒形成自律最重要的社会外部条件。第二，传媒自律体系的建立需要行业层面建立一系列规范。中国已经有了全国和省级的新闻工作者的团体，即中华全国新闻工作者协会（简称中国记协）和各省级行政区协会。中国记协于1991年就制定了《中国新闻工作者职业道德准则》。第三，传媒自律体系的建立有赖于传媒自身，这是中国建立传媒自律体系的现实基础。在中国，大部分传媒都建立了一整套传媒自律规约，极大地丰富了我国新闻职业道德的内容。第四，传媒自律体系的建立还要依靠传媒从业人员自身，这是实行自律的最小层面。这个层面属于个人的修养，但是要仰仗社会层面、行业层面的影响力及传媒层面的高度重视。

第三节　新闻传播实践中的德性修养

德性的修养，除了立志更应践行，是一个"日生日成，积小善而成大德"的渐进过程。

一、德性造就中的品性

伦理学中的品性，通常是指德性作为规范在自我身上的体现和凝结，它通常以自我在与他人、社会的关系中所表现出来的人生品性和习惯为存在形式。优美品性的培养对理想德性的塑造具有非常重要的意义，真正的德性是一种品性和习惯，是自然而然的言行举止。亚里士多德认为，一个真正具有优美崇高德性的人必须具有勇敢、智慧、节制和公正四种品性。亚当·斯密则提出理想的品性是自制、简朴、勤俭、奋发、仁爱、正义、大度、急公好义。王韬在《论日报渐行于中土》一文中详细论述了记者品性的重要性，强调记者应品德高尚，记事持论"其居心务期诚正"，只有这样报纸才能反映出"人心之所趋向"。他反对利用报纸作为攻击别人的工具，尤其谴责那种"挟私讦人，自快其忿"的不道德行为。

任何德性的培养和造就都离不开美好品性的培养和造就。我们必须在自己的人生追求中形成美好的品性，并使之成为一种习惯。特别值得指出的是，更多的时候，培养优良的品性是通过对不善、不美之品性的摒弃和克服来实现的。在新闻传播实践中，新闻工作者正是与金钱的诱惑、与黑恶势力的不断斗争中，才形成自己诚实、勇敢、公正等崇高品性，从而成为一个有德性的人。面对500万买自己人头的恐吓，王克勤选择了正义；面对战争死亡的恐惧，闾丘露薇选择了勇敢；因报道《甘肃十四名婴儿疑喝三鹿奶粉致肾病》而招致来自各方面的压力，简光洲选择了良知。由于这些优秀记者追求的是正义和真相，所以他们坚持了操守和理想。

二、德性修养的实现

德性修养是个人的自我品质培养，是个人将社会道德规范转化为自己内在品德从而自觉遵守道德规范的过程。具体到新闻传播实践，就是指新闻工作者自觉遵守新闻职业道德，并将新闻职业规范内化为自己的秉性的过程。德性修养的实现需要经过学习、立志、躬行和自省四个阶段。

（一）学习

一个人能够进行德性修养之前，须知道自己为什么要进行德性修养使自己成为一个合乎道德的人，而这个问题只有通过学习才能解决。学习是获得道德知识、提高道德认识的德性修养方法，是品德形成和修养的前提与指导。对于新闻工作者来说，这里的"学习"包含了两层意思：一方面，要通过学习使自己成为一个合乎道德的人；另一方面是要将学习作为提升自己职业道德水平的手段。

新闻职业道德不但表现为自觉履行新闻工作责任的愿望，还要表现为完成职责的过硬本领。只有具备高超的新闻业务技能，才能出色地履行新闻工作责任，从而更好地为社会服务。所以，良好的新闻业务技能便具有了深刻的职业道德意义，而良好的新闻业务技能是通过学习得到的。传播新闻的目的是满足人民群众不断增长的物质和文化生活的需要，具备良好的新闻业务技能是每个新闻工作者对社会应尽的职业道德义务的前提。有记者说的好："除了全力以赴、永不言退、敢于吃苦等主观努力因素外，自身的底气够不够非常重要，为此，就必须永远学习。记者这个职业，入门并不难，但要真的钻下去成为专家，就很不容易。好的记者必须集敏锐的洞察力、广博的知识面、高明的采访技巧、深刻的分析理解能力以及出手成章的写作水平于一身，这是非常高的境界。我知道自己离这样的境界还有相当距离，也正因为此，我一直不敢放松学习。进入报社后，我的学习重点主要有三大板块，一个板块是党的理论，一个板块是经济学知识，还有一个板块是中西方媒体学。由于记者的工作很忙，而且没有规律，要想有整块的时间学习几乎不可能，因此必须利用点滴时间。我的体会是，要让学习成为一种习惯、成为生活的一部分，这样才能细水长流。与此同时，向被采访单位学习也是一条学习的好途径，这些年，我在和市计委、市统计局、市劳动保障局等许多单位的联系采访过程中，学到了相当多的知识……"① 记者通过学习不但拥有丰富知识，还会拥有较高的思维水平。思维水平是一个综合性指标，是对一个记者知识含量、知识结构、理性思辨能力的全面考量，实际上是记者运用知识分析事物、抓住本质以及严密的逻辑方式求证、表达的能力。

（二）立志

一个人通过学习，知道为什么应该做一个合乎道德的人，他便会进而树立做一个合乎道德的人的愿望，这就是立志。记者通过学习，知道自己为什么要做一个有职业道德的人以及如何成为一个有职业操守的人，进而内心树立一个做有道德的人的愿望，这就是立志。在德性修养上，立志是一个起点，志不立，则无修养可言。一个人只有想做一个合乎道德的人，才会自觉地作出合乎道德的行为，从而形成品德。所以，立志是品德形成和修养的开端和动力。

立志是学习的结果。一个人时常反思社会生活、阅读伦理书籍，便会逐渐懂得：人生在世，确实必须遵守道德，便会逐渐懂得其"最大利益在于成为有德行的人"②。李大钊的名言"铁肩担道义，妙手著文章"是无数有志青年投身新闻事业的理想。

（三）躬行

如果说立志是德性修养的前提，那么躬行则是德性修养的关键。一个人通过立志，有了做一个合乎道德的人的愿望，他便会从事符合道德规范的实际行动，实现做一个合乎道德的人的愿望，这就是躬行。躬行是按照道德规范做事、从事符合道德规范的实际活动的德性修养方法。只有通过躬行、只有在行为中，品德才能形成。躬行是品德形成的唯一途径、过程，只有躬行，进行符合道德规范的实际行动，一个人才可能形成高尚品德，才可能成为一个合乎道德的人。此外，人类的一切行为技能都只有通过躬行实践，才能真正掌握。正如亚里士多德所说："由于实行公正而变为公正的人，由于实行节制和勇敢而变为节制和勇敢的人。"③ 新闻工作者只有将诚实、公正、人道、勇敢、善良等职业操守长期贯穿于自己的新闻活动中，才可能成为一个真正品德高尚、有德性的人。

---

① 李蓉：《对得起手中的笔》，载《新闻记者》，2002（9）。
② ［法］霍尔巴赫：《自然的体系》，管士滨译，见周辅成编：《西方伦理学名著选辑》，下卷，75页，北京，商务印书馆，1987。
③ ［古希腊］亚里士多德：《尼可马克伦理学》，佳冰、韩裕文译，见周辅成编：《西方伦理学名著选辑》，上卷，292页，北京，商务印书馆，1954。

躬行有两种形式：一种是在不但自己知道，而且他人也知道的情况下，即自己与他人共处、有人监督的情况下，按照道德规范做事；一种是在他人不知而自己独知的情况下，即自己独处、无人监督的情况下，仍旧按照道德规范行事。后者叫慎独，是在个人独处情况下仍旧按照道德规范做事的修养方法。如一个道德品质优良的记者不会因为在其他人不知道的情况下收受贿赂。

偶尔的、时有时无的、时断时续的躬行和慎独，所形成和表现的是偶尔的、多变的心理，只有恒久的、经常的、习惯的躬行、慎独，所形成和表现的才是稳固的心理特征，所以偶尔的躬行、慎独还不能形成品德，只有经常的、长期的、一系列的从而成为习惯的躬行、慎独，才能形成品德。

（四）自省

通过学习、立志、躬行，一个人虽可能实际成为合乎道德的人，却不可能知道自己实际上是不是一个合乎道德的人。这样，他的修养便没有依据，便是无的放矢。修养必须依据于自己的品德实际，必须依据于自省。自省即内省、反省，是一个人对自己的品行是否合乎道德的自我检查的道德修养方法，也就是一个人对自己的行为及其所表现的品德是否合乎道德的自我检查，也就是个人对自己的行为动机与行为效果及其所表现的道德认识、道德感情、道德意志的道德价值之自我检查。所以，自省即自己与自己打官司：原告是自己所理解的社会道德规范；被告是自己的品行，也就是自己的行为动机与行为效果及其所表现的道德认识、道德情感、道德意志；法官是自己的良心。这样，自省便可以使自己知道自己的道德认识、道德情感、道德意志之实际情况；知道自己实际上是不是合乎道德的人；知道自己有哪些不道德的恶的品行。于是，修养便有了依据，便可以有的放矢地去恶从善、改过迁善，从而自觉地实际成为一个合乎道德的人。

所以，自省是品德形成和修养的依据，是涉及道德认识、道德感情、道德意志的综合修养方法。不过，一个人的自省与躬行一样，既可以心血来潮、偶尔为之，也可能经常进行、持之以恒。能形成品德的是持久的、长期的自省。所以，曾子说："吾日三省吾身。"（《论语·学而》）

纵观道德修养的实现：学习—立志—躬行—自省，如此循环往复，成为习惯，美德遂成。

案例及评析

【案例】　《东南晚报》记者守拍雨中骑车人摔跤引发的争议

2005 年 5 月 10 日，《东南晚报》发表了记者拍摄的一组 5 张照片，记录了一位骑车人在暴风雨中陷入路上的水坑而摔倒的全过程。5月9日下午，一场暴风雨袭击厦门，市区道路上的多处水坑让不少骑车人栽了跟头。该摄影记者蹲守在马路边用照相机记录下一名骑车人冒雨经过厦门厦禾路与凤屿路交叉路段时，因自行车前轮突然陷入一个水坑，身体失去平衡摔倒的情景。这组照片发表后，引起了社会公众尤其是网民对记者的职业道德的讨论。新浪网的调查显示，最初大约一半的意见支持记者，认为他抢拍了具有新闻价值的精彩镜头；另一半则认为该记者明知雨水下暗藏大坑，不去提醒路人，却在那里等了近一小时拍下这组照片，道德感太差。随着讨论的深入，后一种意见占了上风。

与该记者形成鲜明对比的是河南电视台都市频道的记者。2006年7月，在采访落水少女的报道现场，该记者没有去采访，而是先趴在女孩身上做人工呼吸。虽经多次努力，女孩最终没能醒过来，该记者哭了，泪水顺着脸颊滑落，这张照片发到网上后，众多网友跟帖，绝大多数人认为她是当今中国最美丽的女记者。

【评析】

记者在突发新闻事件面前，是先遵从职业角色进行冷静的采访报道还是去履行一个普通公民的责任，比如参与到事件中，这其实是记者职业角色和社会角色内在的一种矛盾。众所周知，一方面，记者是职业的新闻记录者，职业道德需要他们用中立、客观和旁观的态度真实地记录新闻事件。在当今的西方社会，"新闻记者应当是不偏不倚中立的观察者"几乎成了共识。现行的各国职业道德准则也都把记者的"忠实地记录新闻"的职业责任放在了突出位置。另一方面，记者又是一个普通的社会人，人围于生活环境，必须遵守社会秩序，讲求公共道德。职业角色要求记者"忠实地记录新闻"，而要做到这点，有时就需要压制自己的同情心和爱心，这不可避免地会遭遇社会公德带给记者的良心谴责和道德困惑。这种困境的产生，正是源于记者职业角色与社会角色的冲突。在不同的时代、不同的社会对同一个角色也有不同的道德要求。在中国，新闻记者首先是作为一个社会人存在，其次才是新闻人。因此，在新闻报道中首先要承担社会责任，然后才是职业责任。

记者在拍摄一些东西的时候，应当扪心自问，假使自己处于被拍摄者的地位，他所需要的是你的帮助，还是你的宣传？为新闻而新闻，为完成一张报纸而漠视人性和道德，这是经济大潮下社会价值的一种扭曲和变形，是新闻监督功利化、行政化的表现。

第五章　新闻传播法概论

第一节　法的概述

一、法的概念

法是国家专门机关创制的、以权利义务为调整机制并通过国家强制力保证的调整行为关系的规范，是阶级统治和社会管理的手段，它应当是通过利益调整从而实现社会正义的工具。

在中国当代法学理论中，法律有广义、狭义两层含义：广义的法律是指法的整体，包括法律、有法律效力的解释及其行政机关为执行法律制定的规范性文件（如规章）；而狭义的法律则专指拥有立法权的国家机关依照立法程序制定的规范性文件。在中国现代法律制度中，法律也有广义、狭义两层含义：广义的法律是指包括宪法、行政法规在内的一切规范性法律文件；狭义的法律是指全国人大及其常委会制定的基本法律以及基本法律以外的法律。

根据法理学中对于"法律"含义的解释，新闻法的概念也应当有广义与狭义之分。广义的新闻法，指现有法律体系中所有适用于新闻传播活动的法律文件条款，包括宪法、民法商法、刑法等各个法律部门中所有适用于新闻传播活动的法律文件条款。这个意义上的新闻法，既不是单一的法律文件，也不是某一个法律部门，它具有多种法律渊源、涉及多个法律部门，又称"领域法"。本书所指的新闻法均是指广义的新闻法。狭义的新闻法，指拥有立法权的国家机关依照立法程序制定的以"新闻法"为名称的专门性的法律，如"新闻法"、"报刊法"等。在中国还没有以"新闻法"、"新闻传播法"命名的专门性法律，但现行法律中已有许多调整新闻传播活动的内容，各种法律法规中涉及新闻传播活动的众多条款，基本上可以涵盖现有新闻传播活动中出现的各个方面的法律问题。中国的新闻传播活动既受到社会主义法的保护，又必须在社会主义法的范围内进行，对于新闻传播活动的非法侵犯以及违反法律的新闻传播活动，都会受到国家的取缔和制裁。所以，虽然中国还没有以"新闻法"命名的专门性法律，但是中国的新闻传播活动同样必须依法进行，不能说现在处于无法可依的状态。

二、法的本质

法的本质是意志与规律的结合，兼具政治统治和社会管理双重职能，起始于利益调整而归宿于社会正义。根据马克思主义关于法的本质学说，应对法的本质进行多层次的阐释。

第一，法是国家意志的表现——法的初级本质。

第二，法是掌握国家政权的阶级意志的表现——法的二级本质。

第三，法的内容是由统治阶级的物质生活条件决定的——法的深层本质。

三、法的特征

法的特征主要体现在下面几个方面：

第一，法是行为规范，用来规定人们的行为。

第二，法是由国家创制的行为规范，是由具有立法权的国家机关在其权限范围内按既定程序予以制定或认可并予以颁布实施的。

第三，法是由国家强制力如军队、警察、法庭、监狱等保障实施的行为规范。

第四，法是具有普遍性的行为规范，这种行为规范在同样条件下可以反复适用。法对全体社会成员、全体公民具有普遍约束力，在法律面前人人平等。

四、法的主要内容

法是以规定人们的权利和义务为主要内容的。它以权利和义务为机制，通过权利和义务的配置和运作，影响人们的行为动机，指导人们的行为，实现社会关系的调整。任何法律都是以调整一定的社会关系为对象，法律在调整人们行为过程中形成权利和义务关系，即法律关系。法律关系就是法律规定的权利和义务关系，是以国家强制力保证执行的社会关系。

法律关系的主体，也称权利主体或义务主体，是指公民、国家机关、社会团体、企事业单位、国家以及居住于所在国内的外国人。权利是法律关系主体依法享有的某种权益，如公民具有言论自由权、知情权等。义务是法律关系主体必须履行法律规定的某种责任，如新闻出版单位刊播他人作品，就必须承担征得许可、署名、支付报酬和不得篡改作品内容等义务，否则就要受到法律的制裁。法律上的权利和义务是法定的权利和义务，是建立在法律基础上，通过法律方式界定、确定、保障、维护、实现的。法律具有国家性、国家意志性、强制性，往往凭借国家的强制力保障、实施、实现，当合法权利受到侵犯，或者法定义务没有得到履行时，可以依照有关程序，由相关机关采取必要强制措施，强制执行和实现。

五、法的实施和制裁

"有法可依，有法必依，执法必严，违法必究"，是中国社会主义法制的基本原则。法律规范制定并颁布以后，必须在社会生活中切实运用和实现，这就是法的实施。

法的实施，一方面要求司法机关、国家行政机关及其公职人员严格执行法律、适用法律；另一方面，要求一切国家机关及其公职人员、政党、武装力量、社会团体、企事业单位和公民遵守法律，守法的要求不只是对公民的，也是对管理者、执法者的。任何人违反国家法律，构成违法行为，都要受到法律制裁。

法律制裁是国家司法机关和行政机关依照法律对违法行为人追究法律责任所采取的惩罚性措施。依据违法行为的性质、后果及实施制裁的机关、方式的不同，可分为两大类：一类是司法制裁，即刑事制裁和民事制裁；一类是行政制裁，即行政处罚和行政处分。

构成违法行为必须具备四个要素：第一，违法行为的客体。就是实施了违反法律、法规规定的行为，侵害了法律所调整和保护的社会关系。第二，违法行为的客观方面。就是违法行为在客观上造成对社会的危害结果。第三，违法行为的主体。就是实施了违法行为的公民或组织。第四，违法行为的主观方面。就是违法行为者在主观上有过错，过错包括故意和过失。

第二节　新闻传播法的渊源

法的渊源，是指那些具有法的效力作用和意义的法的外在表现形式。因此，法的渊源也叫法的形式，它侧重于从法的外在形式意义上来把握法的各种表现形式，即由不同的国家机关依法制定的具有不同法律效力、不同类别的规范性文件。

改革开放以来，中国社会主义法制建设取得举世瞩目的发展。按照《宪法》规定，中国法律的渊源包括：宪法、法律、行政法规、规章（以上在全国有效）、地方性法规、民族自治地方的自治条例和单行条例、特别行政区法律和法规（以上在一定区域内有效）、中国参加或与外国缔结的国际条约和国际惯例等。2000年公布实施的《立法法》，对中国法律体系、立法权限和程序等做了系统完整的规定。据2010年全国人民代表大会常务委员会工作报告，到2010年年底，中国已制定现行有效法律236件、行政法规690多件、地方性法规8600多件，并全面完成对现行法律和行政法规、地方性法规的集中清理工作。其中有许多法律、法规的规定同新闻传播活动密切相关，有的法律或法规的某些条款还专门就新闻传播活动的某些方面作出规定。国务院和有关主管部门还发布了若干规范新闻传播活动和新闻媒体的专门性的行政法规和规章。所有这些法律性文件构成中国新闻传播法的渊源。

中国新闻传播领域法的法律渊源，可划分为宪法、法律、行政法规、地方性法规等几个层面。

一、宪法

宪法是国家的根本大法，是由全国人民代表大会经过特定立法程序制定的，是制定普通法律的法律基础，是中国法律体系的基石。宪法具有最高的法律权威和效力，全国各族人民、一切国家机关和武装力量、各政党和各社会团体、各企业事业组织，都必须以宪法为根本的活动准则，并且负有维护宪法尊严、保证宪法实施的职责。宪法当然也是中国新闻传播法的基本法源。从广义上说，现行《宪法》的主要内容，如中国的社会制度和政治制度，沿着建设有中国特色的社会主义的道路集中力量进行社会主义现代化建设的根本任务，坚持共产党的领导、坚持马克思列宁主义毛泽东思想邓小平理论和"三个代表"重要思想、坚持社会主义道路、坚持人民民主专政、坚持改革开放的基本国策，发展社会主义市场经济、发展社会主义民主和健全社会主义法制的基本原则，公民的基本权利和义务等，都指导和制约着新闻传播活动，新闻传播活动从内容到方式不得同《宪法》的基本内容和基本精神发生任何抵触。从狭义上说，《宪法》有些条款是直接规范新闻传播活动的，如《宪法》第二十二条关于新闻出版广播电视事业为人民服务、为社会主义服务的方向的规定，《宪法》第三十五条关于公民有言论、出版自由的规定，《宪法》第四十一条关于公民对任何国家机关及其工作人员有提出批评和建议的权利的规定，《宪法》第四十七条关于公民进行科学研究、文艺创作和其他文化活动的自由的规定等，都是对新闻传播活动具有根本意义的法律规范。2004年修宪，在《宪法》第三十三条增列"国家尊重和保障人权"作为该条第三款，也将对新闻传播活动产生长远的影响。

二、法律

在中国，法律特指由全国人民代表大会及其常务委员会制定、颁布的规范性文件，分为基本法律和基本法律以外的其他法律。法律一律由国家主席签署主席令公布。

基本法律包括刑事、民事、国家机构和其他调整社会生活中重大社会关系的基本原则和基本制度的法律，由全国人民代表大会制定和修改。中国现行法律体系中三组最重要的基本法律：《刑法》（1979年通过，1997年修订）和《刑事诉讼法》（1979年通过，1996年修正），《民法通则》（1986年通过）和

《民事诉讼法》（1991 年通过，2007 年修正），《行政诉讼法》（1989 年通过）、《行政处罚法》（1996 年通过）和《行政许可法》（2003 年通过），这三组法律同新闻传播活动都有十分密切的关系。刑法规定犯罪和刑罚，作为最高的禁止性规范，包含了对新闻传播活动的约束和对妨害新闻传播活动犯罪的制裁，在现行《刑法》中，有 20 多种罪名与新闻传播活动相关。民法调整作为平等主体的公民之间、法人之间、公民和法人之间的财产关系和人身关系，而新闻传播活动中大量的社会关系，特别是公民作为受众、被报道者和作者的身份与新闻媒介之间发生的关系，正具有民事关系的特征。《民法通则》对于保障公民在新闻传播活动中的权利从指导思想到实际操作都具有重要意义，比如关于公民人身权利的规定，由于近年新闻侵权诉讼案件的频频发生而引起新闻界的极大重视。

　　中国最高人民法院在适用民法和刑法的过程中对具体应用法律问题所做的解释即司法解释，与法律同样可以作为判决的依据，有些内容直接对新闻传播活动作出规范。民事方面有最高人民法院 1993 年《关于审理名誉权案件若干问题的解答》、1998 年《关于审理名誉权案件若干问题的解释》、2001 年《关于确定民事侵权精神赔偿责任若干问题的解释》，其主要内容同新闻报道直接相关，是民法部门与新闻传播活动关系最为密切的三件重要司法解释。刑事方面如 1998 年最高人民法院《关于审理非法出版物刑事案件具体应用法律若干问题的解释》，对同新闻传播活动关系十分密切的 10 种罪名的应用，做了具体解释。2004 年，最高人民法院会同最高人民检察院发布《关于办理利用互联网、移动通讯终端、声讯台制作、复制、出版、贩卖、传播淫秽电子信息刑事案件具体应用法律若干问题的解释》，对利用互联网传播淫秽内容犯罪的认定和处理予以解释。

　　其他由全国人大常委会制定和修改的法律，主要调整某一方面的社会关系的具体内容和具体实施方法。有许多法律同新闻传播活动有不同程度的关系。如关于重要信息的公布，有《统计法》（1983 年通过，1996 年修正，2009 年修订）、《测绘法》（1992 年通过，2002 年修订）、《防震减灾法》（1997 年通过，2008 年修订）、《证券法》（1998 年通过，2004 年修正，2005 年修订）、《气象法》（1999 年通过）、《立法法》（2000 年通过）、《突发事件应对法》（2007 年通过）等法律的有关规定。关于维护国家安全、保守国家秘密，有《保守国家秘密法》（1988 年通过）、《军事设施保护法》（1990 年通过）、《国家安全法》（1993 年通过）、《档案法》（1987 年通过，1996 年修正）等加以规范。关于新闻传播活动中的知识产权，有《著作权法》（1990 年通过，2001 年修正）；关于广告活动，有《广告法》（1994年通过）；关于公民、法人的人格权保护，除《民法通则》外，还有《未成年人保护法》（1991年通过，2006年修订）、《妇女权益保障法》（1992年通过，2005年修正）、《反不正当竞争法》（1993年通过）、《消费者权益保护法》（1993年通过）、《预防未成年人犯罪法》（1999年通过）等对保障特定群体的权益作出规定；关于以行政处罚制裁尚不构成犯罪的传播非法内容的行为，则有《治安管理处罚条例》（1986年制定、1994年修正）的有关规定，2005年颁布《治安管理处罚法》，前条例同时废止。

上述法律所调整的社会关系在不同方面、不同程度与新闻传播活动发生关联，其中若干条款也就适用于新闻传播活动。

至今还没有一部专门规范新闻传播活动或者规范某一类大众传播媒介的法律。1955年全国人民代表大会常务委员会《关于处理违法的图书杂志的决定》，属于有关法律问题的决定；2000年全国人民代表大会常务委员会《关于维护互联网安全的决定》，也是有关法律问题的决定，其内容只是对于危害互联网运行安全或者利用互联网进行犯罪、违法活动予以刑事处罚和行政处罚的规定。

三、行政法规

行政法规是国务院根据宪法和法律制定的领导和管理国家各项行政工作的各类规范性文件的总称，其效力和地位低于宪法和法律，但在中国法律体系中也具有重要的地位，是中国法的渊源之一。行政法规必须由国务院总理签署、国务院令公布。行政法规作为新闻传播法的渊源有三种类型：

第一，管理各类传播媒介的专门行政法规。例如，《音像制品管理条例》（1994年发布，2001年修订后重新发布）、《电影管理条例》（1996年发布，2001年修订后重新发布）、《出版管理条例》（1997年发布，2001年修订后重新发布）、《印刷业管理条例》（1997年发布，2001年修订后重新发布）、《广播电视管理条例》（1997年发布）、《电信条例》（2000年发布）以及《计算机信息系统安全保护条例》（1994年发布）、《计算机信息网络国际联网管理暂行规定》（1996年发布，1997年修正）、《互联网信息服务管理办法》（2000年发布）等，这些行政法规涵盖了所有传播媒介的管理，是中国目前管理传播媒介的最高规范，在现行新闻传播法中占有很大的比重。

第二，对新闻传播活动中的某一具体事项进行单项管理的行政法规。关于新闻出版方面的行政法规，如《关于严禁淫秽物品的规定》（1985年发布，现已失效）、《关于严厉打击非法出版活动的通知》（1987年发布）、《外国常驻新闻机构和外国记者采访条例》（2008年发布）；关于广播电视方面的行政法规，如《广播电视设施保护条例》（1987 年发布，2000 年修改后重新发布）、《卫星电视广播地面设施管理规定》（1993 年发布）等。

第三，其他行政法规中与新闻传播活动有关的规定。如 2007 年国务院制定发布的《政府信息公开条例》，于 2008 年实施，就政府公开信息的内容、方式、限制以及公民申请公开的程序和救济途径等做了全面规定，人们认为这部旨在保障公民知情权的行政法规将对新闻采访报道活动产生有益的影响。此前国务院发布的《国家突发公共事件总体应急预案》（2006），明确规定政府有关部门要在事件发生的第一时间向社会发布简要信息，随后发布初步核实情况、政府应对措施和公众防范措施等，并根据事件处置情况做好后续发布工作。这对新闻媒介显然也很重要。又如《证券、期货投资咨询管理暂行办法》（1997 年发布），就报刊发表证券、期货投资咨询文章、评论、报告做了规定。

四、地方性法规、自治条例和单行条例

地方性法规是由省、自治区、直辖市以及省、自治区人民政府所在地的市和经国务院批准的较大的市的人民代表大会及其常务委员会根据本行政区域的具体情况和实际需要，在不与宪法、法律、行政法规相抵触的前提下按法定程序所制定的规范性文件。有关规范报刊出版活动的地方法规，如《云南省出版管理条例》（2000 年发布，2004 年修正）、《上海市出版物发行管理条例》（2002 年发布，2007 年修正）、《北京市图书报刊电子出版物管理条例》（1997 年发布）、《安徽省图书报刊出版管理条例》（1996 年发布，2006 年修正）等；关于规范广播电视活动的地方法规，如《山西省广播电视管理条例》（1995 年发布，1997 年、2007 年两次修正）、《江西省广播电视管理条例》（1994 年发布，1997 年、2002 年两次修正）、《贵州省广播电视管理条例》（1996 年发布，1997 年修正）等；关于规范互联网的地方法规，如《广东省计算机信息系统安全保护条例》（2007 年发布）、《宁夏回族自治区计算机信息系统安全保护条例》（2009 年发布）等。以新闻管理为名的地方法规至今只有一部，这就是1996 年河北省人民代表大会常务委员会通过并于 2002 年修正的《河北省新闻工作管理条例》。

有些不是直接规范新闻传播活动的地方性法规，其中有的内容同新闻传播活动相关，如有关保护青少年、妇女、老人等特殊群体权益的法规，实际上规定了新闻传播活动主体应该承担的义务。

五、规章

（一）部分规章

部门规章是指国务院所属部委和具有行政管理职能的直属机构，根据法律

和国务院的行政法规、决定、命令，在本部门的权限范围内制定的规定、办法、实施细则、规则等规范性文件。制定部门规章是《宪法》规定的国务院所属部委的一项职权，部门规章同样是带有国家强制力的规范性法律文件。就新闻传播法制建设过程来说，由于没有专门规范新闻传播活动的法律，长期以来也没有专门的行政法规，所以新闻传播法的建设是从部门规章开始的。现在实施的几种规范新闻传播活动的专门行政法规，既是以宪法和其他法律有关精神为指导，也是在总结归纳了诸多部门规章中行之有效的规定的基础上制定起来的。由于法制尚不健全，至今规章在规范新闻传播活动方面仍然具有重要的作用。所以讨论中国新闻传播法，不能不谈部门规章，其中主要是广播电影电视部（1999 年改为广播电影电视总局）、新闻出版署（2001 年改为新闻出版总署）、国务院新闻办公室等部门根据宪法和有关法律制定公布的有关报刊、广播、电视、互联网的专门规章，大致有以下几类：

第一，对行政法规所管理的大众传媒再分类制定管理规则。如《出版管理条例》是管理印刷媒介的，新闻出版署于 1988 年公布《期刊管理暂行规定》，于 1990 年公布《报纸管理暂行规定》，分别就期刊和报纸的管理做了规定，2005 年新闻出版总署又公布《期刊出版管理规定》和《报纸出版管理规定》予以取代。《广播电视管理条例》（1997 年公布）是管理广播电视媒介的，广播电影电视部在 1994 年公布《有线电视管理规定》、2004 年公布《广播电台电视台审批管理办法》等。2000 年国务院公布《互联网信息服务管理办法》不久，信息产业部就公布《互联网电子公告服务管理规定》，并同国务院新闻办公室联合公布《互联网站从事登载新闻业务管理暂行规定》，后又修改为《互联网新闻信息服务管理规定》（2005 年公布），对互联网服务中最需要加强管理的"电子公告"和"登载新闻"这两项分别制定了管理办法。这些分类单行规章对于各类媒介的管理还是不可缺少的。

第二，对法律、行政法规有关规定再制定操作性的细则。例如，关于禁止淫秽色情内容，《刑法》和《关于严禁淫秽物品的规定》都有明确规定，新闻出版署于 1988 年公布的《关于认定淫秽及色情出版物的暂行规定》，于 1989 年公布的《关于部分应取缔出版物认定标准的暂行规定》，1993 年与公安部联合公布的《关于鉴定淫秽录像带、淫秽图片有关问题的通知》，从实体到程序上为打击淫秽色情出版物提供了详细的依据。又如在《保守国家秘密法》颁布以后，1992 年国家保密局、中央对外宣传小组、新闻出版署、广播电影电视部联合公布了《新闻出版保密规定》，为在新闻传播活动中贯彻执行该法制定了具体的操作规范。根据行政法规《证券、期货投资咨询管理暂行办法》，中国证监会、新闻出版署等六部门在 1997 年联合公布了《关于加强证券期货信息传播管理的若干规定》，对刊发和传播证券信息的媒体的范围，分析股市行情、提供具体投资建议的作者的资格等事项做了规定。

第三，对法律、行政法规未及涉及的具体事项制定规则。如《出版管理条例》只对由依法登记的出版单位正式出版的出版物制定管理规范，新闻出版署 1998 年公布《内部资料性出版物管理办法》，对管理非正式的出版物做了补充。关于新闻报道失实，一直没有规定行政处罚办法，新闻出版署 1999 年公布《报刊刊载虚假、失实报道处理办法》，把处理报道失实纳入行政管理范围。

（二）地方政府规章

地方政府规章是省、自治区、直辖市和较大的市的政府，根据法律、行政法规和本地的地方性法规所制定的规范性文件。这些地方性规章中与新闻传播活动有关的内容，也是中国新闻传播法的渊源。例如，自 21 世纪开始，广州、上海、成都、武汉、杭州、重庆、河北、湖北等省市先后制定了《政府信息公开规定》，大多数规章都明确把"保障公民知情权"作为指导原则，成为 2007 年《政府信息公开条例》的先导。

六、特别行政区法律法规

香港、澳门回归祖国建立特别行政区以后，根据基本法的规定，当地旧有的大多数法律继续有效，特区立法机构还根据形势的发展制定新的法规，这些法规中涉及新闻传播的内容也属于中国新闻传播法的一部分。

七、中国参加或与外国缔结的国际条约和国际惯例

中国参加或与外国缔结的国际条约和国际惯例中与新闻传播活动有关的内容，也属于中国的新闻传播法源。中国已于 1992 年加入《世界版权公约》和《保护文学和艺术作品伯尔尼公约》。1997 年 11 月中国签署了《经济、社会及文化权利国际公约》，并于 2001 年 2 月经全国人民代表大会常务委员会批准，该公约中关于文化权利的内容与新闻传播活动有关。中国于 1998 年 10 月签署了《公民权利和政治权利国际公约》，尚待全国人民代表大会常务委员会审批，其中第十九条关于保障表达自由的规定引起新闻传播学界很大的关注。2001 年中国加入世界贸易组织（WTO），相关协议也涉及传媒业，为此，中国在"入世"前后对有关的法律、法规如《著作权法》、《出版管理条例》等做了重要修改。

宪法和法律是中国法的主要渊源。《立法法》规定，有关国家主权的事项，各级人民代表大会、政府、法院、检察院的产生、组织和职权、犯罪和刑罚等

重大事项，只能制定法律。行政法规、地方法规和规章等，是从属于法律的规范性文件，也是中国法律体系的组成部分，同样是体现了国家意志的具有强制力的社会规范，但它们的法律地位和法律效力要依次低于宪法和法律。宪法具有最高的法律效力，一切法律、行政法规、地方性法规、规章，都不能同宪法相抵触。法律的效力高于行政法规、地方性法规、规章。行政法规的效力高于地方性法规、规章。下位阶的法若与上位阶的法发生抵触，由有关机关依法予以改变或者撤销。地方性法规、规章之间不一致，由有关机关依法作出裁决。不同位阶的法在体现国家强制力方面也是有差别的。如设定行政处罚种类的权限，依照《行政处罚法》的规定，法律可以设定各种行政处罚；限制人身自由的行政处罚，只能由法律规定。行政法规可以设定除限制人身自由以外的行政处罚。地方性法规可以设定除限制人身自由、吊销企业营业执照以外的行政处罚。而规章只能在法律、行政法规规定的行政处罚行为、种类和幅度的范围内作出具体规定，尚未制定法律、行政法规的，规章只能对违反行政管理秩序的行为设定警告或者一定数量罚款的行政处罚。其他的任何规范性文件都不得设定行政处罚。再如法院审判案件制定法律文书，按照最高人民法院 1986 年《关于人民法院制作法律文书如何引用法律规范性文件的批复》，可以引用法律、行政法规和地方性法规，而规章和其他规范性文件，只能参照执行，不能引用。

综上所述，随着社会主义法制建设的发展，中国新闻传播活动在许多问题上已经拥有明确的法律规范。虽然中国至今还没有一部专门的规范新闻传播活动或规范某一类新闻传播媒介的法律，但是并不等于新闻传播活动现在还是无法可依。如同新闻改革是由整个社会的改革开放大潮推动着前进的那样，中国新闻传播法制也是随着整个社会主义法制发展而生长起来的。随着社会主义法制建设的发展，各个法律部门日趋健全，新闻传播活动已经不依人们意志为转移地进入了法制轨道。以没有专门的法律为由而以为新闻媒介不需要在法律范围内活动，是完全错误的。当然由于还没有专门的法律，中国的新闻传播法还是不完备的，这也是实情。有法可依，尚不完备，可以基本概括中国新闻传播法制的现状。

第三节　中国新闻立法的历史

一、中国古代的新闻检查制度

中国是最早发明印刷术的国家，报业历史非常悠久。许多专家认为中国古代的报纸始于唐代，比较典型的是《开元杂报》。但由于长期的封建统治，中国报业的发展受到了封建专制势力的压制和检查。盛唐时代，国运昌盛，社会稳定，经济发达，使报业也得到了较快的发展。唐代的报纸可分为三级：第一级是"报状"；第二级是"进奏院状"，即邸报；第三级是"观察使牒"。到了宋代，政府对报纸尤其是官方报纸加强了控制，取消了路、州、郡在京设立的进奏院，成立了上都进奏院，统管全国的消息和文件编发、发布。后来又进一步实行官报发布前的审查制度，进奏院选编好的官报样本，经枢密院审查后称为"定本"，对"定本"的内容不得擅自改动，宋朝的"定本"制度是中国新闻史上最早出现的新闻检查制度。

从宋代开始，政府对邸报实行更加严格的管制，如自然灾害、兵变、起义、臣僚斗争之类的消息，一律不得刊登。随着报业的发展，宋代出现了一些民间报纸，史称"小报"。宋代统治者也把"小报"纳入国家报业监察体系，有些时期对"小报"的查禁还相当严酷，但小报却是屡禁不止，直到明清时期，小报仍然颇有市场。元代统治者也严禁"讹言惑众"、"妄言时政"、"诽谤朝廷"；而从《明会典》中可以看出，明代还有一般国民不得探听抚案、提奏、传报等消息，不得泄露国家机密等规定。清代大兴文字狱，对"小报"的查禁更为严厉，严重影响了中国报业的进一步发展。

二、中国近现代新闻法制历程

在中国革命的整个历史时期，随着中华民族的逐渐觉醒，言论、出版自由权利成为无数仁人志士前赴后继奋斗的目标。但在半封建半殖民地的中国，基于经济落后、封建专制统治，且由于小生产者的习惯，不善于争取和运用新闻自由这一宝贵的权利，因而人民群众并未享受过真正的言论、出版自由。新闻出版法作为体现统治阶级意志、由国家制定或认可并以强制力保证实施的新闻、出版行为规范，无论是在清末，还是在北洋军阀统治时期和国民党统治时期，归根结底，它都是当时社会和经济关系的产物，是为维护当时的统治阶级利益服务的。

中国近代的报业和出版业是随着外国殖民者的入侵而产生的。由于当时的统治阶级对外采取屈辱的投降政策，对以后兴起的民族资产阶级的办报活动不予承认，所以，与西方资本主义各国相比，中国的专门新闻出版法规出现较晚。在专门新闻出版法规出现之前，清政府处理有关出版物的案件都援用《大清律例》中的刑法盗贼类中"造妖书妖言"条，规定"凡造谶纬妖书妖言，以及传用惑众者，皆斩；各省抄房，在京探听来件，捏造言语，录报各处者，索官革职，军民杖一百，流三千里"。清乾隆十六年（1751）发生的"传抄伪稿案"和光绪二十九年（1903）发生的"苏报案"，均援引了此规定进行处治。

光绪三十二年（1906）清政府颁布的《大清印刷物专律》是中国历史上第一部关于新闻出版的法规。它由商部、巡警部、学部会商制定并经朝廷批准颁行。《大清印刷物件专律》共分6章41个条款。它有两个显著特点：（1）实行注册登记制度；（2）规定了"讪谤"条款。

同年，巡警部还制定了《报章应守规则》9条。规则规定：不得诋毁朝廷；不得妄议朝政；不得妨害治安；不得败坏风俗；凡关外交、内政之事件，如经该管衙门传谕报馆秘密者，报馆不得揭载；凡关涉词讼之案，于未定案之前，报馆不得妄下断语，并不得有庇护犯人之语；不得揭发人之隐私，诽谤人之名誉；记载有错误失实，经本人或有关系人声请更正者，即须速为更正；除已开报馆外，凡欲开设者，皆须来所呈报批准后，再行开设。巡警部制定的规则大多沿袭了日、德、法等国的法律规定。次年7月，民政部又拟定《报馆暂行条规》10条。1908年1月正式颁布《大清报律》，内含42条，1910年又增补为45条。本来，《大清印刷物专律》中已包含对报业的管制，清廷另定《大清报律》，是受日本的影响。日本当时的《新闻纸法》和《出版法》是相互独立存在的。《大清报律》不仅包含了《报章应守规则》和《报馆暂行条例》的全部内容，而且规定有比《大清印刷物专律》更严酷的保证金制度和事前检查制度。

辛亥革命后，南京临时政府内务部曾拟定《暂定报律三章》，即《民国暂行报律》，令报界遵行，其主要内容有3条：（1）规定报纸杂志出版应先登记（已出版者须重新登记）；（2）宣布"流言煽惑关于共和国体有破坏弊害者，除停止其出版外，其发行人、编辑人并坐以应得之罪"；（3）规定了报道失实和毁人名誉的责任。该《报律》公布后，即遭社会舆论的强烈反对，孙中山点名批评了内务部，并下令立即取消。袁世凯篡权后，于1914年先后颁布了《报纸条例》和《出版法》。《报纸条例》共35条，1915年修改为34条，它仿照日本1909年的《新闻纸法》，对报刊的管理实行批准制加保证金制。《出版法》则采用注册登记制。《报纸条例》于1916年7月被黎元洪下令废止，《出版法》于1926年被段祺瑞下令撤销。

国民党掌握政权以后，也颁布过许多有关新闻出版的法律和命令。除在抗日战争实施的一套严格的"战时新闻检查制度"外，它的基本法规是1930年颁布并于1937年修正公布的《出版法》。1930年的《出版法》共有6章44条，对报刊实行的是注册登记制度。随后又相继制定了《危害民国紧急治罪法》、《日报登记法》、《新闻检查标准》、《新闻检查办法大纲》等法规，对新闻事业严加控制。1937 年 7 月 8 日，国民党政府又重新修订了《出版法》，将注册登记制度改为更为严厉的批准制。1947 年，国民党政府打算对《出版法》再行修订，因遭舆论界反对，只搞了一个草案，并未正式公布施行。1943 年，国民党政府公布了《新闻记者法》，这是中国历史上唯一的一个有关记者的资格、权利和义务的专门法规。

三、中国近现代新闻法规

（一）《大清印刷物件专律》

《大清印刷物件专律》是中国新闻出版的第一个成文法，于 1906 年由商部、巡警部、学部会同制定并经清廷批准颁布，共 6 章 41 款。第 1 章，"大纲"；第 2 章，"印刷人等"；第 3 章，"记载物件等"；第 4 章，"毁谤"；第 5 章，"教唆"；第 6 章，"时限"。

该法首先规定注册登记制。京师特设一印刷注册总局，隶属商部、巡警部、学部，所有关涉一切印刷及新闻记载，都必须在该局注册。"凡未经注册之印刷人，不论承印何种文书图画，均以犯法论。……凡以印刷或发卖各种印刷物件为业之人，依本律即须就所在营业地方巡警衙门呈请注册。"记录版本制度中规定："凡印刷人不论印刷何种物件，务须于所印刷物体上明白印明印刷人姓名，及印刷所所在。……凡发贩或分送不论何种印刷物件，如该物件并未印明印刷人之姓名及印刷所所在者，即以犯法论。"备案制度中规定："凡印刷人印刷各种印刷物件，即按件备两份呈送印刷所在之巡警衙门，该巡警衙门即以一份存巡警衙门，一份申送京师印刷注册总局。"记载物件与印刷物件的有关规定同。

该法规定了毁谤的含义与处理方法。所谓毁谤者有三：一是普通毁谤；二是讪谤；三是诬诈。该法还规定了关于毁谤的承担责任有关人等，其承担责任的先后顺序是：作毁谤之人；印刷毁谤之人；谤件出版所之主人；谤件出版所之经理人；谤件之发卖人、贩卖人或分送人，但均须是知情者。

该法对于教唆犯罪比较重视，规定："凡他人之著作，或出版印刷，或录入记载物件内，因而公布于世，致酿成非法之事者，不论所酿成之事为犯公法、为犯私法，各该著作人俱依临犯不在场之从犯论。如此等著作尚未酿成犯法之事，即将著作人依所犯未遂之从犯论。"

（二）《大清报律》

《大清报律》于 1908 年 1 月正式颁布，共 42 条，另有附则 3 条。它规定了开设报馆的条件："凡开设报馆发行报纸者，应开具左列各款，于发行二十日以前，呈由该管地方官衙门申报本省督抚，咨民政部存案：一、名称；二、体例；三、发行人、编辑人及印刷人之姓名、履历及住址；四、发行所及印刷所之名称及地址。"规定了发行人、编辑人及印刷人的资格条件："凡充发行人、编辑人及印刷人者，须具备左列要件：一、年满二十岁以上之本国人；二、无精神病者；三、未经处监禁以上之刑者。""发行编辑得以一人兼任，但印刷人不得充发行人或编辑。"

版本记录制度中规定："每号报纸，均应载明发行人、编辑人及印刷人之姓名、地址。"

审查制度规定："每日发行之报纸，应于发行前一日晚十二点钟以前，其月报、旬报、星期报等类，均应于发行前一日午十二点钟以前，送由该管巡警官署或地方官署，随时查核，按律办理。"该法还规定了报纸不得登载的事项："诉讼事件，经审判衙门禁止旁听者，报纸不得揭载；预审事件，于未经公判以前，报纸不得揭载；外交海陆军事件，凡经该管衙门传谕禁止登载者，报纸不得揭载；凡谕旨章奏，未经阁钞、官报、公报者，报纸不得揭载。左列各款，报纸不得揭载：诋毁宫廷之语；淆乱政体之语；扰害公安之语；败坏风俗之语。"

该法有关著作权保护的规定适应了形势的发展。规定："凡论说纪事，确系该报创有者，得注明不许转登字样，他报即不得互相抄袭。凡报中附刊之作，他日足以成书者，得享有版权之保护。"

(三)《大清著作仅律》

宣统二年（1910），清政府颁布了《大清著作权律》，开中国知识产权立法的先河，其中明确规定："凡称著作物而专有重制之利益者，曰著作权。称著作权者：文艺、图画、帖本、照片、雕刻、模型皆是。"清代著作权由民政部管理，权利保护期是著作权人终身有之。若身故则由其继承人继承 30 年为止。这一规定与现代著作权立法是有差异的（现代立法的保护期限是作者终身外加 50 年）。对于以官署、学堂、会所等之名发表的著作，专有 30 年。不署名著作的著作权专有 30 年，但当改正为真实姓名时，再变为终身专有。照片的著作权专有 10 年，但专为文书中附属者，不在此限。章程还规定了不能获得著作权之情形："一、法令约章及文书案牍；二、各种善会演讲之劝诫文；三、各种报纸记载政治及时事上之论说新闻；四、公会之演说。"章程第 32 条规定了著作视为公共利益者："一、著作权年限已满者；二、著作者身故后别无继承人者；三、著作久经通行者；四、愿将著作任人翻印者。"第 34 条涉及著作权的完整性保护和转让问题，规定："接受他人著作者，不得就原著加以割裂、改窜及变匿姓名或更换名目发行，但经原主允许者，不在此限。"

（四）《报纸条例》

《报纸条例》（以下简称《条例》）是北洋政府于 1914 年颁布的，共 35 条，1915 年修订为 34 条。《条例》界定了报纸的种类，将报纸分为六种：日刊、不定期刊、周刊、旬刊、月刊、年刊。规定了发行报纸的基本条件："发行报纸应由发行人开具左列各款呈请该管警察官署认可：一、名称；二、体例；三、发行时期；四、发行人、编辑人、印刷人之姓名、年龄、籍贯、履历、住址；五、发行所、印刷所、印刷所之名称、地址。警察官署认可后，给予执照，并将发行人原呈及认可理由，呈报本管长官，汇呈内务部备案。"《条例》规定了报纸发行人、编辑人、印刷人的资格条件："本国人民年满二十岁以上，无左列情事之一者，得充报纸发行人、编辑人、印刷人：一、国内无住所或居所者；二、精神病者；三、褫夺公权尚未复权者；四、海陆军军人；五、行政司法官吏；六、学校学生。编辑人、印刷人不得以一人兼充。"

《条例》规定了报纸不得登载的事项："一、淆乱政体者；二、妨害治安者；三、败坏风俗者；四、外交、军事之秘密及其他政务经该管官署禁止登载者；五、预审未经公判之案件及诉讼之禁止旁听者；六、国会及其他官署会议，按照法令禁止旁听者；七、煽动、曲庇、赞赏、救护犯罪人、刑事被告人或陷害刑事被告人者；八、攻讦个人阴私、损害其名誉者。"

违反本《条例》要受到相应的处罚。规定违反某条某款处以罚金、停止其发行、注销执照以及数等有期徒刑等处罚。同时规定本《条例》的公诉期限是 6 个月。

民国时期新闻出版法制的亮点是加强对教科书的管理。中华民国元年（1912）即颁布了《审定教科用图书规程》，接着在中华民国三年（1914）和中华民国五年（1916 年）又先后两次颁行了《修正审定教科用图书规程》，说明当时政治上的混乱以及政府对社会舆论的担心。中华民国时期主要的新闻立法启动于中华民国四年（1915），是年颁行了著作权法，但基本上是宣统二年（1910）《大清著作权律》的翻版，除了增加"合理使用"的内容外，几乎没有什么创新。学时还不承认唱片为作品，直到 1944 年才将唱片列入著作权法的保护范围。

（五）《新闻记者法》

国民党统治时期除了颁行煽动法、戡乱法等维护社会秩序的法规外，政府对新闻记者的管理也有所加强。1932 年 7 月 1 日国民党政府颁布了《新闻记者法》，这是中国历史上第一部，也是至今为止唯一一部专门的关于新闻记者的法律。该法规定具有一定的条件才可以申请新闻记者证书："一、在教育部认可之国内外大学或独立学院之新闻系或新闻专科学校毕业得有证书者。二、除前款外在教育部认可之国内外大学独立学校或专门学校修习文学、教育、社会、政治、经济或法律各学科毕业得有证书者。三、曾在公立或经立案之大学独立学院、专门学校任前二款各学科教授一年以上者。四、在教育部认可高级中学或旧制中学毕业并曾执行新闻记者职务二年以上有证明文件者。五、曾执行新闻记者职务三年以上有证明文件者。"同时规定了不能获得及撤销新闻记者证书的情形:"一、背叛中华民国证据确实者;二、因违反《出版法》第二十一条之规定或因贪污或欺诈行为被处徒刑者;三、禁治产者;四、褫夺公权者;五、受新闻记者公会之会员除名处分者;国内无住所者。"

规定了新闻记者公会会员的范围:"新闻记者公会之会员以领有证书而现执行职务之新闻记者为限。"

该法注意到了对新闻记者权利的限制,规定:新闻记者于法律认许之范围内得自由发表其言论,新闻记者不得有违反国策不利于国家或民族之言论,新闻记者不得利用其职务为欺诈或恐吓之行为,新闻记者于其职务解除前不得兼任官吏,等等。新闻记者违反本法规定,可处停止其职务、撤销其证书、罚款等处罚。

《新闻记者法》的颁布,使新闻记者的活动有章可循,各地纷纷建立起了新闻行业管理组织,上海等地也陆续成立了新闻行业自律性组织(如书业同业公会),这在很大程度上保证了新闻传播事业的稳定运行。随着国内外政治、经济和军事形势的变化,国民政府对图书的出版也加强了管制。管制的重点对象是军事图书、医学图书、教科书、儿童图书、黄色淫秽书籍。其中对一些图书加以详细的分类,以便于监督、管理。如对妨害风化图书就界分得相当细致,有关立法对这类图书就专列了 13 条,进行了专门的界定和说明。甚至在教科书的用纸方面规定了宜用国货。为确保行政的权威和效率,国民政府还曾规定:"以官署名义发行的出版物,称为官署发行,此类作品可以免于登记。"

四、新中国的新闻法制

新中国成立以直至 20 世纪 80 年代以前,新闻立法问题始终没有被提到议事日程,对新闻事业的管理实行以党和行政领导为主的管理模式。

20 世纪 80 年代以来,随着改革开放和社会经济的发展,新闻体制改革成为我们面临的重要任务,而新闻体制改革的重头戏还是新闻法制的确立。

中国是实行成文法的国家,到目前为止还没有制定专门的新闻法。对于新闻事业的管理和规范,主要依据宪法、刑法、民法、经济法等法规来参照处理。如中国人民政治协商会议《共同纲领》第 49 条规定,保护报道真实新闻的自由，禁止利用新闻进行诽谤、破坏国家人民利益和煽动世界战争。这一规定除了遗漏"个人秘密权"限制之外，基本上界定了新闻工作者行使新闻自由权利的范围，从而比较充分地保障了新闻自由。再如《消费者权益保护法》第6条第3款规定，大众传播媒介应当大力宣传消费者的合法权益，对损害消费者合法权益的行为进行舆论监督。这一规定表明行使舆论监督也是新闻界拥有的正当合法的权利。尽管我们在一些法规中体现了新闻法律规范，但我们应看到这些法规大多是部门性或局部性规范，其中的部门或地方保护主义侵蚀着新闻法律规范的独立性、权威性，所以，考虑到中国是一个实行成文法的国家，新闻事业又是一个相对独立的"中介"事业，应该及时制定专门的新闻法，理顺新闻法规与其他法规的关系。

中共十一届三中全会以来，社会主义民主与法制迅速发展并且日益健全。许多社会公共生活领域相继走上了法制化的轨道。在新闻领域，早在"文化大革命"结束后的"拨乱反正"的初期，一些有识之士就在总结新闻工作正反两方面的经验教训的基础上提出了重视新闻法制建设的要求。在1980年的第五届全国人大三次会议和第五届政协三次会议上，就有一些来自新闻界的代表和委员，就制定新闻出版法和保障公民言论出版自由等问题发表了意见和主张。在1983年召开的第六届全国人大一次会议上，黑龙江省代表王化成、王士贞与湖北省代表纪卓如同时正式提出了"在条件成熟时制定中华人民共和国新闻法"的建议。全国人大法制工作委员会把他们的建议转给了中共中央宣传部。中宣部新闻局经同全国人大法工委和教科文卫委员会会商，在1984年1月向中共中央书记处正式提出了《关于着手制定新闻法的请示报告》，彭真委员长在这个报告上批示"同意"。根据这个报告，由全国人大教科文卫委员会牵头，抽调新闻、法律有关部门人员，组成起草小组，广泛开展调查研究、搜集资料，为起草《新闻法》做了很多准备工作，打下初步基础。1986年，上海社会科学院新闻研究所受委托起草过一个《上海市关于新闻工作的若干规定》文稿和《关于建立新闻仲裁委员会的建议》文稿，向全市新闻界征求意见。1987年1月，新闻出版署成立，根据它所负有的"起草关于新闻出版的法律、法令和规章制度"的任务，新闻法起草工作移交新闻出版署，于1988年1月另行组成起草小组，共有9家单位派人参加。按起草小组的规划，为使《新闻法》文稿更加完备，2月在上海也建立了一个新闻法起草小组，另行起草一个《新闻法》的文稿，给北京的新闻法起草小组提供参考。

1987年10月中国共产党召开十三大，大会报告提出："必须抓紧制定新闻出版……等法律……使宪法规定的公民权利和自由得到保障，同时依法制止滥用权利和自由的行为。"在十三大精神鼓舞下，新闻立法工作加紧进行。新闻出版署的新闻法起草小组于 1988 年 6 月拿出初稿，7 月，上海的征求意见稿也脱稿印出。新闻出版署的新闻法起草小组还曾草拟过一份《新闻记者条例》文稿。中国社会科学院新闻研究所新闻法研究室在 1985 年就拟写过一个初稿，后经修改，在 1988 年 4 月以《新闻法（试拟稿）》为题发表在内刊上。这就是当时备受注目的三个《新闻法》文稿。同时，这个起草小组还起草了《出版法》文稿。在第八届全国人大立法规划中，《新闻法》、《出版法》均被列入。但是，《出版法》文稿在 1990 年和 1993 年两次提交立法机构审议，均未获通过。而《新闻法》文稿因意见始终不能统一，尚未提交全国人大常委会审议过。但是，改革开放以来中国社会主义民主与法制建设取得了举世瞩目的进展，必定并且已经推动新闻活动逐步纳入法制轨道。以《新闻法》尚未出台而断言这些年来新闻法制建设毫无进展，新闻工作还是处于无法可依的状态，在中国不存在新闻法，这种看法是不正确的。新闻活动是社会公共生活的一部分，并且同社会公共生活密切相关，随着社会公共生活走向法制化，新闻活动在整体上无疑必须受到社会法制的制约。纵观世界主要法治国家，有《新闻法》（或《传播法》、《媒介法》等）的少，没有《新闻法》的多，有《新闻法》的国家的新闻活动并不是只须遵守《新闻法》的规范，也要受到其他诸多法律规范的保障和约束，没有《新闻法》的国家并不等于新闻活动无法可循，新闻活动也并没有乱来，同样是在法治轨道上运作。实际上，新闻活动的法制化、规范化，并不是光靠一部专门的《新闻法》就可以解决的，新闻活动中有许多重要事项，必须由其他法律来予以规范。当然，按中国国情，由于还没有《新闻法》，新闻活动有相当部分还没有法律予以规范，这也是实情。所以，中国现在新闻领域的法制建设的状况是"有法可依，尚不完备"。

关于中国新闻专门立法的问题，学界有不同的看法，但不管是立还是不立，都应当从具体的国情出发，具体问题具体分析，不必采用同一的模式。

五、中国新闻法难以出台的原因

（一）法的刚性与意识形态弹性的矛盾

法律是刚性的，是就是，非就非，对问题的判断和说明绝不能含糊其辞，作出多重解释。可是，由于中国处于从传统社会向现代社会转型过程中，对有很多问题的定性，以前姓"资"，现在姓"社"了。在这种社会转型的背景下，制定新闻法时，很难对一些涉及意识形态的问题作出姓"社"和姓"资"的定性，而法律要求必须明确这些问题，这是一件充满矛盾的事情。例如，"新闻自由"这个概念，至今连这个词汇本身是否科学、准确都有争议。所以，至今在中国意识形态领域基本没有法，只有两部可以操作的法律，即《文物保护法》和《著作权法》。

（二）法的权利的普遍性与传媒权利实际上的等级性的矛盾

法规定的权利是面向社会的，如宪法就要规定公民拥有什么权利，这个"公民"不分等级，一律平等；如果是新闻法，就要规定新闻工作者拥有什么权利，这个"新闻工作者"也是不分等级，一律平等。对权利人划分等级，违背法律的基本特性。但在现实中，中国的传媒实际上是按照行政等级划分的，分为中央级传媒、省级传媒、地市级传媒以及县级传媒，每一级传媒中，又分为综合性传媒和行业性传媒。每年全国的"两会"，县报、县广播站的记者到人民大会堂去采访，这是不可能的事情，因为实际生活中存在着传媒的行政等级。可是新闻法在规定记者的权利和义务的时候，只能把所有记者，不论是中央级传媒的记者还是县广播站的记者，都看做完全平等的。而现实是不平等的，新闻法无法描述这种情形，不能分别规定中央级传媒的记者拥有什么权利，省、地、县级传媒的记者拥有什么权利，因为这违背了法的精神。

从法的角度看，新闻传播的权利是一种普遍的权利，权利面前人人平等。在实际中，我们的传媒分别隶属于不同级别的党委和其他党领导的权力组织，不同级别的传媒进行采访报道、舆论监督的权能是不同等的。现实如此，笼统地规定普遍适用的采访报道权、批评权，反而无法操作。

（三）法的稳定性与舆论导向随机性的矛盾

法律不像政策，可以随时根据变化的情况加以调整，法律通常是稳定的，不能够轻易变来变去。我们比较强调舆论导向，而舆论导向是随机的。中国的传媒承担着正确引导舆论的任务，而导向是会根据形势的变化经常调整的。同类事情，在有的情况下要求集中报道，有时又不准报道，这是难以用稳定的法律来规定的。这个问题，目前中国暂时解决不了。

（四）法的普遍性与纪律的有限性的矛盾

面向社会的法律，它所规定的权利和义务应该在社会层面得到执行。如果新闻法出台，应该有关于报道范围的规定，如不能侵犯公民隐私、不能泄露国家机密等，这种表述实际上规定了传媒报道的范围是公开场合、公共场所发生的事实。只要是公开发生的事实，不涉及隐私和国家机密，记者就有权采访报道。但是，中国所有的传媒都挂靠在某一级的党政机关或其他党领导的权力组织之下，政治上受其领导。法律的普遍性与纪律的有限性之间也存在矛盾。上级或组织上要求传媒做的事情，可能会与法律在社会层面保障的原则发生冲突。这种情况下纪律回避法律有效，法律的地位无处摆放。目前的体制下，这个矛盾的解决当然是以遵守纪律为前提的。在这种情况下，制定新闻法就显得多余了。

（五）对传媒的随机控制与依法行政的矛盾

现在我们对传媒的管理，很大程度上属于随机调控。我们没法估量明天会忽然发生什么事件，较为重大的事实发生了，该不该报道，如何报道，需要得到指示。而按照"依法行政"的要求，行政行为从实体到程序都必须符合法律规定，受到行政许可、行政复议和行政诉讼制度的制约。在传媒工作领域，虽然已经有了成套的行政法规，但是执行中依法行政仍然存在着很大的难度。这本身是与法治精神相矛盾的。

新闻法的出台需要伴随着体制的改革。现在遇到记者挨打的情况，传媒上很快就是一片出台保障舆论监督法律的文章，其实，记者挨打与一般人挨打没有什么本质的差别，打人了，轻的有《治安管理处罚条例》可依，重的有《刑法》管着，还有很多行政规章规定了如何保护记者。关于这个问题，法律、法规已经较为完善，问题在于没人执法，地方和部门的保护主义在起作用。专门为保护记者出台法律，这是对法律职能的误解，一旦这个逻辑成立，那么各个行业、各个系统都会提出同样的出台法律的要求，这肯定是不行的。

第四节　新闻传播法的基本理念

一、新闻传播法

本书所说的"新闻法"、"新闻传播法"等概念，是从法是由国家创制的、以国家强制力保证的行为规范的本来意义上说的。学术界对于这个概念也有广义和狭义两种理解：本书对新闻传播法下的定义属于广义的新闻传播法，即指中国法律体系中所有适用于新闻传播活动的规定，包括《宪法》、《民商法》、《刑法》等各个法律部门中所有适用于新闻传播活动的法律文件的条款。这个意义上的新闻传播法，既不是单一的法律文件，也不是某一个法律部门，它具有广泛的法的渊源，是跨越多个法律部门、涉及多种法律文件的许多法律规范的集合体。狭义的新闻传播法，是指规范新闻传播活动和新闻事业的专门性的法律，如《新闻法》、《报刊法》、《广播电视法》等。

中国新闻传播活动由依法设立的新闻媒介进行。本书的内容，主要涉及经国家批准的报社、期刊社、通讯社、电台、电视台和新闻互联网站及其从业者所遵循的法律规范。但为了完整说明有关法律规范，也要涉及个人传播活动和其他并非传播新闻的媒介的法律问题。

二、新闻传播法的"四权"理念

制定新闻传播法的工作虽然暂时没有列入当前的议事日程，但新闻法的基本理念我们还是应该有的。这里主要介绍新闻传播法中的"四权"理念，即"知晓权"、"隐私权"、"隐匿权"、"更正与答辩权"。

（一）公众对权力组织的"知晓权"

"知晓权"也叫"知情权"，1945年美联社记者肯特·库柏首先使用了这个概念，指的是公众通过传媒享有了解政府工作情况的法定权利，属于新闻自由范畴。20世纪50年代，这个概念得到法学界的支持，成为一个法律概念。2007年中国共产党十七大政治报告，也谈到了要保障公民的知情权。

关于知晓权的法律，最早的代表性法律是20世纪60年代和70年代美国推出的两部法律。随后，类似这样的法律在世界多数国家中都有了。中国于2007年由国务院推出了一部法规，即《政府信息公开条例》。

1967年美国国会通过《情报自由法》，各级政府部门的记录，如无特殊情况，应向任何公民开放；公民可以就不理会或拒绝查阅政府资料的事实向法院起诉。这个文件实际上对记者最有利，记者要了解情况，就可以依据这个法律去采访。1966年在提交参议院关于《情报自由法》的报告中，该法案宗旨部分引证了美国第四任总统詹姆斯·麦迪逊（被称为"宪法之父"）的一段话，这段话对认识公民的知晓权还是很有意义的："知识将永远统治无知，一个有志成为自己统治者的人，必须用知识给予的力量武装自己。一个民众的政府没有民众的信息或者民众没有获得信息的方式，那就只是一场闹剧或一场灾难，或者两者皆是。"正是基于这种理念，才制定了《情报自由法》。中国共产党十七大文件中，首次使用了"知情权"的概念。

1976年美国国会通过了《阳光政府法案》（以下简称《法案》），又称"联邦公开会议法"。《法案》规定：50个联邦政府的机构、委员会和顾问组织将被要求公开他们协商、做出决策的会议，除了10项范围很窄的例外情形允许保密之外，其他的会议都必须保持透明施政的特色。在联邦政府的影响下，到1995年，美国50个州都有了公开记录和公开会议的法律。这也意味着，在理论上，几乎所有政府会议都需要在阳光下进行。

中国共产党十七大政治报告中"让权力在阳光下运行"这句话，其理念渊源，即来自这部法律。这表明了我们党解放思想，主动吸纳世界有利于人类文明发展一切成果的胸怀。

这两个法案对世界影响很大，"知晓权"、"知情权"这样的理念在世界上已经普及了，所有发达国家均通过了信息公开的法律（最后通过的是德国），很多发展中国家也制定了信息公开的法律。2001 年，印度通过了信息公开法案。

（二）维护公民的"隐私权"

虽然大家都有接触信息、发表信息的自由，但是在这个自由当中，有一部分内容是他人没有权利侵犯的，这就是公民的"隐私权"。这个概念最早可以追溯到 19 世纪末。1890 年，美国大法官路易斯·布兰代斯和哈佛大学法学教授塞缪尔·沃伦共同发展了一篇文章《隐私权》，标志着隐私权理论的创立。隐私权又称"生活私密权"、"宁居权"。"生活私密权"好理解，"宁居权"是指不能打扰他人生活的安宁，不能够打扰公民的正常生活，这是这个概念的基本要义。

中国司法解释中有"隐私"的概念，但国家的基本法律中没有"隐私权"的概念。在实施中，这个概念已经非常普及了，各种法律中很多都涉及隐私的内容，如名誉权、肖像权、住宅不受侵犯等，此外，关于诽谤、侮辱等罪名涉及的内容有一部分也属于隐私。

2001 年通过的《最高人民法院关于确定民事侵权精神损害赔偿责任若干问题的解释》第一条："违反社会公共利益、社会公德侵害他人隐私或者其他人格权益，受害人以侵权为由向人民法院起诉请求赔偿精神损害的，人民法院应当依法予以受理。"司法解释在中国是具有法律效力的，在这个解释中，使用了"侵权"这个概念，前面一句讲"侵害他人隐私"，后一句讲到"侵权"，"权"是指权利，把它合起来，表明在事实上已经把"隐私权"视为一项独立权利。在法律研究中，对法律文件是可以推导的，这是一个推导的结果。这个结果表明，"隐私权"这个概念在中国的法律圈里已经是现实而不是虚幻的东西，是存在的，已经得到认可了。

（三）为新闻来源保密的"隐匿权"

记者采访需要新闻来源的支持，如果记者公开了新闻提供者的身份、姓名等信息，他们的安宁生活可能就会受到打扰。因此，在从事新闻工作的时候，记者应该有一种"隐匿权"的意识，就能否公开被采访对象的形象、姓名及其他情况，须征求被采访对象的意见，如果对方不同意公开，记者和他所服务的传媒，有责任替他们保密。"隐匿权"是新闻提供者在与新闻传媒建立关系时拥有的一种权利。这一点，中国目前的法律中尚没有涉及这个问题，司法实践中的案例已经出现，但很少。伴随着中国新闻传播产业化的进程，"隐匿权"冲突肯定会增多，所以我们在学习新闻法知识的时候，要具备"隐匿权"这个新闻法的理念。

在国际上，目前较为典型的隐匿权案例，是美国的"深喉事件"。"深喉"马克·费尔特是一个特工人员，1972 年他向两位《华盛顿邮报》的记者透露了有关时任总统尼克松"水门事件"的关键情况，当事记者承诺替他保密，这件事保密了 35 年，直到最后他已经 90 多岁了，自己决定公开。在这个问题上，《华盛顿邮报》的记者严格履行了替当事人保密的承诺。

（四）"更正与答辩权"

这是指新闻内容出现差错，如人名、地点、时间甚至事实本身，当事人有权提出要求更正或答辩，传媒也有责任主动更正错误，或允许当事人在报道的同一版面或时间段（有的传媒是在专门的较为显著的版面，如要闻第二版）发表更正或答辩的声明。新闻要求在第一时间里发布，它的真实是一个过程，可能会存在差错，更正或答辩应是新闻工作的一种常态，这也是新闻法中的一个基本理念。它基于新闻工作的特征，在保障新闻自由的同时，传媒在新闻真实方面对公众担负着责任。

这个理念最早在国际上形成的一个文件，是《国际新闻错误更正权公约》（草案）。1948 年 3～4 月，在瑞士召开的有 51 个国家（包括中国）参加的联合国新闻自由会议，通过了《国际新闻自由公约》（草案），它由三个公约草案构成，《更正权公约》是第二公约。第一公约是《国际新闻采访及传递公约》（草案），第三公约是《新闻自由公约》（草案）。这说明"更正权"是一个非常重要的新闻法的概念。一方面，我们要求新闻自由、信息沟通的自由；另一方面也要承担对所传播的错误信息进行更正的义务。在信息流通中出现错误是难以避免的，更正错误是发表信息的人应该承担的一种义务，也是受到侵害的人可以提出的一项权利。更正，是指对具体情况的描述出现的差错进行说明和纠正；后来在更正这个词后面加上了"答辩"，这个概念是指对报道对事实的概括和倾向的表达出现的差误进行辩解与说明。

第六章　宪法与表达自由

在世界上多数国家的宪法或"权利宪章"中，言论自由已被明确规定为公民的一项基本权利。据荷兰学者统计：截至 1976 年的 142 部成文宪法中，124部规定了"发表意见的自由"（87.3％），56 部规定了"观点和（或）思想自由"（39.4％），16 部规定了"出版自由"（11.3％）。[①] 中国现行《宪法》有多个条款规定了公民的表达自由权利，《中华人民共和国宪法》第二十二条规定："国家发展为人民服务、为社会主义服务的文学艺术事业、新闻广播电视事业、出版发行事业、图书馆博物馆文化馆和其他文化事业，开展群众性的文化活动。"第三十五条规定："中华人民共和国公民有言论、出版、集会、结社、游行、示威的自由。"第四十一条规定"中华人民共和国公民对于任何国家机关和国家工作人员，有提出批评和建议的权利；对于任何国家机关和国家工作人员的违法失职行为，有向有关国家机关提出申诉、控告或者检举的权利，但是不得捏造或者歪曲事实进行诬告陷害。这就是说，表达自由是中国《宪法》规定的公民的基本权利。

作为国家的根本大法，宪法具有最高的法律效力，是国家一切立法活动的基础。由于宪法规范具有高度的原则性、纲领性和概括性，要使宪法原则落实到现实生活中，成为国家、社会组织及个人的具体行动，需要在宪法基础上进一步建立与完善法律体系，使宪法原则具体化为某个领域中特定的权利和义务关系。在这个意义上，人们称宪法为"母法"，称普通法律为"子法"。这就是说，表达自由是中国《宪法》规定的公民基本权利，而公民表达权的具体落实，则需要在宪法规范基础上，通过建立和完善一定的法律体系加以保障。

第一节　表达自由的含义及其价值

一、表达自由的含义

（一）表达自由的概念

表达自由是公民的基本权利之一，通常是指公民在法律许可的范围内，使

---

① ［荷］亨克·范·马尔赛文、［荷］格尔·范·德：《成文宪法的比较研究》，陈云生译，149～150 页，北京，华夏出版社，1987。

用各种媒介（或方式）寻求和接受信息，以各种方式或借助于各种媒介手段，传递自己的思想情感、信念主张等内容而不受他人或组织的非法干涉或惩罚的一种自主性状态。中国《宪法》第三十五条规定："中华人民共和国公民有言论、出版、集会、结社、游行、示威的自由。"学术上认为，这6项自由，是公民表达意愿、参加社会生活和国家生活的基本手段与途径，总称为"表达权"。作为一种宪法权利，按照许多国家及国际公约共同确认的人权标准，表达自由包含以下要点：

第一，表达自由的权利主体是每一位公民——中国《宪法》表述为"中华人民共和国公民"，国际公约表述为"Everyone"（每一个人）；

第二，在表达的内容上，公民对于任何问题均可持有并传播自己的思想、意见等，包括为大众普遍接受的、无害（或中立）的"信息"或"思想"，也包括令人不愉快的或不利于任何一部分群体的"信息"或"思想"，[①] 特别是对国家和社会公共事务发表意见、监督、批评政府的信息；

第三，在表达形式上，不仅包括纯粹言论（pure speech），还包括绘画、歌舞以及人类能够理解和接受的任何其他交流方式，可通过任何媒介来表达；

第四，在表达的范围上，既可面对面、小范围表达，也可跨地区、跨国界表达；

第五，保障表达自由必须同时保障表达者获取外界信息特别是国家和社会公共事务信息的权利，即作为表达基础的知情权——被认为是从表达自由中引申出的一项"潜在"的权利；

第六，表达自由的边界，以法律规范为底线，做法律所允许和不禁止的事情；

第七，以公权力为核心的外在力量不得随意干涉公众的合法表达；

第八，当公民的表达自由受到侵犯时，权利主体可以请求司法机关予以救济。

此外，在美国的司法实践中，法院还通过一系列判决，确立了人们通过集会、请愿、游行、示威、静坐等方式进行集体表达的权利。那些由于经济、政治或其他原因而无法使用大众传媒的个体或群体，可以通过集体表达的方式，大规模、戏剧化地再现社会生活或社会制度中存在的不公平、不合理现象，更为生动、强烈地表达他们的政治诉求，从而更有效地影响公共决策，改变社会

---

① 陈欣新：《表达自由的法律保障》，5～6页，北京，中国社会科学出版社，2003。

进程。从这个角度看，表达自由还包括集体表达的自由和通过游行、示威，使用象征性言论的自由。①

（二）表达自由、言论自由、出版自由、新闻自由等概念的关系

一般来说，表达自由是一个总括性概念，是社会成员所享有的一种综合性权利，其核心是政治权利。大众传播活动理论与实践中的表达自由涵盖国家宪法中有关言论自由，出版自由，集会、游行、示威的自由，科学研究、文艺创作的自由和从事其他文化活动的自由，以及批评国家机关及其工作人员的权利和提出建议的权利等条款。

言论自由，是指公民享有发表意见、交流思想、抒发感情、传授知识等而不受干涉的自由权利。言论是表达的一种方式，有狭义和广义两种解释：狭义的言论是指言语，即口头表达；广义的言论是指通过口头、书写、印刷、各种形象手段和利用广播、电视、电影、互联网等一切媒介的表达。广义的言论自由与国际人权公约中的"表达自由"的含义基本相同，相当于所谓"纯粹言论"，即不包括游行、示威等行动方式的表达自由。② 在当代，国际社会对于言论自由概念的理解趋于广义。③ 本书中的"言论自由"概念也是按广义使用的。

言论自由在西方法学理论和宪法学中被看做"最根本的权利"或"第一权利"，是其他自由权利的源泉。约翰·弥尔顿认为：人的理性高于一切，所以言论、出版自由是"一切自由中最重要的自由"，"是一切伟大智慧的乳母"。④ 马克思也曾发表过类似的看法："没有出版自由，其他一切自由都是泡影。"⑤

出版自由，是指公民通过印刷或其他复制手段制成的出版物公开表达和传播意见、思想、感情、信息、知识等的自由。出版物，在过去仅指报刊、图书等印刷媒介，随着科学技术的发展，出版物的范围日益扩大，根据中国《出版管理条例》，出版物包括报纸、期刊、图书、音像制品和电子出版物。出版自由是言论自由的一种表现形式，它的一个重要特征是公开表达，即向不特定的

---

① 王四新：《表达自由：媒体与互联网——以美国为例》，载《国际新闻界》，2007（5）。

② 魏永征：《新闻传播法教程》，38页，北京，中国人民大学出版社，2002。

③ 李步云主编：《宪法比较研究》，494页，北京，法律出版社，1998。

④ ［英］约翰·弥尔顿：《论出版自由》，吴之椿译，46页，北京，商务印书馆，1958。

⑤ 马克思：《第一届莱茵省议会的辩论》，见《马克思恩格斯全集》，1卷，94页，北京，人民出版社，1965。

多数人传播思想；而言论自由既可公开表达，也可半公开或不公开表达，如申诉、控告、检举等，仅向特定机关提出意见，即为不公开的表达行为。

言论、出版自由的原则贯彻于新闻传播活动中被称为"新闻自由"。国际上，"出版自由"和"新闻自由"是一个词——Freedom of the Press，这是因为最初的新闻媒介就是报纸、期刊等印刷出版物。在当代，Freedom of the Press 涵盖广播、电视、电影、互联网在内的所有大众传播媒介。在中文中，尽管出版自由和新闻自由是两个不同的词，而且中国法律仅在 1949 年新中国成立时颁行的具有宪法效力的《中国人民政治协商会议共同纲领》第四十九条规定："保护报道真实新闻的自由。"在其他法律和规范性文件中都没有明文确认"新闻自由"①，但是新闻自由已经逻辑地蕴涵于中国新闻传播法的现有概念之中。这是因为，新闻活动是表达活动的一种方式，通过报刊进行的表达受到出版自由的涵盖，通过广播、电视以及其他媒介进行的表达受到言论自由的涵盖。同时，新闻活动又属于文化活动，受《宪法》规定的公民进行文化活动自由的涵盖。在"新闻自由"这个复合概念中，"新闻"指的是人类的新闻传播活动，简单地说，新闻自由是公民依法进行新闻传播活动的自由，是公民通过新闻媒介获取、表达、传播各种信息和意见，参与国家和社会生活的一项政治权利。

总之，表达自由包括言论自由、出版自由、新闻自由、艺术自由以及其他各种相关的自由如学术自由、著作自由等。表达自由的基础和核心是思想自由、意见自由，所以，表达自由是精神自由的具体体现，是表现精神的手段。

二、表达自由的价值

近代以来，表达自由的价值一直是学术界讨论的核心问题之一。早期，西方启蒙思想家和近代资产阶级革命家注重从天赋人权和个人的智性发展方面论证表达自由的价值。20 世纪以来，随着宪政实践的深入，人们对表达自由问题的研究取得了新进步。美国联邦法院大法官布兰代斯从个人、社会和政府三个维度全面阐述言论自由的价值，认为言论自由对于发展个人天赋、实现自由表达所带来的快乐，促成社会和谐与安全，传播政治的真实具有重要价值。②研究言论自由的著名学者、美国耶鲁大学法学院托马斯·埃默森教授曾把言论自由的价值概括为四个方面：第一，促成个人的自我实现；第二，作为获致真

---

① 魏永征：《新闻传播法教程》，38 页，北京，中国人民大学出版社，2002。

② Whitney. v. California, 274U. S. 357，375（1927）(Brandeis, Concurring Opinion)〔EB/ OL〕，http：// law. findlaw. com/ us/ 274/375. html.

理的一种手段；第三，作为保障社会成员参与社会包括政治决策过程的一种方式（即健全民主程序）；第四，维持社会稳定和变化之间的平衡。① 在中国，学者们对这一问题的讨论也多在这一框架内进行。总结前人的研究成果，我们可以将表达自由的价值概括如下几个方面：

（一）表达自由对个人的价值

1. 表达自由能够保障人格的尊严，促进人格的健康发展，促成个人的自我实现

表达自由既是手段又是目的。对于个人而言，每一个人在其人格发展过程中，均有形成和表达自己的信念和意见的权利。自由表达能够促使人们不断探求知识、深化思想、认识自我和他人（社会），进而促进个人人格的健康发展，保障人之为人的尊严，最后促成个人的自我实现。同时，作为一种目的，自由表达——不受他人控制的自主与自决，是人的本质属性之一，对个人而言，这本身就是一种善（good），它能够给人们带来快乐。言论的自由抒发，"使表意人享受到作为一个独立自主之自由人，自由表达的满足，而能有某种程度的自我成就之感"。②

相反，压抑言论不利于一个人德性的发展和道德人格的健全。自我实现是人类与生俱来的欲望，人们总是想展示和发展自己的潜能，表达自己对世界的不同理解和工作生活中积累的独特经验。如果一个人受环境所迫不能表达自己的意见或不得不放弃他想坚守的信念，其内心必定是痛苦的。当一个人因为害怕受到惩罚而不得不表达他所反对乃至厌恶的意见时，他的人格便开始萎缩；如果一个社会中，人们迫于某种压力普遍不能、不敢自由表达自己的意见时，这个社会就会丧失诚信，甚至充满欺骗。因此，言论不自由的时代必定是一个谎言流行、人格扭曲、道德堕落的时代。言论自由不一定会使人们都说真话，至少可以使那些不想说假话的人不说假话，在这个意义上，言论自由能够营造和培育人格健康成长所必需的社会环境。

2. 表达自由有助于增长知识、获得真理

不同意见自由发表和讨论对于认识真理的重要价值，是西方启蒙思想家、资产阶级革命家及相关领域学者着力论证的观点之一。弥尔顿说，真理会在各种思想、观点的交锋中脱颖而出，而不是权力赐予的。密尔说："迫使一个意

---

① Thomas I. Emerson, *Towarda Ceneral Theory of the First Amendment*, Yale Law Review, Yale 1963, pp. 860—879.

② 林子仪：《言论自由与新闻自由》，36 页，台北，月旦出版社有限公司，1993。

见不能发表的特殊罪恶乃在它是对整个人类的掠夺……假如那意见是对的，那么他们是被剥夺了以错误换真理的机会；假如那意见是错的，那么他们是失掉了一个差不多同样大的利益，那就是从真理与错误冲突中产生出来的对于真理的更加清楚的认识和更加生动的印象。"① 这一观点在当代法学领域发展为"意见的自由市场"原则。20 世纪 20 年代，美国大法官霍姆斯把市场经济中自由竞争导致资源最优配置的观念引入思想领域，把思想比喻成商品，并在一个判例中提出：真理应该从意见的自由市场中获得，试验真理的最好方法就是看它能否在竞争的市场中被认可，决定这一过程的背后力量不是强力而是理性，不是国家或某个人的理性，而是大众的理性。20 世纪 50 年代，美国大法官道格拉斯也指出，当各种思想在"市场"上竞争时，全面而自由的辩论将会提示谬误并使得没有人相信它。即使是我们憎恶的思想，也可以通过自由辩论使我们的看法得到证实。

"意见的自由市场"观除了论述表达自由对个人的价值外，还论及了表达自由对于社会、国家的重要价值——没有个人的表达自由，个人的思想、意见就没有呈现和丰富的可能；没有充分的意见市场，不同观点没有相互交锋的公共论坛，社会共识就不可能广泛形成，国家甚至会出现一言堂的专制局面，这种状态于社会的稳定是极为不利的。

（二）表达自由对社会的价值

1. 维护社会秩序、增进社会稳定

现代社会，表达自由是公众的一项基本权利，又是一种社会制度，可以说是一种制度性权利。所谓制度性权利，是指公民或组织的某些合理要求，通过法律形式加以确定和保障，并通过制度设计使之处于特定的社会结构和体系中，从而实现其整体功能的价值预设。

作为一项基本权利，公众的表达权通过宪法等一系列法律规范得以确定和保障，而一个社会通畅的言路和良性的言论环境，能够使公众的不同意见和不满情绪得以表达和宣泄。任何社会、任何历史发展阶段都会存在不满情绪和多种对立思想，而不满和对立之中，往往包含着社会改革所需要的智慧和动力，它常常是社会活力的重要来源，是推进社会新陈代谢的重要力量。历史经验证明，禁锢思想、压制言论是导致社会分化甚至社会动乱的根源之一，而表达自由则提供了一个使社会进步不以动乱为代价的条件，它能够缓释社会的不稳定因素，有助于社会的稳定。在这个意义上，表达自由具有社

---

① 　［英］约翰·密尔：《论自由》，程崇华译，17 页，北京，商务印书馆，1959。

会安全阀功能。

作为一种社会制度，在法律规范下，表达自由在公众知情权、参政议政、决策程序、舆论监督等诸多重要方面已成为社会结构和社会体系中不可或缺的有机组成部分，在这个意义上，表达自由构建和维护了正常的社会秩序。在法学意义上，秩序是指人和事物存在和运转中具有一致性、连续性和确定性的结构、过程和模式，包括社会秩序和非社会秩序。法所追求是有益于人类生存、发展的社会秩序。法对秩序的意义主要表现在法为秩序提供预想模式、调节机制和强制保证，并通过社会控制得以实现。法的社会控制既包括法对社会成员的指导、约束和制裁，也包括在法律规范下社会成员相互之间的影响、监督和批评。表达自由对公民权利的保障、对政府权力的限制、对滥用权利和权力的制裁特别是在舆论监督、防止公权力的滥用问题上，已成为维护正常社会秩序的重要力量。

2. 言论自由能够维持和健全社会民主政治

民主是一种制度，也是一种价值。一个社会，民主的实现程度是以人民参与社会的深度和广度来衡量的。作为民主制度的基石，言论自由保证了公众的知情权和表达权，促使公众广泛参与到社会管理和监督过程中，使政府与公民之间、公民与公民之间在政治上建立互信关系，达成社会共识，共同促进社会的健康发展，同时，也成为制约公共权力的重要社会力量。言论自由对于民主政治具有如下三方面价值：

第一，通过民主对话达成社会共识。任何一个社会，尤其是现代社会都存在着不同政治、经济、文化群体或阶层。社会的稳定、国家的发展需要各个社会群体或阶层之间建立平等、自由的对话关系，以讨论、协商所面临的公共问题，并在谋求公共问题合理解决的过程中，达成一定程度的共识。共识不是权力强加于每个社会成员的，而是通过对话形成的。而社会成员之间，尤其是不同利益社会阶层之间正常对话关系建立的条件和基础是言论自由。

第二，通过权利制约权力。一方面，言论自由是少数意见对多数权力的制约。言论自由不仅是表达"正确的"、与社会主流观点相一致的意见的自由，而且是表达"错误的"、为社会大众所反对甚至厌恶的意见的自由；不仅是多数人宣传、实践其纲领路线的自由，而且是少数人申说其政治主张的自由。在一个民主社会中，多数人的意见实际上不需要保护，少数人的观点则常有遭受压制之虞。因此，言论自由的核心意义在于保护那些偏离社会整体价值观的言论。

检验一个社会言论自由实现程度的标准主要是看少数意见受到保障的程度。[①]

另一方面，言论自由的舆论监督功能可有效制约公权力。人类社会对于权力的制约机制主要有以权力制衡权力、以道德约束权力、以权利制约权力。言论自由对公权力的制约属于第三种，主要表现为言论自由（即公民享有了解政府事务的权利，享有揭露和批评公权力机构及其工作人员滥用权力等不当行为的自由）的舆论监督功能。舆论监督不仅可以促进公权力者加强自律，而且可以促使公共权力内部监督机制的启动，从而对官员行为起到制约作用。

第三，通过培养宽容精神建立互信关系。对于不同观点的宽容是民主政治重要的价值取向。言论自由保障少数意见、对立意见以及非主流意见的表达权，成为多元化言论存在的制度基础。社会成员围绕公共事务、利益分配等各种问题展开自由讨论，能够使执政者听到来自不同群体的意见，包括批评反动意见，有助于培养社会成员特别是执政者对异见者的宽容精神，使公众与政府、公众与公众之间建立必要的信任关系，促使社会走向更加和谐与开放。

言论自由对于民主政治的三种功能中，对话是基本功能，制约和宽容互信是派生功能。

第二节　中国法律关于表达自由的规定

表达自由是以语言、文字、音像、电子、艺术或其他形式表达意见、寻求和接受信息、传播思想的自由。它对人类的生存和发展具有极其重要的意义。人类社会政治制度的变革、经济组织的演进、科学技术的提高，在很大程度上都离不开言论的自由传播。因此，人们通常把言论自由称为"第一权利"，是人类最为重要、潜力巨大的活动资源。从一定意义上，表达自由的保障程度反映了一个国家的政治、经济和社会的发展水平。

一、言论出版自由（新闻自由）

言论自由一般被定义为公民有发表意见、交流思想、抒发感情、传递信息、传授知识等不受干涉的自由。作为一种法律制度，中国宪法规定的出版自由，主要是指在宪法和法律许可的范围内，公民有著述、发表、出版书刊，表达自由思想和意见的自由，并依照法律规定，有权从事著述、出版、印刷、发行的活动。因此，出版自由是言论自由的一种表现形式，是将言论固定化的一

---

① 顾小云：《言论自由对个人、国家和社会的价值》，载《理论探索》，2006（6）。

种方式，在本质上可以被看做言论自由的自然延伸。因为言论自由不仅仅意味着人们可以用嘴巴讲话或在小范围内进行思想交流，更重要的是指人们可以利用现有的物质条件来达到表达意见的目的。早期的新闻传播方式主要是印刷媒介，因此，言论出版自由也可以指新闻自由。

二、文学艺术创作自由

《宪法》第四十七条规定公民享有"进行科学研究、文学艺术创作和其他文化活动的自由"。这是指公民可以根据自己的兴趣爱好，结合时代与社会发展需要，发挥自己的创作才能，不受限制地创作各种艺术作品的自由。

文学艺术创作自由主要包括两个方面的内容：其一是选题自由；其二是艺术创作过程自由。从选题来讲，创作人员选择什么样的题材、采用什么样的叙事手法和表达方式等，除了受到他自己的世界观和物质基础限制外，不应当受到任何外来的干涉、压制或承担任何不利的后果。[①]

三、科学研究自由

科学研究自由又被称为学术自由，是指公民有按照自己的意愿从事自然科学和社会人文科学研究的自由，以及就有关学术问题传播发表意见和交流看法的自由。《宪法》第二十条规定："国家发展自然科学和社会科学事业，普及科学和技术知识，奖励科学研究成果和技术发明创造。"这里所说的研究既包括对理论问题的研究，也包括对社会密切相关的实际问题的研究。

四、从事其他文化活动的自由

《宪法》第二十二条规定："国家发展为人民服务、为社会主义服务的文学艺术事业、新闻广播电视事业、出版发行事业、图书馆博物馆文化馆和其他文化事业，开展群众性文化活动。"其中涉及的所有正当健康的文化活动自由都受到法律的保护。

中国除了《宪法》规定了公民的自由权利外，还通过立法保障上述权利的实现。如全国人民代表大会及常务委员会制定的《刑法》、《民法通则》、《未成年人保护法》、《商标法》、《著作权法》、《专利法》、《档案法》、《保守国家秘密法》、《国家安全法》、《集会游行示威法》、《科学技术进步法》、《促进科学技术成果转化法》、《邮政法》等法律。这充分说明，中国法律保护言论自由的范围极为广泛。在司法领域，人民法院依法独立行使审判权，公正执法，保障当事人享有充分的诉讼权利以及包括言论自由在内的各项权利。

---

① 王四新：《言论出版条款的理解》，载《国际新闻界》，2006（9）。

第三节 国际法及其他国家关于表达自由的规定

正因为言论自由对社会发展具有如此重要的意义，所以人们不仅把它当做一种信念，而且把这种信念用法律加以确认和保障；不仅把它作为国内法内容，而且还以国际宣言和条约的形式加以规定。

一、18 世纪两个影响至今的宪法性文献

一是 1789 年法国《人权宣言》第十一条："自由传播思想和意见乃是人类最宝贵的权利之一。因此，每个公民都可以自由地从事言论、著述和出版，但在法律规定之下应对滥用此项自由承担责任。"

这是一个法治化的概述。然而在《人权宣言》提出后的近一个世纪，法国的人权并没有变成现实，直到 1881 年 7 月 29 日，法国议会才通过了《新闻自由法》，新闻出版自由终于获得了法律的保障。

二是 1791 年 12 月通过的美国宪法第一修正案："国会不得通过建立尊奉某一宗教，或禁止宗教自由之法律；不得废止言论与出版自由；或限制人民集会、请愿、诉愿之自由。"

第一修正案以无权利主语的语言结构规定了三项自由权：信仰自由；言论与出版自由；集会与请愿、诉愿自由。

二、目前国际上通行的表达自由方面的文献

第一，1948 年联合国大会通过的《世界人权宣言》第十九条规定："人人享有主张和发表意见的自由；此项权利包括持有意见而不受干涉的自由和通过任何媒介和不论国界寻求、接受、传递消息和思想的自由。"这个宣言中提出的最低人权标准得到了国际社会的普遍接受，国际上不少人权公约和国家法律，均以此为蓝本，制定出相类或更为详尽的条文，对表达自由作出保障，①成为联合国成员国相关行为的指导准则。因此，《世界人权宣言》第十九条标志着表达自由新时代的开始。

第二，1950 年颁行的《欧洲人权公约》，开创了由超国界的国际人权法院审理有关人权保障案件的新模式。同时，《欧洲人权公约》第十条进一步细化

---

① 见《公民权利和政治权利国际公约》第十九条，《欧洲人权公约》第十条，《美洲人权公约》第十三条，《非洲人权与人民权利宪章》第九条；《欧洲议论与信息自由宣言》，《欧洲安全与合作赫尔辛基最后约法》第二章，《香港人权法案》第十六条。

了有关表达自由的法律含义：（1）人人都享有表达自由的权利。无论在任何领域每个人都有不受公共机构干预自由表达的权利，包括坚持观点的自由、接受、告知信息与思想的权利。本条不阻止国家规定在广播、电视或电影领域实行许可制度。（2）出于对国家安全、领土完整或公共安全、防止骚乱或犯罪、保护社会道德与健康、保护他人的名誉与权利、防止泄密、维护司法公正与权威性的考虑，享有这些自由就应承担法律规定的或在民主社会所必须承担的义务与职责，包括这些义务与职责所包含的形式、条件、限制措施或惩戒措施。从此，基于《欧洲人权公约》第十条的欧洲模式和基于美国宪法第一修正案的美国模式，形成了以法律保障表达自由制度体系的"双子塔"。

第三，第21届联合国大会于1966年12月6日通过、1976年生效的《经济、社会和文化权利国际公约》、《公民权利和政治权利国际公约》，更为精确地确定了这些权利，并规定了实施措施。这两个公约在权利实现方面各有侧重：《经济、社会和文化权利国际公约》强调国家在保护人权方面的积极介入，保护的是"积极自由"，也就是说，是公民要求国家、社会为他做些什么；《公民权利和政治权利国际公约》的重点在于强调个人免于来自国家公权的干涉和压制，保护的则是公民的"消极自由"，也就是说，公民不希望国家、社会对他做些什么。

截至2006年12月，《经济、社会和文化权利国际公约》和《公民权利和政治权利国际公约》各有160个缔约国。中国于2001年经全国人民代表大会批准，加入了《经济、社会和文化权利国际公约》，但对其中一条——组织工会的自由——声明保留。1998年，中国签署了《公民权利和政治权利国际公约》。2004年1月27日下午，中国国家主席胡锦涛在法国巴黎波旁宫内的国民议会大厅发表演讲，他说，中国人民的公民权利、政治权利和基本自由依法得到维护和保障。中国政府正在积极研究《公民权利和政治权利国际公约》涉及的重大问题，一旦条件成熟，将向中国全国人民代表大会提交批准该公约的建议。2005年《中国民主政治建设》白皮书宣布："目前，中国有关部门正在加紧研究和准备，一旦条件成熟，国务院将提请全国人大常委会审议批约问题。"中国政府签署并研究加入《公民权利和政治权利国际公约》，表明了中国促进、保护人权的庄重态度。中国政府代表签署该公约，说明承认公约的基本原则。

《公民权利和政治权利国际公约》第十九条是国际上与表达自由相关的法律文件中最精密的一条。具有内容如下：

一、人人有权持有主张而不受干涉。

与原来的人人有出版自由、人人有言论自由等表述方式相比，这种表述更为具体，而且突出"不受干涉"这一面。

二、人人享有表达自由的权利；这项权利包括寻求、接受和传递各种信息和思想的自由，不论国界，也不论口头的、书面的或者是印刷的，还是采取艺术形式，或者是通过他所选择的任何媒介。

前面是与信息相关的活动自由，"思想的自由"是内在的，这里做了明确的区分。最后一句话，给未来的传媒发展提供了空间，未来无论出现何种新的传播形式，它都可以涵盖。

三、行使本条第二款所规定的权利带有特殊的义务和责任，因此可以受到一定限制，但是这些限制限于由法律所规定并为下列所必需：

（甲）尊重他人的权利或名誉；

（乙）保障国家安全或公共秩序，或公共卫生或道德。

这是一项限制性条款，重要的是，它对限制本身做了限制，（甲）、（乙）两款是对限制的限制。（甲）是指发表意见要尊重私权，（乙）是指发表意见要尊重公权。

第十九条的表述，建立在前人各种有关思想自由和表达自由的经典表述（法国《人权宣言》第十一条、美国宪法第一修正案、《世界人权宣言》第十九条、《欧洲人权宣言》第十条等）的基础之上，是迄今关于这个问题最明白、最完整、最全面、最精确的阐述。

三、其他国家关于表达自由的法律保障

迄今为止，绝大多数国家都在自己的宪法中确认了公民的言论自由。许多国家制定了有关言论自由的专门法，把宪法有关言论自由的规定具体化，如美国1952年颁布的《统一实施的单一出版物法》、1964年美国国会通过的《新闻自由法》、美国许多州议会通过的《政府阳光法案》、《记者保护法》；英国1797年生效的《煽动兵变法》、1857年的《淫秽出版物法》、1911年的《国家机密法》和1976年的《出版自由规则》；1980年埃及制定的《出版法》等。

随着时间的推移，这些法律的内容大都经过多次修改，逐步取消了原法律

规范中对于表达自由的各种不合理限制，《公民权利和政治权利国际公约》成为重要的参照标准。英、美、法、德、意、俄、日等国都曾经先后实行过出版物的事先审查制，但现在都已废除。法国拿破仑三世时期的出版保证金制度，也早已成为历史的陈迹。各国还普遍注重在司法实践中引用《公民权利和政治权利国际公约》第十九条确立的关于言论自由的标准来处理本国有关言论自由的争讼案件，有的国家则承认《公民权利和政治权利国际公约》在本国法律体系中的效力，并在司法实践中直接适用。

在《公民权利和政治权利国际公约》的共同标准下，各国在言论自由的保障制度和措施方面存在着《公民权利和政治权利国际公约》允许的不同做法。这一方面由各国的不同国情所决定；另一方面在于表达自由（尤其是言论自由、新闻出版自由）涉及问题的广泛、复杂、敏感以及各国司法制度、司法技术等方面的巨大差异。试图使《公民权利和政治权利国际公约》确立的言论自由原则和标准在各国得到完全一致的实现几乎是不可能的。

虽然各国在言论自由方面取得了巨大的成就，但与《公民权利和政治权利国际公约》所确立的标准相比，仍然存在着一定的差距。许多国家，包括美国和绝大多数西欧国家，仍然实行法律外审查制度，有的国家因紧急状态或反恐怖主义立法而任意侵犯公民的言论自由，有的国家因各族或宗教冲突而压制言论自由，有的国家喜欢以电话窃听的方式来控制新闻机构，有的国家在选举期间执政党与反对党在言论方面享有的资源严重不均，有的国家不承认妇女的投票权而剥夺了妇女在政治生活中的言论自由，等等。以上情况表明，人类社会要消除言论自由的各种不合理限制，全面、充分地实现个人的言论自由，还有很长的一段路程。

四、各国对于表达自由的法律限制

目前，世界各国大约有142部宪法，其中有124部规定了发表意见的自由。这些国家在肯定言论自由作为一项基本人权的同时，为防止这项权利的滥用，都对这种权利的行使做了限制。

如法国宪法性文献《人权宣言》规定："自由表达思想和意见是人类最宝贵的权利之一，因此，各个公民都有言论、著述和出版自由，但在法律所规定的情况下，应对滥用此项自由负担责任。"巴西《宪法》规定："除每个人依照法律规定对其在娱乐和公开表演中所犯的越轨行为负责外，思想、政治或哲学见解可以自由表达，以及提供信息不受检查。通信权利受到保护，出版书刊、报纸和期刊无须当局许可。战争、扰乱秩序的宣传或存在宗教、各族或阶级偏见的宣传，以及与道德及良好习俗背道而驰的出版物和放肆行为都将是不可容忍的。"印度《宪法》第十九条第一款规定："一切公民均享有：（一）言论和表达自由。"但第二款规定，为维护印度主权完整、国家安全、与外国的友好关系、公共秩序、礼仪道德，或由于涉及藐视法庭、诽谤或煽动犯罪等问题而对上述第一款第一项施加合理限制，也不妨碍国家为此制定法律施加此类限制。埃及《宪法》规定："每个公民的思想和言论必须得到保障，在法律规定的范围内有权表达自己的意见。"美国关于言论自由的规定也见于各州宪法，如纽约州《宪法》规定："每一公民对于任何问题，均有写作、口述或出版其意见的自由，但须自负滥用此项权利之责任。"伊利诺伊州《宪法》规定："每个公民均能自由写作、口述或出版各种问题之文字，但若滥用其权利时须自负其责任。"等等。

中国《宪法》第五十一条明确规定："中华人民共和国公民在行使自由和权利的时候，不得损害国家的、社会的、集体的利益和其他公民的合法的自由和权利。"《宪法》第 54 条规定："中华人民共和国公民有维护祖国的安全、荣誉和利益的义务，不得有危害祖国的安全、荣誉和利益的行为。"根据《宪法》的原则，中国立法机关制定了若干与维护国家安全有关的法律。同时，还规定了制作、贩卖、传播淫秽物品罪。在新闻传播活动中，只要有两种情况会发生危害国家安全的问题：一种是煽动危害国家；另一种是泄露、非法获取、向境外非法提供国家秘密。

（一）禁止煽动危害国家的言论

1. 煽动

就是面对公众用一些浮夸的、情绪化的、蛊惑的非理性语言，虚张声势，夸大其事，希望激起他人反常狂热，从而采取某种不利于社会和他人的行动。

2. 关于煽动行为的犯罪，中国《刑法》有四项罪名

（1）煽动分裂国家罪

《刑法》第一百零三条规定："煽动分裂国家、破坏国家统一的，处五年以下有期徒刑、拘役、管制或者剥夺政治权利；首要分子或者罪行重大的，处五年以上有期徒刑。"这种犯罪行为的主要表现就是公然散布"煽动"分裂国家、破坏国家统一的言论。本罪属于行为犯，行为人只要实施了煽动性的宣传鼓动，就构成本罪既遂，而不必问其反对宣传煽动效果如何，是否有人接受其宣传煽动实施分裂国家的行为。

（2）煽动颠覆国家政权罪

《刑法》第一百零五条规定："以造谣、诽谤或者其他方式煽动颠覆国家政权、推翻社会主义制度的，处五年以下有期徒刑、拘役、管制或者剥夺政治权

利；首要分子或者罪行重大的，处五年以上有期徒刑。"本罪也属于行为犯。

（3）煽动民族仇恨、民族歧视罪

《刑法》第二百四十九条规定："煽动民族仇恨、民族歧视，情节严重的，处三年以下有期徒刑、拘役、管制或者剥夺政治权利；情节特别严重的，处三年以上十年以下有期徒刑。"本罪的侵犯客体是中国各民族之间的团结友好关系。本罪的客观行为是以语言、文字等方式挑拨离间中国不同民族之间的关系，破坏民族团结。本罪也属于行为犯。

（4）煽动群众抗拒法律实施罪

《刑法》第二百七十八条规定："煽动群众暴力抗拒国家法律、行政法规实施的，处三年以下有期徒刑、拘役、管制或者剥夺政治权利；造成严重后果的，处三年以上七年以下有期徒刑。"本罪的侵犯客体是社会管理秩序。在客观方面，本罪的行为必须是以语言、文字等方式煽动群众采取暴力来抗拒国家法律的实施，如煽动抗税、煽动抗拒查处非法出版物等。本罪也属于行为犯。

以上四种犯罪，都有可能利用新闻媒介加以实施。上述四种犯罪在主观上都必须由故意构成，过失不能认定构成犯罪。

（二）保守国家秘密

《宪法》规定保守国家秘密是公民的义务，并制定了相关的法律，如《保守国家秘密法》第二十条规定："报刊、书籍、地图、图文资料、声像制品的出版和发行以及广播节目、电视节目、电影的制作和播放，应当遵守有关保密规定，不得泄露国家秘密。"

1. 国家秘密的定义和内容

（1）国家秘密的定义

按《保守国家秘密法》第二条的定义，国家秘密是指关系到国家的安全和利益，依照法定程序确定（国家秘密主要由国家保密局会同外交、公安、国家安全和其他中央有关机关确定），在一定时间内只限一定范围的人员知悉的事项（保密期限届满，自行解密）。国家秘密的密级分为"绝密"、"机密"、"秘密"三级。

（2）国家秘密的内容

《保守国家秘密法》第八条列有以下七项：

（一）国家事务重大决策中的秘密事项；

（二）国防建设和武装力量活动中的秘密事项；

（三）外交和外事活动中的秘密事项以及对外承担保密义务的事项；

（四）国民经济和社会发展中的秘密事项；

（五）科学技术中的秘密事项；

（六）维护国家安全活动和追查刑事犯罪中的秘密事项；

（七）其他经国家保密工作部门确定的应当保守的国家秘密事项。

2. 新闻单位的保密制度

在世界新闻界，由于属于国家秘密的事项往往具有新闻价值和公众兴趣，所以往往成为新闻记者们追逐的对象。新闻记者为了获取独家新闻，有时不惜以身试法，不择手段地窃取、刺探、收买国家秘密，在传媒披露，有许多国家秘密正是通过大众传媒泄露出去的。

《新闻出版保密规定》规定了具体的保密制度：

第一，新闻出版保密审查制度。新闻出版保密审查实行自审和送审相结合的制度。自审是指新闻出版单位和提供信息的单位，对拟公开出版、报道的信息，根据有关保密规定自己进行审查；送审是指对是否涉及国家秘密界限不清的信息，送交有关主管部门或其上级机关、单位审定。

第二，通过内部途径反映涉及国家秘密的信息的制度。也就是新闻单位编印"内部参考"的制度。

第三，采访涉及国家秘密的事项的批准制度。被采访单位、被采访人向新闻单位提供有关信息时，对其中确因工作需要而又涉及国家秘密的事项，应当事先经过批准，并向采编人员申明。新闻单位对被采访单位、被采访人申明属于国家秘密的事项，不得公开报道。

第四，新闻发布制度。建立提供信息的正常渠道，适时通报宣传口径。正常的新闻报道不充分不及时必然导致小道消息满天飞，其中势必夹杂国家秘密。正当的信息渠道的畅通是防止泄密的有效手段。

3. 法律责任

违反《保守国家秘密法》和其他法律、法规，致使国家秘密泄露，责任人应当承担法律责任，包括刑事责任和行政责任。这里着重介绍 3 种《刑法》规定的违反《保守国家秘密法》的主要罪名。

（1）泄露国家秘密罪

《刑法》第三百九十八条规定："国家机关工作人员违反《保守国家秘密法》的规定，故意或者过失泄露国家秘密，情节严重的，处三年以下有期徒刑或者拘役；情节特别严重的，处三年以上七年以下有期徒刑。"本罪属于渎职罪。犯罪主体主要是国家机关工作人员。故意或过失都可以构成本罪。对不构成犯罪的新闻泄密，主要按《保守国家秘密法》和其他法规、规章的规定对责任人予以行政处罚或行政处分。

（2）向境外提供国家秘密、情报罪

《刑法》第一百一十一条规定："为境外的机构、组织、人员窃取、刺探、收买、非法提供国家秘密或者情报的，处五年以上十年以下有期徒刑；情节特别严重的，处十年以上有期徒刑或者无期徒刑；情节较轻的，处五年以下有期徒刑、拘役、管制或者剥夺政治权利。"本罪属于危害国家安全罪。犯罪主体是一般主体，即所有达到刑事责任年龄具有刑事责任能力的自然人，也包括来自境外的中国人和外国人。主观方面必须故意，因过失被境外人员窃取，不足以构成本罪。提供给境内，不属本罪。

（3）非法获取或非法持有国家秘密罪

《刑法》二百八十二条规定："以窃取、刺探、收买方法，非法获取国家秘密的，处三年以下有期徒刑、拘役、管制或者剥夺政治权利；情节严重的，处三年以上七年以下有期徒刑。非法持有属于国家绝密、机密的文件、资料或者其他物品，拒不说明来源与用途的，处三年以下有期徒刑、拘役或者管制。"本罪属于妨害社会管理秩序罪。犯罪主体是一般主体。主观方面是故意。本罪只以非法获取或非法持有为特征，而不论行为人非法获取或非法持有的国家秘密是否泄露。

（三）禁止淫秽、色情的内容

中国禁止淫秽、色情物品，从法律、行政法规到部门规章都有规定。如1985年国务院发布了《关于严禁淫秽物品的规定》，1987年《海关法》禁止运输、携带、邮寄淫秽物品进出口，1988年新闻出版署发布了《关于重申严禁淫秽出版物的规定》等。这些对新闻传播活动都有约束力。

1. 淫秽、色情内容的认定标准

1988年新闻出版总署发布了《关于认定淫秽及色情出版物的暂行规定》，其中淫秽出版物被定义为："在整体上宣扬淫秽行为，具有下列内容之一，挑动人们的性欲，足以导致普通人腐化堕落，而又没有艺术价值或者科学价值的出版物。"具体规定包括：

（一）亵渎性地具体描写性行为、性交及其心理感受；

（二）公然宣扬色情淫荡形象；

（三）淫亵性地描写或者传授性技巧；

（四）具体描写乱伦、强奸或者其他性犯罪的手段、过程或者细节，足以诱发犯罪的；

（五）具体描写少年儿童的性行为；

（六）淫秽性地具体描写同性恋的性行为或其他性变态行为，或者具体描写与性变态有关的暴力、虐待、侮辱行为；

（七）其他令普通人不能容忍的对性行为的淫秽性描写。

2. 构成淫秽出版物必须具备的三个条件

其一，在整体上宣扬淫秽行为，即整个作品的制作目的、主题、基本格调和基本倾向是宣扬淫秽行为的，是诲淫性的。如果去掉其中淫秽的内容后，就不成其为作品。

其二，挑动人们的性欲，足以使普通人腐化堕落，诱导人走向性自由、性放纵、发生性犯罪，甚至出现性变态，而不能自拔。

其三，没有艺术价值或科学价值。

3. 法律制裁

根据中国法律对于色情、淫秽等违禁出版物和传播内容，除予以取缔禁止外，对责任人还要依法制裁，分为刑事处罚和行政处罚两种。

（1）刑事处罚

《刑法》第三百六十三条规定了制作、复制、出版、贩卖、传播淫秽物品牟利罪。本罪的主体是一般主体，包括自然人和单位。以上5种行为不要求同时具备，只要实施其中行为之一，即构成本罪，而同时实施几种行为，也只定一罪，不实行数罪并罚。主观方面必须是出于故意。不是以牟利为目的的，如将淫秽物品赠送他人，不构成本罪，但构成《刑法》第三百六十四条的传播淫秽物品罪。《刑法》第三百六十四条还规定了为他人提供书号出版淫秽书刊罪。本罪的处罚分为三级：一般处三年以下有期徒刑、拘役或管制，并处罚金；情节严重的，处三年以上十年以下有期徒刑，并处罚金；情节特别严重的，处十年以上有期徒刑或者无期徒刑，并处罚金或没收财产。

（2）行政处罚

妨害社会管理秩序，但情节显著轻微尚不构成犯罪的制作、贩卖、传播淫秽出版物的行为，可以给予拘留、罚款、劳动教养等处罚。

（四）禁止宣扬邪教和其他危害社会的内容

1. 禁止宣扬邪教

中国最高人民法院和最高人民检察院的司法解释对邪教下了这样的定义：冒用宗教、气功或其他名义建立，神化首要分子，利用制造、散布迷信邪说等手段蛊惑、蒙骗他人，发展、控制成员危害社会的非法组织。邪教不是宗教概念，而是一个社会法律概念；邪教组织不是宗教组织，而是一种邪恶的社会势力。反人类、反社会、反科学，是一切邪教组织的基本特征和丑恶本质。宣扬邪教罪属于"妨害社会管理秩序罪"中的"扰乱公共秩序罪"，其主体是一般主体，其主观方面是故意。

2. 其他禁止传播的内容

主要有宣扬封建迷信，渲染暴力、赌博、恐怖等。

案例及评析

【案例】　"彭水诗案"中的言论自由问题

2006 年 8 月 15 日，重庆市彭水县教委的办事科员写了一首词《沁园春·彭水》："马儿跑远，伟哥滋阴，华仔脓胞。看今日彭水，满眼瘴气，官民冲突，不可开交。城建打人，公安辱尸，竟向百姓放空炮。更哪堪，痛移民难移，徒增苦恼。　　官场月黑风高，抓人权财权有绝招。叹白云中学，空中楼阁，生源痛失，老师外跑。虎口宾馆，竟落虎口，留得沙沱彩虹桥。俱往矣，当痛定思痛，不要骚搞。"词写好后，该科员用短信以及 QQ 转发给了其他朋友。2006 年 8 月 31 日，警察突然找到了他。公安机关认为，他在这首词里影射了彭水县委县政府的三个领导，因此以涉嫌"诽谤罪"将其刑事拘留，关押在看守所。10 天后，经过数次提审，县公安局于 9 月 11 日对其正式下发逮捕令。他在被关押了近 30 天后，由县公安局动员其远房堂兄"取保候审"。期间，公安机关还传讯了接收短信的 10 多个人，至少有 40 多人受到牵连。彭水县人民检察院认定这名办事科员诽谤了现任县委书记和县长。检方的起诉书称，其捏造了一首引起群众公愤的词，利用 QQ 和短信方式进行发送，严重危害该县社会秩序，损害了领导的名誉，触犯了《刑法》第二百四十六条之规定，涉嫌诽谤罪。

【评析】

"彭水诗案"在全国产生了很大影响，重庆市有关部门立即组成调查组展开调查，2006 年 10 月 24 日，认定无罪，该案被撤销，10 月 25 日，国家发放赔偿金 2125.7 元。据报道，调查组认定，短信内容大部分属实，对政府工作提出了善意的批评，不存在诽谤问题。调查组调查后还认定，这是一起执法部门不依法办案、党政领导非法干预司法的案件。此后，当地组织政法机关学习反思，县委书记被免职。

从"彭水诗案"中可以看到，当地执法部门以权力为指向，不按法定程序执法，因言治罪，侵犯了公民的言论自由权利。

　　个人填词发短信在主观上并无恶意，相反，表现出作为一位公民对政府工作的关切。同时，他与当地官员没有任何诽谤动机。另外，短信里所反映的情况均系彭水县客观存在的一些现实，如一些久而未决的工程等。同时该短信的传播也仅是为数不多的数十人，谈不上严重危害社会秩序和破坏他人声誉。相反，实际是对彭水县的发展表现出一种关注，这些现象及问题的妥善解决，对彭水的改革发展有益无害。因为彭水县是彭水人民的，彭水县的官员是彭水人民的官员。

第七章 传媒与司法

依法治国，就是广大人民群众在中国共产党的领导下，依照宪法和法律的规定，通过各种途径和形式管理国家事务，管理经济文化事业，管理社会事务，保证国家各项工作都依法进行，逐步实行社会主义民主的制度化、法律化。新闻传播活动对于促进法治具有十分重要的作用。

第一节 传媒与司法的关系

司法就是司法机关按照法定的程序行使职权，打击犯罪，化解纠纷，进行司法活动的总称。司法有广义与狭义之分：广义的司法包括公安机关的刑事侦查活动、检察机关的侦查和起诉活动，以及法院的审判活动；而狭义的司法，则仅指法院的审判活动。在本章中我们主要讨论大众传媒与法院的关系。

一、司法的特征

司法由于其特有的属性而呈现出与行政、立法等不同的特征。在当今世界，虽然各国现行的司法制度存在很大差异，但仍有许多共同点。这些共同的特征为：

（一）独立性

从世界各国的司法来看，一个突出的特征就是其司法机关的地位非常特殊。世界各国无一不在宪法和法律中赋予司法机关以相应的独立性。美国、英国、日本、德国、法国等国家均在宪法中明确规定法院和法官在司法活动中独立公正地审判案件，不受任何个人和单位的干扰。中国也在宪法及相关法律中，明确规定"人民法院审判案件，不受行政机关、个人或其他组织的干扰"。虽然，中国现阶段司法独立的层面还仅局限在审判机关而非法官身上，但尽管如此，宪法和相关的法律还是明确规定了审判的独立性。

（二）公开性

所谓公开性，是指审判案件的活动除了法律有特别规定以外（如涉及国家秘密、个人隐私等），都必须一律公开进行。司法公开主要包括两项：一是对群众公开，除了合议庭评议秘密进行外，允许群众旁听案件的审理和宣告判决；二是对社会公开，允许新闻记者报道开庭审判的情况，将案情公之于众。在本章中，司法公开主要是指审判公开，这也是公开审判制度存在的目的。公开审判是一个国家民主化的体现，是司法公正的基本保证和前提。人们常说"阳光是最好的防腐剂"，公开审判使审判活动置于全社会的监督之下，使人民群众既了解审判活动的程序是否公正，还可以透过程序了解实体是否公正，既可以消除人们对法官是否清廉的疑虑，也可以树立法官公正裁判的形象。因此，公开审判在当今世界各国的诉讼制度中都得到了确认，成为现代诉讼制度文明、民主、科学的重要标志。而传媒在其中起着不可替代的特殊作用。

（三）程序性

司法活动和其他活动包括媒介传播等有很大的不同，它的每一个环节、每一个步骤，必须按照法律规定的程序进行。严格程序是司法公正的保证。美国法学家戈尔丁曾指出："历史上最早的正义要求看来就是一种程序上的正义。"[①] 程序性是司法活动最突出的特点之一，一个案件从立案、侦查、起诉、审理到最终过程就是一个适用程序的过程。办理刑事案件有《刑事诉讼法》，办理民事案件、经济案件有《民事诉讼法》，办理行政案件有《行政诉讼法》。我们讲司法公正，也是指程序公正和实体公正两个方面，没有严格、公正的程序作保障，实体公正很难实现。

（四）权威性

司法的权威性也就是司法的尊严，是指司法机关应当享有的威信和公信力，它是司法能够有效动作、并能发挥其有效作用的基础和前提。司法最大的特点就在于其权威性。任何国家的司法都具有最大的权威，司法机关所作出的裁判一旦生效，任何人都不能抗拒执行，必须得到所有公民、法人和其他组织的遵从，行政机关、立法机关均不能以任何理由与其对抗，即使该裁判确有错误，也必须由法定的当事人或法定的机关或司法机关本身提出申诉或再审，并按照法定的程序提起再审，然后由司法机关重新作出裁判。如果当事人不按法院的裁决执行，人民法院还可依法对其进行强制执行。

二、传媒与司法的关系

传媒监督司法在现代法治发达的国家是一种司空见惯的监督形式，但无论在哪个国家，传媒与司法的良好运作之间总是存在着相当复杂的关系。究其原因主要在于：一方面，新闻自由既是公民的一项基本权利，又是法治社会的基础；另一方面，司法独立不仅是现代民主国家政权组织形式的一项基本内容，也是法治国家的必备要素之一。正如美国联邦最高法院布莱克大法官所言：

---

① 转引自杨一平：《司法正义论》，108 页，北京，法律出版社，1999。

"言论自由与公平审判是我们文明中两种最为珍贵的权利，实在难以取舍。"

在中国，随着依法治国进程的推进，新闻监督与司法独立在社会发展中发挥着日益重要的作用，但同时二者之间又呈现出一些矛盾和冲突。这种矛盾和冲突，伴随着舆论监督的不断升温，其程度也日益剧烈。这种冲突如果不能得到妥善解决，势必会损害某些重要的社会价值。

（一）传媒与司法之间的对立统一关系

1. 价值追求的统一性

司法通过依靠公众同意的公共准则——法律来解决纠纷，从而保障当事人的合法权利，以追求法律上的公正；传媒则通过激发公众内心的价值标准——道德来评判是非，批评侵犯者的侵犯行为，以追求道德上的公正。二者的最终价值都体现在追求社会公正上。

2. 运行机理的对立性

传媒与司法虽然在追求社会公正上体现了其最终价值的统一性，但在其运行机理上，又存在着相互对立的关系。

一方面，司法独立对传媒监督具有天然的排斥性。在法治国家，司法是解决社会纠纷最基本也是最后的合法手段，它必须要求公正性，以给予人们对国家、政府、社会的安全感和信赖感，司法公正是司法的生命。而司法公正的前提，则来源于司法独立。

作为一项宪法原则，司法独立确认司法权的专属性和独立行使性，是现代法治的基石。作为一项司法审判原则，司法独立确保法院审判权的公正行使，防止法官的审判过程和结果受到来自其他政府权力或外界力量的干涉和影响。根据《世界司法独立宣言》和《国际律师协会关于司法独立最低限度标准的规则》所确立的"司法独立最低标准"，完整的司法独立概念应当包括四个不可分割的基本方面，即实质独立、身份独立、集体独立以及内部独立。[①] 其中实质独立是司法独立的核心和目标，其基本含义是指法官在履行审判职能以及制作司法判决书的过程中，只能服从法律的要求与其良心的命令。

从历史经验和教训来看，对法官"实质独立"的最大威胁主要来自行政机关、立法机关以及传媒的干涉。司法审判工作需要一个相对封闭的环境，要求与社会保持适度的隔离，相对隔绝各种公共权利、社会势力、社会情绪对法官的指令、干扰和影响，使法官能够真正依据法律和事实进行审判。此外，审判本身是一个理性判断的过程，保持冷静思维和独立判断是法官公正行使审判权

---

① 陈瑞华：《刑事审判原理论》，164页，北京，北京大学出版社，1997。

的重要保障。因而，司法独立对新闻监督具有天然的排斥性。

另一方面，传媒监督的自由性、典型性、及时性原则对司法独立具有天然的侵犯性。

第一，新闻自由是公民的一项政治权利，是宪法所规定的公民的言论、出版自由在新闻传播活动中的体现和运用。1951 年，国际新闻学会在总结新闻自由理论及实践的基础上，提出了衡量"新闻自由"的四条具体标准：采访自由、传递与报道自由、出版发行自由、批评自由。①

但当新闻用于监督司法活动时，由于司法的严肃性及司法活动在社会上的重要影响力，使得新闻自由的范围和程度受到一定的限制。不仅新闻的采访、报道和出版发行要遵照有关法律规定进行，而且要严格限制发表意见和进行新闻批评。也就是说，从事司法监督的新闻记者应比一般记者承担更重的责任，对他们而言，客观真实性原则应置于自由性原则之前予以优先考虑。

第二，传媒监督的典型性原则要求传媒从公众心理考虑，抓一些重大、疑难、复杂的案件进行报道，引起公众的关心和共鸣，形成舆论热点，最后产生万众瞩目的轰动效应。而传媒对于司法腐败和司法不公的揭露，最容易形成舆论热点，获得社会效益和经济效益。在利益的驱动下，很多传媒会不惜代价追逐司法问题，从而自觉不自觉地对司法独立构成侵害。

第三，传媒监督的及时性原则虽然有利于对被监督者产生最大限度的威慑，从而收到明显的监督效果，但对司法活动的新闻监督应根据当时当地的客观情况，选择最合适的时机。如果在审判尚未终结时过早报道，就可能会对法官造成一定的舆论压力，影响法官独立公正地作出裁决。

（二）传媒监督司法的规范操作

规范操作的传媒监督是实现司法公正的推进器，它的作用在于将司法活动的客观表现形式以及实现司法活动的法官或组织在这些活动中的行为通过传媒报道的方式披露于社会，从而一方面促使司法机关自律；另一方面促使相应的监督机关达到对司法机关的监督。

但在当代中国，传媒对司法的监督作用并未得到完全的发挥，其原因主要有两点。

第一，司法功能严重缺失。由于中国沉淀了太多的封建法制残余，保留了过强的人治传统，特别是经历过一场"彻底砸烂公检法"的法律虚无主义的摧残，公众的法治精神和法制观念极为淡薄。尽管当前随着社会的转型和经济的

---

① 何梓华：《新闻理论教程》，107 页，北京，高等教育出版社，1999。

发展，司法制度正在重建之中，以逐步确立起它的尊严，但其本身设计和执行上存在的漏洞又滋生着严重的腐败。司法不公使人们对通过司法寻求正义产生了极大怀疑，甚至失去了信心。因此，人们往往寄希望于公众舆论来维护自己的权利，甚至出现了"找法院不如找媒体"的悖论。

第二，传媒角色的错位。与西方国家的传媒不同，中国大多数传媒都具有官方或半官方的性质。作为党和人民的"喉舌"、重要的"宣传工具"，传媒具有很强的政策导向性，一些即将进入司法程序或正处于司法程序中的未决案件，经其具有倾向性的报道评论后，就为最终审判的结果定下了基调。不仅如此，在中国，如果传媒依托强大的政治权威，便具有解决纠纷的能力，所谓"舆论干预司法"并不是传媒本身越权直接影响司法审判，而是人治权威对司法独立的法治原则的一种破坏。

禁止"传媒审判"是国际新闻界的共识，因为这种报道方式干扰司法独立，影响审判公正。在中国，忽视司法独立、实行舆论审判的积习很深。有些传媒报道为追逐经济利益，不顾客观真实等新闻报道的基本原则，甚至故意制造"卖点"，出现了很多不良倾向。

事实上，传媒与司法之间应保持合适的距离，使两种不同的价值和利益之间实现一种平衡。只有这样，才能既保障公众对司法的知情权、监督权，又保证司法的独立性与公正性。传媒在监督司法的过程中，需要规范其操作，具体而言有以下几点：

1. 应将传媒对司法的知情权与监督权法制化

世界各国的法律在给新闻自由以足够空间的同时，为避免由于这种自由的滥用而损害司法公正，均对新闻自由加以必要的法律限制，并对干扰公正审判的行为给予惩罚。如有的国家在宪法中规定新闻自由的同时，还明确规定了不得干扰审判独立的条款。

此外，各国的新闻职业道德自律规则也对司法报道活动作出了详尽的规范，这些法律规则均旨在防止传媒监督与审判独立之间可能产生的冲突，体现了各国对新闻自由和司法独立的相互牵制与平衡。

法律应设定传媒介入司法的空间，具体可包括：第一，对司法机关内部建设和司法人员非职务行为的监督，尤其是对其非法行为的批评。第二，对司法机关、司法人员职务行为的监督。第三，对干预司法机关独立审判的外部势力的监督。第四，公正客观地展示人民法院的审判过程，查阅和报道依法应予以公开的司法文书，如已审结的案卷。第五，配合司法形势，积极地从不同角度报道一些有教育意义的典型案例。

2. 树立司法权威

为保持司法与传媒的合理距离，应致力于树立司法权威，加快司法体制改革，使司法公正、司法独立在制度上得到保障，尤其是应致力于司法队伍素质及专门化程度的提高。以美国为例，美国就很注重维护司法权威，如 1963 年利多诉路易斯安那州案，因为审前报道有损公正审判，有罪判决被推翻，而涉及此案传媒报道的形式是当地司法行政官电视"采访"被告，在"采访"中被告承认抢劫银行、绑架和谋杀。联邦最高法院在裁决此案时认为，由于预审和审判程序被摄制为电视和电影节目，给陪审员、法官、证人以及被告人本人均造成心理影响，因而这样的报道剥夺了被告的公正审判权。中国的司法制度与英美法系国家虽不相同，但可以借鉴其合理因素。

3. 规范传媒介入行为

一方面，法官有责任严格控制法庭和法院所处的环境以确保传媒不干预公开审判，如法院可以通过依法推迟案件审判直到偏见的危险消除，或同意变更审判地点，改变管辖法院，隔绝证人或警告证人在作证前不要听从传媒对诉讼的报道，甚至发出限制性命令，限制案件所有当事人向传媒作出带有倾向性的陈述。另一方面，限制传媒对待决案件公开的非法律性质的评价讨论。

第一，对于正在侦查、起诉或审理的案件，以及尚未作出终审判决的案件，传媒不得超越司法程序抢先报道，更不得发表具有倾向性的评论，对司法机关的审判活动施加压力。

第二，传媒对报道的案件进行评论，应坚持客观公正原则。所谓客观公正，是指传媒主体一方面要本着职业道德和良心对监督的对象做如实报道，尽量保证不出差错；另一方面要避免有倾向性的报道。这是因为，一旦传媒的报道呈现激扬澎湃的轰动效应，极易导致大众对司法的声讨，从而迫使司法机关为满足"民意"而作出"安慰审判"，这种审判显然不是纯粹以事实为依据、以法律为准绳的独立公正的审判，这同样是不公正、不独立的，而且这种不公往往有更大的隐蔽性。

第三，不得对司法人员进行恶意的人身攻击和人格侮辱，不得故意捏造事实歪曲报道。否则，将要承担相应的法律责任。

第四，传媒自身也要加强管理、廉洁自律，扫除有偿新闻等腐败现象。同时，还需要提高新闻从业人员的综合素质和监督水平。

第二节 司法独立与"传媒审判"

一、司法独立的要求

司法独立，也是国际公认的基本法治原则。其作用在于保证司法机关审理案件的客观、公正、廉洁、高效，防止国家权力过分集中而造成滥用权力。中国《宪法》第一百二十三条规定："中华人民共和国人民法院是国家的审判机关。"第一百二十六条规定："人民法院依照法律规定独立行使审判权，不受行政机关、社会团体和个人的干涉。"这表明人民法院是中国唯一的审判机关，而且这也是关于司法独立的一条宪法根本法原则。司法独立，即司法权独立行使，是指司法机关在办案过程中，依照法律规定，独立行使司法权。它要求国家司法权只能由司法机关统一行使，其他任何组织和个人都无权行使此权利，司法权只服从于法律，必须严格按照法律规定的条文和程序办事，准确适用法律。法官独立是司法独立的一项重要内容，这是世界上大多数国家所公认的准则，中国签署的《公民权利和政治权利国际公约》也明确了法院内部实行法官独立审判原则。

当然，司法独立决不意味着司法权可以不受任何监督和约束，"如果司法独立仅仅意味着法官听凭自己的喜好决定案件，不受其他官员的压力，那么，这样一个独立的司法机构显然并不会以公众利益为重；人民也许只是换了一拨子暴君而已"①。不受监督和约束的司法权力必然导致腐败，而"阳光是最好的防腐剂"。通过传媒监督，如通过电视直播的方式全程报道，将法庭的审判过程置于公众眼球之下，对庭审进行监督，不仅有法制宣传的作用，而且也更有利于增强法院的公信力。辛普森案主审法官兰斯·伊藤就曾指出："如果你将摄像机排除在法庭之外，那么你就在一定程度上向公众隐藏了事实。"所以，我们可以采用直播的方式，进行传媒监督。这种直播通常是对于法庭审判的报道，而不是单纯为了追求收视率、点击率，胡编乱造的"传媒审判"，只有将传媒监督与媒介审判严格区分，才能确保司法独立在传媒监督下得到真正的实现。

二、"传媒审判"的定义

"传媒审判"，最初是西方新闻传播法中的一个概念，指传媒超越司法程

---

① ［美］理查德·A·波斯纳：《法理学问题》，苏力译，8 页，北京，中国政法大学出版社，2002。

序，在法庭判决前对案情作出判决，对涉案人员作出定性、定罪、定刑期或胜诉、败诉等结论的现象。①

在中国，传媒曾被当做阶级斗争和专政的工具。在当时，传媒可以凌驾于司法之上，直接宣布他人罪名并实行"专政"，"传媒审判"在那个时候也达到了登峰造极的地步。最著名的就是 1955 年"胡风反革命集团"冤案，当时报纸以"关于胡风反革命集团的材料"为标题公布了胡风的私人通信，判定胡风和其他相关人员都是反革命分子，然后就对他们实行了逮捕，而正式判决的作出则是十年之后，在"反右"扩大化和"文化大革命"中，这种先由报纸定性，然后采取"专政措施"的做法变成了一种惯例。随着民主法制化的推进，这种背离现代法制原则、践踏公民民主权利的做法遭到了摒弃。

大众传媒时代，"传媒审判"背后的政治操纵已不再是主要动因，但由于新闻工作者对舆论监督功能的理解和操作不当，便使其成为对司法独立原则的严重威胁。传媒超越司法程序的报道，往往会对事实进行过于夸张、片面甚至失实的表述。此外，他们还会利用煽情主义的文风进行渲染，从而激起公众同情或憎恶的极端情绪。甚至有些传媒为了达到更好的传播效果，不惜采取"炒作"的方式，即由诸多传媒联动"作战"对案件进行单向度的宣传，使得"沉默的螺旋"效应巨大，相反意见被压制，从而形成巨大的舆论压力。这种巨大的舆论压力，常常会左右办案人员对案情的判断，最终很可能导致错案。《中国新闻工作者职业道德准则》明确规定："对于司法部门审理的案件不得在法庭判决之前做定性、定罪和案情的报道；公开审理案件的报道，应符合司法程序。"

三、传媒监督的职责和界限

传媒监督，作为司法监督体系中的重要监督力量，有着自身的优势，它涉及面广、影响性强、震动力大、透明度好、反应迅速、易取得轰动性效应，最能体现社会监督的广泛性、公开性、民主性、效率性。

传媒监督的主要职责就是"曝光"。传媒通过报刊的出版、电台电视台的播放、网络的及时跟进，发表意见和进行批评，以达到监督的目的。

传媒的真正使命并不是维护司法公正，新闻的典型性原则要求传媒从社会公众心理角度出发，抓住典型、重大、疑难、复杂案件进行报道，引起公众的关注和参与，形成舆论热点。传媒的"曝光"，不仅满足和维护了公民的知情

---

① 陈绚：《新闻道德与法规——对媒介行为规范的思考》，249 页，北京，中国大百科全书出版社，2005。

权，而且在其行使监督权的过程中，也宣传了相关的法律知识。《今日说法》、《天网》、《法律讲堂》等法制节目，正是通过报道事件真相和揭露有关问题，得到了受众的广泛关注和好评。

传媒监督司法的合理界限就是：传媒不能够通过炒作尚未受理或者正在审理的案件，歪曲事件真相，丑化人民法院和法官，侵犯和干扰法院的独立审判，侵犯司法的独立性，尤其是法官审理案件的自主性；传媒不能够误导公众，对法院和法官施加负面的舆论压力而形成"传媒审判"局面。

当然，传媒可以对案件及法院的审判过程进行报道，但是不可以在报道过程中带有倾向性。因为"传媒审判"很可能会给司法机关或者法官带来不应有的压力，从而使传媒而非法院成为案件的裁判者。

四、"传媒审判"的后果

传媒监督司法的主要目的是为了防止司法腐败，而在传媒的过度监督之下，往往会为法院审判造成两难的局面：按照法院自己的意志得出公正的判决还是在传媒舆论压力下满足民众要求的"传媒审判"？造成这种困境最重要的根源就是"传媒审判"。不少传媒热衷于对一些法院未审理的案件加以报道，且带有很大的感情色彩和极强的煽动性。这种因利益驱动而丧失最基本的职业道德，采取错误的舆论导向，通过传媒给法院施加压力，给法官设置障碍，严重影响了审判权的独立行使。

此外，由于中国当前的审判机关尚缺乏足够的威信，还无力完全抵制来自社会大众的舆论压力。多数法官惧怕自身的职位没有保障，只要遇到稍微敏感的案件，传媒的报道引起社会关注，在量刑时就有一种宁"左"勿"右"的心理，为了保住自己的职位，从而从重判决。以"许霆案"为例：许霆还是那个许霆，法院还是那个法院，一审的无期到二审的五年有期徒刑，都是适用《刑法》第六十三条第二款的规定，法院为何不在一审时适用《刑法》该条，直接判处许霆有期徒刑五年，非要等到传媒掀起舆论浪潮时才适用此条？这表明司法本身受到压力时的反应和与许霆经不起诱惑一样，缺乏威信的司法倾向于选择作出承受外界压力更小的裁判。继而，就容易产生公众对于司法的不信任，如此的恶性循环，使得司法的权威受到挑战，法治社会的构建将更加困难重重。

第三节　传媒监督与司法独立的平衡

传媒监督与司法独立都是宪法原则，维护司法独立、反对"传媒审判"不是不要对司法进行监督，而传媒监督也不意味着传媒可以干预司法。在两者之间要有一个合理的平衡。

一、平衡的基础

尽管传媒监督与司法独立存在对立关系，但二者并非不可调和，二者内在统一于司法公正。司法公正与否，给人们带来的影响和作用是巨大的。培根说过："一次不公正的判决其恶果甚至会超过10次犯罪，犯罪是冒犯了法律，好比污染了水流，而不公正的审判则毁坏了法律，好比污染了水源。"这充分说明司法公正在现实生活中的重要性。但在实践中，司法公正必须以司法独立为前提，以司法公开为条件。

一方面，司法公正呼唤司法公开。当前，广大公众呼吁以公开促进司法公正。传媒正是展现司法程序的中介，是司法公开的实现手段。通过传媒对案件的客观报道，可以使公众了解司法程序的具体运作，使司法的公正以看得见的方式实现。另一方面，司法独立是司法公正的前提条件。司法公正是司法独立的价值目标，司法独立为司法公正提供了前提保障。司法独立意味着司法机关可以根据自己内心判断，理性地排除不当影响，而作出正义的裁决，以实现司法的公正。

综上所述，如果说司法独立是司法公正的内部保障的话，那么传媒就是司法公正的外部保障；如果说司法独立为司法公正提供技术性的保障，传媒监督则是司法公正的防腐剂。二者追求的目的是一致的，因此，二者存在协调发展的可能性。

二、平衡的制度构建

传媒的公开报道对匡扶正义、维持社会秩序起了不容忽视的作用；司法机关是定纷止争、实现社会公正的合法手段。在此共同目标之下，必须合理构建二者的关系，以实现新闻资源与司法资源的优化配置。

（一）规范传媒对司法的监督，实现新闻自由的制度安排

1. 明确新闻报道的范围

任何自由都是有一定限度的，只有在法律规定的范围内行使权利才能实现真正的自由，新闻自由也不例外。英国就对案件报道的内容进行限制，如对涉及国家安全、儿童、性犯罪等案件予以限制。因此，新闻报道至少要受到来自公法与私法两方面的监督，公法方面包括国家安全、国家秘密等；私法方面如名誉权、隐私权等。具体来说，新闻报道的内容不得涉及国家秘密、国家安全、商业秘密、个人隐私、未成年人犯罪、性犯罪中涉及的被害人的情况及离

婚案件中夫妻双方的隐私等。以避免传媒的不当报道，披露当事人的隐私，出现"新闻侵权"现象。

2. 建构传媒的公开报道与司法监督的衔接机制

传媒在监督司法机关及其工作人员时，必须建立二者的中介机构，实现舆论监督向法律监督的转化，从而避免双方冲突的加剧。应当以法律的理念和司法的精神来协调新闻自由与司法独立问题，从制度上保证传媒向权力机关、检察机关反映民意的渠道，实现由传媒监督向人民代表大会监督、检察院监督的转化，由法律监督机关进行深层次的、符合法律程序的追究与处理。

3. 加强行业自律

目前，中国新闻法规尚不健全，传媒应通过自律规范来约束自己的行为。在美国，有关的传媒行业的协会很多并且制定了许多详细的条款来约束从业人员，如 1911 年制定的《报人守则》、1923 年美国报纸编辑人协会制定的《报业信条》等。在英国，传媒行业自行成立了"新闻投诉委员会"，并针对传媒工作制定了第一个《行业自律标准》来加强行业的自律。在中国，也存在着传媒自律组织，如各省市记者协会等，但是这些组织较为松散，发挥的作用不大。

中国的传媒必须通过自律机制提高自身的法律素养，引进专门的法律人才，对于即将发表的涉及司法案件的文章可以进行事先审查，提高传媒对案件报道的专业化程度。同时，借鉴英国的做法，成立一个"新闻委员会"，为新闻纠纷迅速裁决提供场所。

4. 建立传媒责任追究制

英国颁布的《蔑视法庭法》针对新闻记者设立了"蔑视法庭罪"。美国也有类似的规定，但二者适用的标准不同。英国的适用标准为"只有那些严重妨碍或误导司法程序的危险的言论才构成蔑视罪"。美国在蔑视法庭之诉上采取的标准较英国严格，即"明显而现实危险"规则，这一标准相对于英国标准的"妨碍或误导"字眼更为谨慎。中国可以借鉴国外的做法，也就是当传媒带有明显倾向性的报道影响公正裁决时，可以追究那些严重危及司法独立的新闻记者与传媒的责任，如取消记者的从业资格、罚款等强制措施。

（二）司法机关保障新闻自由、维护司法独立的制度构建

1. 司法机关对传媒负有必要的宽容义务

现代意义上的审判是独立的审判，但不同的声音是法官保持理性的前提，因此，独立审判不得排斥传媒的正当报道。正如王利明先生在谈论有关新闻报道轻微失实的问题时认为，法律应当优先保护新闻权利，而公民有义务忍受轻

微的人格损害。他主张为了保障正当的舆论监督，应当在法律上建立一种忍受轻微损害的义务。① 可见，在私权领域对传媒的报道况且能容忍，而代表国家公权力的司法机关更应有能力及实力宽容地对待传媒。司法机关给予传媒的便利应包括以下几个方面：

第一，对于一般的公开审理的案件，法院应当允许传媒采访；

第二，传媒为报道社会重大影响案件时，法院应提供必要的配合，如允许查阅卷宗等；

第三，法院的政治处可采取建立新闻发言人制度等方式，与传媒进行沟通与交流；

第四，以宽容的态度对待新闻工作者。

2. 建立庭审准入制度

多数国家是允许传媒对庭审过程进行现场直播的，除了日本。在中国，虽然允许传媒对公开审理案件进行报道，但由于缺乏必要规范，常导致负面影响，如出现专家审判的现象。因此，有必要借鉴美国做法，引入法庭准入制度，建立中国的庭审准入制，对传媒的工作进行规范。庭审准入权的概念来源于经济法的市场准入。庭审准入是表明传媒在对法院公开审理的案件进行直播之前，必须取得法院同意的一项制度，是实现司法公开的一项制度性保障。该制度的运作程序是：传媒在法院公开庭审的公告发出后提出申请，由法院的政治处或研究室予以审核并在规定的时间内作出答复。若传媒的申请遭到拒绝，还可以在规定的时间内申请复核。通过法院授予传媒庭审准入权，法院可以合理地限制传媒进入或接近法院的人数、时间、地点等。当然，法庭在授予庭审准入权之前应事先征得当事人的同意，这样可以避免当事人当庭要求记者回避所带来的资源浪费。

3. 设计防止传媒报道侵害司法独立的程序

司法判决与传媒报道是两种性质截然不同的评判活动，为避免司法受传媒的干扰和影响，可以借鉴美国的做法，设计一套专门的程序使司法机关与传媒保持一定的距离。具体如下：

第一，采取"冷处理"的方法，即延期审理。在美国，如果案件在审判之前存在传媒过分的报道，法官可以推迟数周乃至数月，直到公众对传媒的报道逐步淡忘，才开启审判程序。

---

① 刘国瑛：《新闻传媒——制衡美国的第四权力？》，159～163 页，长沙，湖南教育出版社，2002。

第二，改变判决地点。一般而言，传媒对本地的案件较为关心。美国联邦法院规定，州法院审理的案件可以在本州易地进行。在中国，可以经由当事人的申请由上级法院重新指定管辖，进行异地审理。

第三，隔绝或变更法官。让法官远离传媒，是防止传媒过分渲染影响司法独立的有效措施。

当然，世间没有绝对的新闻自由，也没有绝对的司法独立，其权利的行使必须有明确的界限，才能充分发挥各自的优势。关于如何协调与平衡二者的关系，是一个不断调整的动态的过程，需要结合具体国情作出正确的价值取向。

案例及评析

【案例】 "刘涌案"

刘涌，原沈阳嘉阳集团董事长。2000 年 7 月 11 日被沈阳市公安局刑事拘留，同年 8 月 10 日经沈阳市人民检察院批准逮捕。经上级司法机关指定，辽宁省铁岭市人民检察院于 2001 年 8 月向铁岭市中级人民法院提起公诉，指控被告人刘涌。2002 年 4 月 17 日，辽宁省铁岭市中级人民法院对刘涌案公开宣判，刘涌被以组织、领导黑社会性质组织罪，故意伤害罪等多项罪名一审判处死刑。刘涌不服一审判决提起上诉。2003 年 8 月 15 日，辽宁省高级人民法院对刘涌案公开宣判：撤销原一审判决中刘涌的死刑判决，将原判决中刘涌故意伤害罪的死刑判决改为死缓。2003 年 10 月 8 日，最高人民法院作出（2003）刑监字第 155 号再审决定，以原二审判决对刘涌的判决不当为由，依照审判监督程序提审本案。12 月 18 日，最高人民法院在辽宁锦州开庭对此案进行审理。20 日最高人民法院作出判决，并于 22 日宣判刘涌死刑，并当日执行死刑。

【评析】

"刘涌案"既是一起刑事案件，也是一起重大公共事件，在中国的法治进程中也是一个标志性事件。被告人由死刑到死缓，再到死刑，因为一波三折、异乎寻常的过程，备受世人关注，并为众多传媒持续报道，引起了一场震荡全社会的舆论风暴。传媒对此案件的报道分五个阶段：

第一，一审公开宣判之前。2001 年 1 月 19 日，距刘涌一审被判处死刑前一年多，新华社发出《沈阳"黑道霸主"覆灭记》电讯稿。随后，在 4 月 25 日，又播发《"黑道霸主"刘涌是如何"当"上人大代表的？》的电讯稿。许多传媒纷纷转载这两篇电讯稿，在社会上引起了强烈的反响。

第二，铁岭市中院一审判决之前。案发后，在对刘涌的审判过程中，各大传媒竞相报道，《辽沈晚报》、《华商晨报》、《工人日报》、《中国青年报》等众多报刊和新华网、中国新闻网以及新浪、搜狐等门户网站，先后报道了沈阳公安机关及检察机关对刘涌案在侦查、起诉等各个阶段和环节的情况以及公安机关披露的刘涌犯罪集团的种种犯罪事实，使受众对此案有了更为详细的了解。

第三，一审判决之后至辽宁省高院二审判决之前。2002年4月17日新华网报道，刘涌一审被判死刑。之后，《工人日报》、《北京青年报》、《华商报》等平面传媒和中国新闻网、新华网、新浪网等网络传媒，纷纷报道刘涌罪恶的发家史，解析刘涌黑社会性质组织的发展历程，揭露有关官员充当刘涌保护伞和公安机关顶着阻力排除干扰侦办刘涌案的种种内幕，使关于刘涌的信息更加丰富，提高了受众对此案的关注度。2003年3月召开的全国人民代表大会上，最高人民检察院负责人还特别将马向东充当刘涌黑社会保护伞的这一个案作为检察机关重拳反腐的典型向会议作了报告，并被传媒广泛报道。

第四，二审判决之后至最高人民法院再审判决之前。2003年8月16日，有关传媒报道了刘涌二审被改判死刑缓期二年执行和其团伙成员宋健飞被判死刑并被押赴刑场执行死刑的消息。此消息一经传媒披露，旋即在互联网上引起了众多网民的关注。很多网民发表热评质疑法院的判决。《悲愤：刘涌改判死缓，公理良心何在？》一文对刘涌改判缓期表达了强烈的疑问，在短短数天时间内，即有两千多人跟帖。社会上掀起了对此的质疑和种种猜测之风。8月22日，李曙明在《外滩画报》发表评论文章，质疑辽宁省高院将刘涌由死刑改为死缓，引起了更大的舆论。该文一发表，即被网络传媒广泛传播，仅在新浪网的讨论区，短短几个小时内就有数千网民就此事发表评论，其中大多是对辽宁省高院的判决表示质疑，甚至喊出"刘涌不死，则正义必亡"的呼声。2003年9月3日，传媒报道，最高人民法院对受到舆论广泛关注的刘涌一案高度重视，并抓紧对此案的审查。2003年12月18日，湖南红网率先报道，最高人民法院将在辽宁公开审理刘涌案。

第五，再审判决之后。2003年12月22日，最高人民法院再审判处刘涌死刑立即执行。最高人民法院判刘涌死刑并予执行后，民众一片欢呼。

从刘涌案可以看出，传媒将舆论监督的权利运用得淋漓尽致。传媒在法院判决之前的很多报道中，已经将刘涌描绘成一个罪恶累累、死有余辜的罪犯。尤其是在刘涌被判死缓的阶段，传媒从各个方面对其进行报道，民众在互联网上也竞相发表各种评论。在传媒舆论的引导下，民意很可能被引入一个非理性的轨道，从而掀起"一般性杀刘舆论"的巨大浪潮。迫于强大的舆论压力以及其他方面的原因，最高人民法院再审该案，判处被告死刑，并立即执行。该消息经过传媒报道后，民众一片欢呼，很多人认为这是法律、正义和舆论监督的胜利。然而还有一小部分质疑的声音，刘涌被判死刑的结果，传媒的报道是否间接地影响了案件的最终审判。正如一位学者所言："刘涌很可能死得并不冤枉，但他的死亡之路上却掺杂了太多法律之外的东西，我们不知道这其中有多少次的'负负得正'。但每个'负号'，都意味着法治遭到了漠视，难道我们就该为这个最后的'正号'欢呼吗？"

第八章 新闻传播与人格权

第一节 新闻传播侵犯人格权行为

一、人格权的定义及特点

人格权是指以主体依法固有的人格利益为客体的，以维护和实现人格平等、人格尊严、人身自由为目标的权利。人格权是法律赋予自然人和法人所固有的为维护自己的生存和尊严所必须具备的人身权利。具体包括主体的人身自由、人格尊严、生命、健康、姓名或名称、名誉、肖像、隐私等权利。依照中国法律规定，法人作为拟制人，享有名誉权、名称权等人格权。人格权是人权的重要内容，人格权属于绝对权。人格利益不具有直接的财产内容，多体现为一定的精神利益。

人格权的特点：第一，人格权是民事主体依法享有的权利。第二，人格权是主体固有的权利。所谓"固有"，是指权利主体一经产生（出生或成立）即已取得这种权利，而无须具备其他条件。第三，人格权的客体是民事主体所享有的人格利益。第四，人格权的目标是维护和实现身体完整、人格尊严、人身自由。

二、新闻传播与人格权保护相互关系

作为一个法律概念，法律保护合理限度内的新闻自由，允许新闻媒体在法律的保护伞之下正常运作。借助于新闻传播的舆论宣传、舆论监督以及协调社会的功能，一方面，通过新闻传播活动，无论是新闻工作者还是普通老百姓，可以自由地获取新闻、交流信息，表达自己的感想、见解，发表意见，实现社会成员的信息知情权和自由表达权的统一。同时借助于新闻报道广泛的舆论影响力，确实能提升一部分人的声望和地位，起到一般舆论宣传不可比拟的效果。另一方面，新闻自由权利的行使虽以客观、真实、准确为前提，但由于新闻报道或多或少地带有传播者自己的价值取向，总会涉及对他人的评价，而由于新闻传播活动过程环节多、时间短促、专业性强，不可能完全避免过失。此外，一部分新闻媒体为实现本部门的经济创收，利用行业特点和手中的资源，只注重"卖点"，过于强调新闻媒体的娱乐性质，而忽视自己的喉舌作用和他人合法权益，其结果就是造成了近年来新闻传播侵权行为的高发生率。因此，

新闻传播与人格权既相互联系，又有冲突。

若法律特别强调对公民人格权的保护，则必须适当限制新闻工作者在从事新闻传播活动方面的某些自由；若法律对新闻传播活动可以充分保护，则必须对新闻传播侵犯人格权的行为予以容忍，法律必须限制受害人提出的请求。于是新闻传播与人格权保护之间的复杂关系不言而喻，而法律必须在两者之间作出平衡。

三、新闻传播侵权行为和新闻传播侵权法

（一）新闻传播侵权行为

新闻传播侵权行为，是指新闻媒体和新闻工作者通过新闻传播媒介对公民、法人或其他组织的人格权造成不法侵害的行为。它所侵害的是人格权中的精神性人格权，或称人格尊严权。广义的新闻传播侵权行为包括新闻传播侵犯名誉权、隐私权、肖像权、姓名权（名称权）、荣誉权等一切可能发生的行为；狭义的新闻传播侵权行为仅仅指新闻传播侵犯名誉权，并将隐私权纳入其中。在国际媒介法中，涉及人格保护的主要是诽谤法和隐私权法。大众传播活动不得毁损他人名誉和暴露他人隐私是公认的两大不当发表。

（二）新闻传播侵权法

新闻传播侵权法是指有关新闻传播侵权行为的定义、构成以及调整因新闻传播侵权行为而发生的社会关系的法律规范的总称。新闻传播侵权法是侵权行为法的组成部分，又是媒介法的重要组成部分。新闻传播侵权法包含保护言论、出版、新闻自由的法律和保护人格权的法律，在人格权法中，又包含关于保护人格权行为的一般规定和约束大众传播媒介维护人格权的特殊规定。

（三）中国新闻传播侵权法的渊源

中国新闻传播侵权法的渊源十分广泛，在中国宪法以及各基本法律、法律和一些专门的行政法规、规章，都有适用调整新闻传播侵权行为的社会关系的规定。

1. 宪法

《宪法》第三十八条规定："中华人民共和国公民的人格尊严不受侵犯。禁止用任何方法对公民进行侮辱、诽谤和诬告陷害。"此外，《宪法》还规定公民的人身自由不受侵犯，公民的住宅不受侵犯，公民的通信自由和通信秘密受法律保护，婚姻、家庭受法律保护。

2. 基本法律、法规

（1）民法

《民法通则》列有"人身权"专节，对公民的姓名权、肖像权、名誉权、荣誉权、人格尊严和法人的名称权、名誉权作了规定，并分别规定"禁止用侮辱、诽谤等方式损害公民、法人的名誉"。还规定公民、法人上述权利受到侵害的，有权要求停止侵害、恢复名誉、消除影响、赔礼道歉，并可以要求赔偿损失。

根据《民法通则》以上规定慰问团出的司法解释，最重要的有：1988年最高人民法院《关于贯彻执行民法通则若干问题的意见（试行）》（以下简称《意见》）；1993年最高人民法院《关于审理名誉权案件若干问题的解答》；1998年最高人民法院《关于审理名誉权案件若干问题的解释》。1988年《意见》对侵害名誉权、肖像权行为作了具体解释，并首次规定宣扬他人隐私损害名誉应认定为侵害名誉权行为。

（2）刑法

1979年《刑法》和1997年《刑法》都规定了以侵犯名誉权和人格尊严为客体的侮辱罪和诽谤罪。1997年《刑法》还规定了两种特殊的诽谤罪和侮辱罪，即损害商业信誉、商品声誉罪和出版歧视、侮辱少数民族作品罪。关于侵犯公民住宅、侵犯公民通信自由和通信秘密的犯罪，《刑法》也有相应的规定。

（3）行政法

如2005年《治安管理处罚法》对尚不够刑事处罚的侮辱、诽谤行为，非法侵入他人住宅和偷窥、偷拍、窃听他人隐私的行为规定了行政处罚。

（4）其他法律中的有关规定

如《广告法》就广告使用他人名义、形象（包括肖像）作出规定；《未成年人保护法》、《预防未成年人犯罪法》就保护未成年人的人格尊严、个人隐私作出规定；《妇女权益保障法》就保障妇女的人格尊严和名誉权、荣誉权、隐私权、肖像权作出规定；《消费者权益保障法》、《监狱法》、《老年人权益保障法》、《残疾人权益保障法》等，也有保护相关人员的人格尊严或名誉权的规定；《统计法》、《收养法》、《商业银行法》等，有对相关的个人秘密事项或隐私加以特别保护的内容；《母婴保健法》、《执业医师法》、《律师法》等，对特定工作者有为当事人保守秘密隐私的规定；《反不正当竞争法》特别就经营者不得故意损害竞争对手的商业信誉、商品声誉作出规定；还有民事、刑事和行政案件的三个诉讼法中关于隐私案件不公开审理的规定，是较早的保护个人隐私的规定。

3. 行政法规

关于保护公民言论出版自由的具体规范，目前只有行政法规《出版管理条例》中有关于出版自由的规定。关于保护人格权的内容，《出版管理条例》利《电影管理条例》、《广播电视管理条例》等行政法规均把"侮辱、诽谤他人的"内容列为禁载禁播，并规定了相应的行政处罚办法。其他行政法规也有对侵犯人格权行为行政处罚的规定。《出版管理条例》还规定了出版单位对侵权内容的更正义务和侵权内容的当事人的更正权和答辩权。2000 年 10 月国务院发布《互联网信息服务管理办法》，规定互联网信息服务提供者不得制作、复制、发布、传播的信息包括"侮辱或者诽谤他人，侵害他人合法权益的"，发现后立即停止传输，保存有关记录，并向有关部门报告，还规定了处罚办法。

4. 地方性法规

各省、直辖市、自治区和其他有立法权的行政区域所制定的地方性法规，有的是规范新闻、出版、广播、电视等大众传播媒介的，有的是关于保护未成年人、妇女、老年人等特定人群的合法权益的，其中有关内容也可以成为中国新闻传播侵权法的渊源。

5. 规章

国家新闻出版行政管理部门即新闻出版总署、国家广播电影电视行政管理部门即广播电影电视管理总局、国家广告行政管理部门即国家工商管理总局以及其他国家行政管理部门制定的有关规章，涉及管理相关大众传播活动，保护人格权，禁止诽谤、侮辱和侵犯隐私的条款，也是中国新闻传播侵权法的渊源。

（四）新闻传播侵权行为的构成要件

侵权行为是指对他人（自然人和法人）的合法权益的不法侵害行为。按照民法理论，民事侵权行为必须同时具备四个要件：一是损害事实的客观存在；二是致害行为的违法性；三是致害行为和损害事实的后果之间存在因果关系；四是致害人主观上有过错。

1. 传播活动已经发生（如作品已经发表）

在法理和司法实践上都把侵权作品已经发表（刊登或播放）作为大众传播侵权行为的损害事实的依据。言论性的侵权行为必须有受害人之外的至少第三人知悉。侵权作品没有发表，不发生任何社会影响，谈不上对他人权利的侵害。大众传播媒介的影响力是公认的，所以对自然人来说，侵权作品通过大众传播媒介发表就足以表明损害事实已经发生，而无须再提出侵权作品造成诸如社会公众对受害人评价降低等其他的损害事实。

侵权作品发表后，社会公众对受害人的贬损性议论以及周围的人们对受害人疏远、排斥、蔑视或引发家庭不和、朋友误解等表现，是大众传播侵权行为的损害事实直接引起的后果之一。受害人精神痛苦、可能造成受害人的财产损失，是侵权损害事实造成的另一种后果。

2. 传播活动具有侵害他人人格权的违法性

致害行为的违法性，是侵权构成的又一要件。违法行为就是法律所禁止的行为。有的致害行为如执行职务行为、正当防卫、紧急避险等，无须为法律规定的范围内的损害事实承担法律责任，因为这些行为是合法的。法律既然规定了名誉权、肖像权等人格权利，那么侵害这些权利的行为当然违法的。国际上认为，诽谤法就是在保护议论自由和名誉寻求合理的平衡。按中国法律，被明文禁止的行为有诽谤、侮辱以及宣扬隐私。

3. 具有特定的指向

新闻传播侵权行为一定是有特定指向的，也就是可以被指认。为叙述某一特定人的，只报道或者评论事件、现象，或者泛指某方面的情况，也会发生失实和其他错误，但并未侵害特定人的权益，就不是侵权作品，如有文章称"现在的医生不负责任"、"他们单位的领导有的是外行"等，就属此情况。但是，如果侵权作品中虽没有指名道姓，但内容中的特征和背景情况等足以使一般人能合理推断出其所指为某一特定人时，即可构成特定指向。

4. 行为人（大众传媒及其从业者）主观上有过错

民事侵权行为的主观构成实行过错责任原则：主观有过错的承担责任，没有过错的不承担责任（法律有特别规定的除外）。过错包括故意和过失。故意有直接故意和间接故意之分。故意指行为人已近预见到传播的内容可能或肯定会对他人造成损害结果，却希望或放任这种结果的发生。希望结果发生为直接故意，放任结果发生为间接故意。

过失包括疏忽大意的过失和过于自信的过失。疏忽大意过失是指行为人对自己的行为及其可能产生的后果应当预见、能够预见而竟没有预见，过于自信的过失是指虽然已经预见但是却轻信其不会发生。

第二节　新闻传播与名誉权

传播学认为大众传媒具有授予地位的功能，即被传播者的声望和地位可以通过传播得到提高，也可能给被传播者带来负面影响。在大众传媒上非法贬低特定人的正常社会评价、损害其人格尊严，是最常见的侵害名誉权行为。

一、名誉和名誉权的概念

(一) 名誉

名誉是对特定人（包括自然人和法人）的社会评价。名誉，即名声，是社会上人们对公民的品德、情操、声望、信誉、形象、性格等方面的综合评价。

名誉具有社会性、客观性、特定性、观念性、时间性等特点。

(二) 名誉权

名誉权是公民、法人享有应该受到社会公正评价的权利和要求他人不得非法损害这种公正评价的权利。

二、侵害名誉权的对象

新闻传播侵害名誉权的对象，也就是名誉权的权利主体，即特定的自然人和法人。《民法通则》第一百零一条规定："公民、法人享有名誉权。"两者都有可能成为新闻传播侵权行为的侵害对象，都有权对新闻传播侵害名誉权行为提起权利主张。

(一) 自然人

自然人是在自然状态之下而作为民事主体存在的人。每个人从出生起到死亡止，不论性别、年龄、种族、财产、职业、社会经历、社会地位等，所具有的人格权和名誉权都是平等的。名誉权属于精神性的人格权，同生命健康权等身体性的人格权不同，名誉权受到损害的主要后果是造成受害人的精神痛苦，有时由于名誉权损害还会带来一定的经济损失。

(二) 法人

法人包括企业法人、事业单位法人、社会团体法人和机关法人。法人作为拟制人，也依法享有名誉权。法人名誉权不同于自然人纯粹的精神权利，实质上是一种具有财产内容的权利。企业法人名誉就是企业的商品声誉、商业信誉，即商誉。企业法人名誉是企业重要的无形资产，与企业的经济效益直接联系，当这种无形资产遭受损害时必定造成巨大的经济损失。

(三) 非法人组织

个体工商户、个人合伙和其他非法人的经营性组织，都是独立的经营者，根据《反不正当竞争法》有关规定，他们在经营活动中形成的商业信誉、商品声誉同样受到法律的保护。

(四) 死者

人格权始于出生，终于死亡，自然人死亡后理应不再享有名誉权。但是死者在世时的名誉还有现实影响，死者名誉受到非法损害的，其近亲属遭受精神痛苦，以致造成利益损害。1993年最高人民法院《关于审理名誉权案件若干问题的解答》规定："死者名誉受到损害的，其近亲属有权向人民法院起诉。"这条规定实际是把死者名誉视为死者近亲属的一种合法利益加以保护，同时包含了时限规定，即死者名誉保护到第三代为止。2001年最高人民法院《关于确定民事侵权精神赔偿若干问题的解释》再次重申了这个原则。

三、新闻传播侵害名誉权的主要方式

中国把侵害名誉权行为分为诽谤和侮辱两种。

1993年最高人民法院《关于审理名誉权案件若干问题的解答》作出了如下界定："因新闻报道严重失实，致他人名誉遭到损害的，应按照侵害他人名誉权处理。"并对因撰写、发表批评文章引起的名誉权纠纷，分为以下三种情况：

第一，文章反映的问题基本真实，没有侮辱他人人格的内容的，不应认定为侵害他人名誉权。

第二，文章反映的问题基本属实，但有侮辱他人人格的内容，使他人名誉受到损害的，应认定为侵害他人名誉权。

第三，文章的基本内容失实，使他人名誉受到损害的，应认定为侵害他人名誉权。

上述内容实际上规定了新闻传播传播侵害名誉权的两种方式：新闻传播的内容严重失实或基本内容失实，损害了他人名誉，这就是诽谤；新闻传播有侮辱他人人格的内容，损害了他人名誉，这就是侮辱。

（一）诽谤

在学理上通常把散布虚假事实损害他人名誉的行为称为诽谤。按照四个要件来衡量诽谤行为，要注意以下特点：

第一，陈述虚假事实。诽谤的表现形式是对虚假事实的陈述，在传播内容中仅仅是表达某种意见、情感或情绪而不涉及任何事实，如果造成损害他人名誉，那不是诽谤，而可能是侮辱。陈述事实的主要方式是语言、文字，图像也可以表现事实，但要视图像所表达的意思而定。如果图像是真的，但它所表示的意思却不符合实际情况，这样的图像新闻仍然是虚假的。

第二，有关的虚假事项涉及特定人的社会评价。一般来说，如果新闻媒介虚假地报道特定人有违法，违背道德，不称职、失职或渎职以及其他为社会所谴责或鄙视的行为举止，都会损害他的正常社会评价，足以构成诽谤。指称某活着的人已死，某健康人患有某种可憎的疾病如癌症、性病、麻风、艾滋病或精神病，也是诽谤。如果是法人，如果传播的内容对企业法人的资产实力、产

品和服务质量、经济效益等足以造成影响，这样的报道如有虚假，并且造成了损害，也属于诽谤。

第三，严重失实或基本内容失实。有关司法解释对构成侵害名誉权的虚假陈述的程度做了进一步界定：把非法侵权的界限划在新闻和批评文章严重失实和基本内容失实上，而把局部的、轻微的失实划入法律可以宽容的范围内。在新闻传播侵权行为的判定中，司法实践主张"微罪不举"，把局部的、轻微的失实划入法律可以宽容的范围内，这与新闻报道时效性有关。严重失实和基本内容失实不是量的概念而是质的概念，是指新闻和其他文章中失实的内容足以使人对有关问题的性质产生不正确的贬损性的认识这样一类失实。如果新闻失实的部分不会造成人们认识上的这种误解，就不属于严重失实或基本内容失实。

（二）侮辱

侮辱就是用辱骂和丑化的方式使人蒙受耻辱，从而使他人的整个人格和人格尊严遭到贬损。侮辱的方式包括暴力方式、口头方式和书面方式。这里的书面方式既包括文字，也包括图像。辱骂一般表现为用"非人"的言辞；丑化就是通过夸张和歪曲的文字或图像等，把特定人的形象描写得使人可憎、可恶、可鄙。对图像（主要指肖像）的歪曲表现也是一种较常见的丑化。除了用绘画来丑化他人外，在摄影录像中，由于拍摄的角度、用光以及剪裁的不当，都可以造成丑化的效果。

（三）诽谤和侮辱的主要区别

侮辱和诽谤的最后结果都是破坏特定人同社会之间正常关系，使特定人受到社会的疏远、排斥和孤立。但言论性的侮辱在方式上同诽谤有很大的不同：

第一，诽谤的主要特征是虚假陈述；侮辱的主要特征是辱骂和丑化。诽谤是散布关于特定人不良表现的虚假事实，在言辞上可能是规范而洁净的；侮辱则是以粗鄙、下流的词语或图像施加于特定人，而不一定要有特定人的行为事实的陈述。

第二，侵害客体不同。诽谤是贬低他人某一方面或若干方面的社会评价，造成名誉减损；侮辱则是贬损他人的人格和人格尊严。

第三，诽谤通常具有理性的表现形式；侮辱则是不讲道理的。

第四，诽谤造成的是公众对受害人的憎恨；侮辱造成的是公众对受害人的轻蔑。

第五，诽谤所散布的事实真假难辨，往往不胫而走，使受害人百口莫辩；侮辱所使用的词语或图像毫无修饰，一目了然，因而容易识别。

第六，诽谤既有故意的也有过失的，如因为采访不深入、听信了一面之词、审稿不严等导致；侮辱是故意的，主观上具有恶意。

四、新闻传播侵害名誉权的抗辩和排除

国际新闻界认为诽谤法就是在言论自由和人格权之间谋求某种平衡。对于新闻传播诽谤指控的抗辩，体现了为维护言论自由、新闻自由而对他人名誉权予以适度的抑制。中国新闻界和司法界形成一些共识，主要体现在1993年最高人民法院《关于审理名誉权案件若干问题的解答》和1998年最高人民法院《关于审理名誉权案件若干问题的解释》中。总结起来主要有真实、公正评论和特许权等。

（一）真实

关于涉讼文字内容真实的证明，是最有效的排除侵权的抗辩理由。严重失实和基本内容失实是构成新闻诽谤的一个要件，新闻真实性得到证明，诽谤自然不存在。新闻传播在面临侵害名誉权诉讼时，首先要做的就是搜集整理足以证明新闻内容真实性的证据。所谓真实，就是新闻或其他文章的内容同实际情况相符合。当然，新闻的真实要从整体上来考察。新闻是新近发生的事实报道，具有即时性和可变性。客观事实处于变动和发展之中，新闻也要随之报道这种变动和发展。如果新闻已经连续报道了某一事件的全过程，却要以最后的事实来指责先前的新闻不真实，那是没有道理的。

（二）公正评论

国际上把"公正评论"作为对新闻传播诽谤指控进行全面抗辩的重要理由。"公正评论"又称"诚实评论"，其条件是：第一，评论的事项与社会公共利益有关；第二，有可靠的事实来源（包括报章的报道）；第三，立场应当公正（但不一定客观）；第四，没有恶意。在以上前提下，即使是片面的、偏激的甚至具有诽谤性的评论，也不应追究法律上的责任。因为事实只有一个，而意见难免众说纷纭，各种意见当然有的对有的错，中国新闻传播侵权法虽然没有明确规定"公正评论"原则，但在1993年最高人民法院《关于审理名誉权案件若干问题的解答》中对批评文章引起的名誉权纠纷规定了反映的问题真实和没有侮辱人格的内容两项条件，表明评论只要是有真实的事实依据，不侮辱他人的，意见分歧同侵害名誉权没有关系。这同国际的"公正评论"原则是接近的。

"公正评论"要做到两个区分：第一，要把意见和事实区分开来。评论必须把所依据的事实交代清楚（众所周知的事实除外），意见要同事实分开表述，

不至于使公众把意见误解为事实，在意见中不应当夹杂其他事实。第二，要把词语过于激烈同辱骂、丑化区分开来。有些评论虽然不涉及事实问题，但用词造句过于偏激，引起争议，只要在合理范围内，亦应容许。

（三）特许权

按国际通行的诽谤法理论，特许权是指为了公众利益或保护个人合法权益，可以做诽谤性的陈述而无须承担法律责任。关于诽谤的特许权抗辩原则经常被运用于新闻传播诽谤案中，新闻报道的特许权利，主要是指报道官方文书和行为、公共组织及其会议的特许权，一般为有限特许权。新闻传播的有限特许权有三项原则：一是公正、准确；二是所报道事项应与公益有关；三是不具有恶意。

"特许权"实质是为新闻记者和传媒对新闻的调查核实设定一条底线，1998年最高人民法院《关于审理名誉权案件若干问题的解释》（以下简称《解释》）明确规定了新闻单位报道国家机关行为"特许权"："新闻单位根据国家机关依职权制作的公开的文书和实施的公开的职权行为所作的报道，其报道是客观准确的，不应当认定为侵害他人名誉权。"新闻单位在享受有报道国家机关行为"特许权"的同时又承担着义务，《解释》规定："报道失实，或者前述文书和职权行为已公开纠正而拒绝更正报道，致使他人名誉受到损害的应当认定为侵害他人名誉权。"中国新闻传播侵权法的特许权规定还只限于国家机关的正式文书和行为。

（四）其他

此外，对于侵害名誉权指控的常用抗辩理由还有主观无过错、没有特定指向、没有损害事实（适用法人名誉权纠纷）、平衡报道等。

五、新闻传播侵害名誉权的犯罪：侮辱罪与诽谤罪

大众传媒在传播活动中发生的侵害名誉权行为，如果其社会危害性达到一定严重性就可能构成犯罪，这就是侮辱罪和诽谤罪。这两个罪属于告诉的才处理，但严重危害社会秩序和国家利益的除外。

《刑法》第二百四十六条的规定："以暴力或者其他方法公然侮辱他人或者捏造事实诽谤他人，情节严重的，处三年以下有期徒刑、拘役、管制或者剥夺政治权利。"1998年最高人民法院《关于审理非法出版物刑事案件具体应用法律若干问题的解释》第六条规定："在出版物中公然侮辱他人或者捏造事实诽谤他人，情节严重的，依照《刑法》第二百四十六条的规定，分别以侮辱罪或者诽谤罪处罚。"

在法理上，以新闻手段实施诽谤罪或侮辱罪的行为有这样三个特征：

第一，客观上制作发表了捏造虚假事实损害他人名誉或者贬损他人人格的新闻。

第二，主观上出于直接故意。

第三，情节严重。

第三节　新闻传播与隐私权

一、隐私及隐私权的概念

（一）隐私

隐私是指个人与社会公共生活无关的而不愿为他人知悉或者受他人干扰的私人事项。这个定义包括两个方面：一是个人与社会公共生活无关的事，即所谓"私"；二是个人不愿意被他人知悉（包括被他人打听、收集、传播等）或者受他人干扰（包括侵入、窥探、摄录等），即所谓"隐"。

隐私的内容可分为：第一，私人信息。包括个人的姓名、肖像、住址、私人电话，个人的储蓄、财产状况，日记、信件、未公开的遗嘱等私人文件，个人健康状况和疾病的记录，个人社会关系的记录，等等。还有些特殊信息，如未成年人在未成年时的犯罪记录、犯罪（特别是性犯罪）受害人的受害记录等，应做隐私处理。第二，私人活动。如恋爱、婚姻、家庭生活，夫妻生活，个人的通信活动，私人交往活动，个人在公务工作之余的休憩活动等。第三，私人空间。首先指私人场所，除住宅外，至少还应包括酒店卧室、医院病房等在一定时限内归个人专门使用的生活场所。

（二）隐私权

隐私权就是个人有依照法律规定保护自己的隐私不受侵害的权利。是自然人享有的私人生活安宁与私人信息依法受到保护，不被他人非法侵扰、知悉、收集、利用和公开的一种人格权，而且权利主体对他人在何种程度上可以介入自己的私生活，对自己是否向他人公开隐私以及公开的范围和程度等具有决定权。

中国立法中涉及隐私权的最核心条款体现在1993年最高人民法院《关于审理名誉权案件若干问题的解答》第七条中："对未经他人同意，擅自公布他人的隐私材料或者以书面、口头形式宣扬他人隐私，致使他人名誉受到损害的，按照侵害他人名誉权处理。"可以看出，中国法律通过名誉权吸收隐私权，隐私权本身的法律地位还显得模糊。

隐私权的内容包括两个方面：第一，消极方面。公民有权要求政府各部门和一切人不得打听、搜集、获取、传播自己的隐私和干扰自己的隐私领域。第二，积极方面。公民有权要求知情者、包括因职务需要而知悉自己隐私的人（除政府部门外，还有各种因职业需要掌握个人信息的人士）不透露、不公开、不传播自己的隐私。

隐私权的权利主体只能是自然人，死者隐私也受法律保护。法人有自己的秘密，如商业秘密、技术秘密，但这是与社会公共生活无关的秘密，由别的法律加以保护，不属于隐私权保护的范围。

二、中国法律对隐私权的保护

在中国，公民的主要私人事项一贯受法律保护，"隐私"这个概念进入法律比"人格尊严"、"名誉"等还要早些，但是法律还没有把隐私权作为一项独立的人格权来加以规定。

中国现行法律对隐私权的保护主要有以下三种情况：

第一，对公民的人身、人格尊严、家庭、住宅等最基本的隐私事项予以保护。《宪法》规定公民人身自由不受非法侵害和限制，人身不受非法搜查，公民住宅不受侵犯，公民的通信自由和通信秘密受法律保护，婚姻、家庭受法律保护。为此，《刑法》规定有非法搜查罪、非法侵入住宅罪、侵犯通信自由罪等。

第二，对单项属于隐私的事项以专门立法予以保护。如《民事诉讼法》规定离婚案件的当事人申请不公开审理的，可以不公开审理，体现了把当事人的婚姻、家庭等有关情况视为隐私。

第三，明文规定禁止擅自公布和宣扬他人隐私。

隐私权是一项不同于名誉权的独立的人格权。

第一，隐私权和名誉权的保护客体不同。两者虽然都属于人格权中的人格尊严权，但在内涵上有不同。名誉权保护的是个人正常的社会评价，是个人的客观表现见之于社会主观认识的东西；隐私权保护的是个人与社会无关的那一部分私生活区域，是个人不愿公开、不愿他人干预的那一部分私事，是纯客观的东西。

第二，隐私权与名誉权保护的范围不同。名誉反映的是公民的社会表现及正当的社会评价；隐私是个人与社会公共生活无关而又不愿公开的那一部分私生活，根本不需要也不应当由社会来评价。

第三，侵害隐私权行为与侵害名誉权行为构成要件不同。侵害名誉权行为以散布虚假的事实为特征，与当事人的主观愿望无关；侵害隐私权行为则以真实的客观存在为特征，以当事人的主观愿望为转移，是否公布应当由当事人决定，违背当事人意愿，擅自公布，便构成侵害隐私权行为。侵害名誉权的言论一般都含有贬义，而披露隐私不论褒贬都可能构成侵权。

第四，侵害隐私权行为与侵害名誉权行为承担责任的方式不同。对于侵害名誉权行为一般有停止侵害、恢复名誉、消除影响、赔礼道歉和赔偿损失五种责任方式；对于侵害隐私权行为其承担责任方式主要有停止侵害、赔礼道歉和赔偿损失。

第五，从新闻传播活动的角度说，保护名誉权的核心问题是确保传播内容的真实性、准确性，避免各种与实际情况不符的有损他人社会评价的虚假的事实和评论。保护隐私权的核心问题是传播内容的公开性和透明度必须有一定的限度，避免涉及那些不应该擅自公开的私生活领域。

三、侵害隐私权的主要方式

新闻传播活动中侵害他人隐私权的行为主要分为两类：第一，在传播内容中公布、宣扬隐私；第二，在采集信息的活动中侵入私生活区域。

（一）公布、宣扬隐私

从中国新闻传播活动的实际情况看，以新闻或其他作品公布、宣扬他人隐私的方式侵害隐私权的常见行为主要有以下几种：

第一，未经公民许可，公开其姓名、肖像、住址和电话号码。

第二，非法刺探他人财产状况或未经本人允许公布其财产状况。

第三，私拆他人信件，偷看他人日记，刺探他人私人文件内容，以及将它们公开。

第四，调查、刺探他人社会关系并非法公之于众。

第五，干扰他人夫妻性生活或对其进行调查、公布。

第六，将他人婚外性生活向社会公布。

第七，泄露公民的个人材料或公之于众。

第八，收集公民不愿向社会公开的纯属个人的情况。

（二）侵入私生活区域

私生活区域不仅包括私人场所，还包括公共场所的私人场合。新闻记者在采访活动中，不经许可不得任意侵入他人的私生活区域。侵入私生活区域的行为包括以下几种：

第一，侵入住宅。记者未经主人许可强制或者秘密进入他人住宅是非法的，从外面对他人住宅内的活动进行窥探，用长焦距镜头偷摄、偷录也是非法的。

第二，窃听电话和偷拆偷看他人信件。

第三，侵入公共场所的私人场合。如公园里情侣约会、银行存取钱款等。

第四，侵入互联网私生活区域。如电子邮箱、个人数据档案等。

第五，骚扰。如通过不断打电话，或者以追逐、跟踪、监视等方式对他人纠缠不休，严重影响了他人的生活安宁。

上述种种侵权行为是独立的，并不因为没有在新闻传播媒介上公开披露就可以改变其性质。如果记者又将以非法手段探知的隐私予以公布报道，那就是双重的侵害隐私权行为。

四、侵害隐私权的抗辩与排除

大众传媒在传播社会信息时必定要涉及个人信息，把所有个人信息全都封锁起来，几乎等于取消新闻传播活动，这是不可能做到的。隐私就具有相对性和伸缩性，既确定又不确定。对于大众传媒而言，可以作为侵权的抗辩与排除的有公共利益、当事人同意、使不可辨认。

（一）公共利益

所谓公共利益原则，是指凡是与社会公共利益有关的事项，或者出于社会公共利益需要必须公开的事项，不受隐私权保护。不同的人物由于在社会公共生活中所处地位不同以及他们与社会公共利益相关程度不同，隐私的范围就不一样。

保护公共利益。在新闻报道中，如果出于公共利益的目的而报道了他人的隐私，或者是出于保护公共利益的需要而必须公开他人的隐私，就可以成为新闻侵害隐私权的抗辩事由。

"公众人物"，包括政府官员和社会知名人士，由于他们的行为与社会公共利益密切相关，其受隐私权保护的范围就要小于普通人。他们的一部分私人情况，如重大政历、学历、特长、财产状况、兴趣爱好、工作和生活作风乃至配偶和子女的一些情况同他是否胜任自己的职务有密切关系，完全有必要让公众了解。当然，公务员的部分隐私仍受到法律的保护，如他们的住宅、私生活、私人通信的秘密和自由恋爱、夫妻生活等与社会公共利益完全无关的私事，仍然应予切实保护。

普通人的有些本来纯属私人事务的事情在一定条件下也会转化为同公共生活有关，成为非隐私。这主要是指某些私事一旦对社会公共生活发生影响乃至损害这样的情况。

（二）当事人同意

隐私权具有自主性的特征。当事人只要自愿或者亲自将自己的某一私事公之于众，这一私事就成为非隐私。只要新闻记者能够提供当事人同意发表的证据，就可以成为抗辩事由。

（三）使不可辨认

有些私人事项有报道的价值，但当事人又不可能同意，这时一个变通的办法就是使公众不可能从新闻中辨认或推断有关当事人，比如略去当事人姓名、模糊当事人身份等。

第四节　新闻传播与肖像权

中国《民法通则》第一百条规定："公民享有肖像权，未经本人同意，不得以营利为目的使用公民的肖像。"由此可见，构成侵犯公民肖像权的行为，通常应具备两个条件：第一，未经本人同意；第二，以营利为目的。

一、肖像及肖像权的概念

（一）肖像

对于"肖像"的概念，从不同的角度有不同的理解。美术（或摄影）意义上的肖像，是指通过绘画、摄影等艺术手段，使人物形象在物质载体上再现的一种观赏造型作品。肖像具有以下几个特点：

第一，肖像是艺术地再现自然人的外貌形象。通常，判断人物的外部形象表现是否构成肖像，应结合其表现的形式和表现的部位来判断。人物形象必须具有肖像特征：其一，其表现形式即通过摄影反映出特定公民的图像；其二，肖像还必须反映出特定公民的姿态、容貌、表情等主要特征；其三，肖像必须真实可辨，熟知的人一看就知道是谁的肖像。

第二，肖像具有物的属性。肖像被艺术地再现，应是具体的、独立的被固定在某一特定的物质载体上（如相纸、电视、报刊上），能够为人所支配、控制和处分，并具有一定的财产利益。

第三，肖像是肖像权的客体，表现了自然人特有的人格利益。所谓的"财产利益"并非产生于自然人外貌特征本身，而是基于肖像产生的人格利益所派生的，并体现了不同的人格利益需求。

（二）肖像权

指自然人享有的、以自己肖像为内容的专有的人格权法。其法律意义是自然人对自己通过造型艺术或其他形式，在客观物质载体上再现自己的形象（肖像）所拥有的不可侵犯的专有权。

肖像权具有以下几个特点：

第一，肖像权的权利主体只能是自然人。

第二，肖像权也具有一定的财产利益。这种财产利益是通过肖像权的人格利益所派生的，它允许肖像权人在一定的范围内有限度地转让肖像权，允许他人制作和使用自己的肖像，并从中获得应有的剩余价值。

第三，肖像权还是一种标示性人格权。其基本作用在于以外貌形象标示人格，借以辨识每一个特定的自然人（而姓名权是通过文字符号标示人格）。

二、肖像权的内容

（一）肖像制作权

肖像制作权指自然人通过一定的艺术手段再现其形象的专有权。肖像制作权内容包括：第一，肖像权人有权决定自我制作肖像或由他人制作自己的肖像，他人均不得干涉；第二，肖像权人有权禁止他人未经自己的同意或授权，擅自制作自己的肖像。非法制作他人的肖像，即使没有公开，同样构成侵权行为。

（二）肖像使用权

肖像使用权指肖像权人对自己的肖像所享有的专有使用权法。肖像一旦固定在一定的物质载体上，便可以为人们所支配、利用，但享有专有权的只能是肖像权人。肖像使用权具有以下几个基本内容：

第一，自然人有权以任何方式使用自己的肖像，并通过使用取得精神上的满足和财产上的收益，他人不得干涉。

第二，自然人有权允许他人使用自己的肖像，并决定从中获得报酬。

第三，自然人有权禁止他人非法使用自己的肖像。同时，肖像权的使用要受法律和社会公共利益的限制。基于维护国家利益、社会公共利益或肖像权本人利益的需要，对肖像权的使用可以不经肖像权人的同意。

（三）肖像利益维护权

肖像权是一种绝对权，是公民专有的人格利益，肖像权人享有维护自己肖像利益的权利，他人不得干涉和侵犯。其内容包括以下几个方面：

第一，公民有权禁止他人未经自己允许制作自己的肖像。

第二，公民有权禁止他人未经允许使用自己的肖像。

第三，公民有权禁止他人对自己的肖像进行毁损、沾污、丑化和歪曲。

侵犯肖像权的行为，不在于以营利为目的，而在于不尊重公民对其肖像的专有权。因此，不论处于何种目的（基于维护国家利益、社会公共利益或肖像权本人利益的需要，对肖像权的使用可以不经肖像权人的同意），将公民肖像予以复制、传播、展览等，都应征得公民的同意，否则就构成对肖像权的侵害。是否"以营利为目的"，并不是决定是否存在侵犯公民肖像权的唯一前提和要件，而只是确定侵权责任大小的重要情节。

三、肖像权的合理使用

根据中国司法实践，在以下情况下，可以不经肖像权人同意，即合理使用其肖像，并不构成侵害肖像权，这就为使用他人肖像的人提供了抗辩理由。

第一，为维护国家利益和社会的需要，使用具有新闻价值的社会公众人物的肖像。如国家领导人、知名学者、演艺界名人、知名企业家等。

第二，使用在特定场合出席特定活动的人物的肖像。如参加各种集会、游行、仪式、庆典等活动的人的肖像，他们身处其中，说明其已在一定程度上放弃了其肖像权。

第三，在风景区的摄影创作，将人物作为点缀，或者拍摄照片将他人摄入照片中，在这些场合并不以人物为主体。

第四，在舆论监督中，批评某些不文明的行为、举止或行为人的不法行为或不道德行为而使用公民的肖像不构成侵权。

第五，为肖像权本人的利益、其他自然人利益和其他社会公益目的的需要而使用其肖像。如为寻找下落不明的人在报刊、电视上刊登寻人启事时所用的本人照片。

第六，在诉讼活动中，作为证据而使用公民肖像，国家机关为执行公务而强制使用公民的肖像。如公安机关为追捕逃犯或犯罪嫌疑人而使用其肖像制作通缉令等。

第七，国家机关为执行、适用法律（如在行政执法中）而使用公民肖像。

第八，为科学研究和文化教育目的在一定范围内使用他人的肖像。

第五节　新闻传播侵犯人格权的法律责任

新闻传播侵权行为一旦发生，责任人应当承担法律责任。公民的人格权受到刑法、民法、行政法的全面保护，新闻传播侵害他人人格权的法律责任包括刑事责任、民事责任和行政责任，本节仅限于讨论民事责任。

一、新闻传播侵权行为的责任主体

在新闻传播侵权中，实行告诉乃论，不告不理，侵权行为人主要按当事人的请求承担相应责任。侵权行为的责任主体主要有以下几种：

（一）作者、表达者

新闻传播侵权中，言论表达的形式主要是作品，包括文字、摄影、美术、电影、电视、录像、戏剧和口述作品，还有由于不具有独创性而不成为作品的其他表达形式，如在报刊发表的信件、节目主持人的即兴谈话、互联网上的言论等。作品的作者和其他的言论表达者，如果发表的内容具有侵权性质，经受害人提请法律救济，就要承担相应的法律责任。

例外情况的是，职务行为一般不承担责任。就是说如果当事人起诉的作品是新闻记者的职务作品，又要求同时追究新闻出版单位与记者的共同侵权责任时，只追究新闻出版单位的民事责任。

职务作品有三个特征：第一，新闻出版单位自身所属的记者编辑的作品；第二，在自己岗位职责范围内并且体现了岗位职责要求的作品；第三，由本媒体发表。记者编辑向外单位投稿不属于职务作品，不在本岗位职责范围内的作品，如评论员写小说、记者写学术论文，即使在本媒体发表也不是职务作品。

为什么新闻记者的职务作品侵权，记者不承担相应责任呢？

第一，新闻出版单位和记者、编辑存在着隶属关系，记者、编辑总是按新闻出版单位的法人意志包括编辑方针、报道选题要求等进行活动，新闻出版单位对记者、编辑拥有领导、管理及决定发表什么不发表什么的权利，那么它就应当对记者、编辑在其意志下实施的行为的后果承担责任。

第二，记者、编辑的新闻作品虽是署名的，但公众一般都把它看成是某个媒体的新闻，而不是某个记者的新闻。记者、编辑在新闻中体现的是编辑部的意图而不是他个人的意图。

第三，新闻发生差错，只有编辑部有权更正而记者、编辑个人则不能，记者、编辑不经过编辑部事实上也无法承担责任。

但这个原则是有限度的，只有在原告同时起诉新闻出版单位和记者时才适用，如果原告只起诉记者，记者还是要对外承担民事责任。新闻出版单位为自己的记者侵权行为承担民事责任，不等于有过错的记者、编辑没有任何法律责任。新闻出版单位可以根据情节严重、后果大小追究其相应的行政责任。

（二）新闻出版单位

新闻传播活动是新闻出版单位和作者的共同行为。新闻出版单位对于自己发表的稿件发生侵权而承担责任，分两种情况：第一，在发表稿件时主观上就存在着过错。如新闻出版单位没有尽到审查核实的责任而发生侵权，就被认为具有主观上的过错。第二，在发表稿件时主观上不存在过错后来发展为有过错。如新闻出版单位在被明确告知其发表的作品侵权，拒不刊登声明，不采取其他补救措施，或继续刊登、出版侵权作品，应认定为侵权。

（三）重述者

对作品的重述，包括转载、摘编、翻译、改编、表演等行为。重述者同首次发表的媒介一样承担责任。如把侵权作品改编为剧本，改编者和发表者就应承担责任。把剧本制作成电影或电视剧，制作者、播放者就应承担责任。

常见的重述行为是转载。1998 年最高人民法院《关于审理名誉权案件若干问题的解释》（以下简称《解释》）规定："新闻媒介和出版机构转载作品，当事人以转载者侵害其名誉权向人民法院提起诉讼的，人民法院应当受理。"说明转载侵权作品可以产生新的诉讼理由。2000 年新闻出版总署发布《关于进一步加强报刊摘转稿件管理的通知》规定："报刊摘转新闻报道或纪实作品等稿件应坚持真实性原则，对其摘转内容的真实性负有审核责任。摘转正式出版物的稿件也应核实真伪。稿件失实一经发现，应及时公开更正，并采取有效措施消除影响。"明确了转载者对于稿件也负有核实责任。

（四）新闻源

新闻源即提供新闻材料的个人或单位。1998 年《解释》对因提供新闻材料引起的名誉权纠纷认定是否构成侵权，规定要区分两种情况："（一）主动提供新闻材料，致使他人名誉受到损害的，应当认定为侵害他人名誉权。（二）因被动采访而提供新闻材料，且未经提供者同意公开，新闻单位擅自发表，致使他人名誉受到损害的，对提供者一般不应当认定为侵害名誉权；虽系被动提供新闻材料，但发表时得到提供者同意或者默许，致使他人名誉受到损害的，应当认定为侵害名誉权。"

（五）"内参"

"内参"是新闻单位编印的专供领导机关参阅的文书材料。1998 年《解释》对于"内参"问题作了如下规定："有关机关和组织编印的仅供领导部门参阅的刊物、资料等刊登的来信或者文章，当事人以其内容侵害名誉权向人民法院提起诉讼的，人民法院不予受理。"这也是属于特许权范畴，而且是绝对特许权。如果"内参"工作有失职行为，责任人应当承担行政责任。

（六）印刷者、发行者

印刷者、发行者对于出版物的侵权内容一般不具有注意义务，不承担责任。但是，如果法院或其他国家机关已经判定作品侵权，甚至下令禁止传播，还照样印刷、发行则承担相应责任。

（七）互联网信息服务提供者

目前中国关于互联网的专门法还不完备，但互联网上言论的内容同样要符合普通法的规范，在传统媒体上被认为是诽谤、侮辱的言论，在互联网上同样构成诽谤、侮辱。在互联网上，一般是谁发表的言论谁负责。互联网信息服务提供者即网站的责任，目前是一个有争议的问题。但是，互联网信息服务提供者自己制作、发布的违法内容必须承担责任。

二、新闻传播侵权行为承担责任的方式

《民法通则》第一百三十四条规定了侵权行为承担民事责任的十种方式。第一百二十条规定："公民的姓名权、肖像权、名誉权、荣誉权受到侵害的，有权要求停止侵害，恢复名誉，消除影响，赔礼道歉，并可以要求赔偿损失。法人的名称权、名誉权、荣誉权受到侵害的，适用前款规定。"发生新闻侵权行为，应按上述规定承担相应的法律责任。

承担民事责任有非讼和诉讼程序两种途径。非讼程序包括新闻单位等侵权人主动履行与侵权人同受害人协商达成协议后履行两种；诉讼程序就是打官司，经法院调解或者判决，确认新闻侵权，由侵权人履行或责令侵权人履行。

（一）更正与答辩

这里说的更正与答辩是进入诉讼程序之前的对具有侵权性质的新闻的补救措施。更正，就是新闻单位发现新闻差错以后，及时发表公告，对差错做实事求是的纠正。答辩，是新闻报道和其他作品的相对人对于涉及自己的内容提出的公开说明或异议。更正是新闻单位的作为，答辩则是作品相对人的作为。更正与答辩，可以较快地消除有差错作品的不良影响，平息受到不同程度损害的相对人的不满，免除讼累，这对于新闻单位和作品相对人都是有好处的。

新闻单位发现差错主动发表更正或者应相对人要求发表更正或答辩后，如果相对人还是不满意，相对人仍然可以向法院起诉。

（二）精神抚慰

新闻传播侵权行为首先造成的是精神损害，精神抚慰的作用是平复损害，使受害人的精神状况和精神利益尽可能恢复原状。精神抚慰的方式有以下几种：

第一，停止侵害。对侵权作品不再重复刊播，有侵权内容的报刊书籍不再出售等。

第二，消除影响、恢复名誉。通过发表更正或相对人答辩，使公众知悉该侵权新闻或其他作品存在着不真实或其他违法内容，从而改变由于侵权作品而形成的关于受害人的不正确的看法，恢复受害人的名誉（不适合侵害隐私权行为）。

第三，赔礼道歉。表明侵权人对侵害他人合法权益的违法性和后果已经有所认识，从而取得受害人的谅解，是承担民事责任的题中应有之义。

案例及评析

【案例】　范志毅"赌球"侵权案

2002年6月6日，上海《东方体育日报》在第一版刊出了一篇题为《中哥战传闻范志毅涉嫌赌球》的报道，该文开篇转载了另一家媒体的文章，接着对文章中涉及的国脚进行排除式分析后，指明涉嫌球员为范志毅，同时又报道了范志毅本人的否定意见及中国足球协会和国家队其他球员的反应，并引用了网友的文章，最后注明将进一步关注这一事件。该文刊登后，《东方体育日报》于2002年6月17日、6月19日又对该事件进行了连续报道，刊登了对范志毅父亲的采访及范志毅没有赌球的声明。

2002年6月21日，《东方体育日报》以《真相大白：范志毅没有涉嫌赌球》为题，为整个事件撰写了编后文章，指出"在社会上包括网络中所流传的所谓范志毅赌球的谎言已不攻自破。本报通过连续报道为范志毅澄清事实真相，洗刷无端罪名的目的已达到"。

2002年7月，范志毅以《东方体育日报》刊登的《中哥站传闻范志毅涉嫌赌球》一文侵害其名誉权为由，向上海市静安区人民法院提起诉讼，要求《东方体育日报》赔礼道歉并赔偿其精神损失费5万元。

此案历经5个月的审理后，法院作出"不予支持"原告范志毅的诉讼请求，理由有三：

第一，被告主观上不存在过错，行为也不违法。法院认为，本案被告系中国著名球星，自然是社会公众人物，在2002年世界杯期间中国国家队和原告的任何消息，都将引起社会公众和传媒的广泛兴趣和普遍关注。此"赌球传闻"也足以影响到整个中国足球队的形象。在这种情况下，被告作为新闻单位有义务行使舆论监督权，报道该事件的真相。本案争议报道的消息来源并非被告主观臆造，且从其文章的结构和内容来看，旨在连续调查"赌球传闻"的真实性，该文开篇转载了另一家媒体的文章，接着对文章中涉及的国脚进行排除式分析后，指明涉嫌球员为范志毅，同时又报道了范志毅本人的否定意见及中国足球协会和国家队其他球员的反应，接着又对该事件进行了连续报道，刊登了对范志毅父亲的采访及范志毅没有赌球的声明。故被告主观上并不存在过错。虽然新闻媒体发表稿件负有审查新闻来源真实性，防止侵害他人名誉权的积极义务。但是，新闻报道由于其时效性的特点，不能苛求其内容完全反映客观事实，原告涉嫌"赌球传闻"在被告未做报道之前已在社会中流传，被告正是为了求证这一新闻事实的真实性和客观性，才刊出了包括争议报道在内的系列调查报道，争议报道中没有对原告进行批评、诽谤，不存在恶意、故意行为，也无违法性。

第二，被告的报道并未对原告名誉权造成损害结果。被告的报道内容并不是一种肯定的主观判断，而是根据新闻传闻做的求证式的报道，且被告经过一系列的报道后，最终以《真相大白：范志毅没有涉嫌赌球》为题为原告澄清了传闻，给社会公众以真相，端正了视听。被告的系列报道是有机的、连续的，它客观反映了事件的全部情况，是一组完整的连续报道，就本案的情况而言，不应当将改组报道割裂开来审读。被告的报道并未造成原告社会评价降低的后果。

第三，被告的新闻报道是以为社会公众利益进行新闻宣传和舆论监督为目的，应当受到法律保护。作为公众人物的原告，对媒体在行使正当舆论监督的过程中，可能造成的轻微损害应当予以容忍和理解。

【评析】

该案在国内首次认定了"公众人物"的概念，明确提出了"公众人物的忍受义务"这一对新闻报道名誉权案件至关重要的概念。所谓公众人物的忍受义务，就是新闻媒体在报道与公众人物有关的公共事件时，涉及的公众人物可能对其名誉造成的轻微损害应当予以忍受。这种忍受义务的实质，是将涉及公众关注的公共事件的公众人物与一般组织和普通百姓区别开来，要求公众人物承担更大的社会责任，接受更严格的社会监督。作为公众人物的原告，即使认为有争议的报道点名道姓称其涉嫌赌球有损名誉，但对媒体在行使正当舆论监督的过程中，可能造成的轻微损害应当予以容忍与理解。

在该案的判决中，法官开创性地引入英美法系"微罪不举"的司法理念，第一次通过法律公文形式，对公众的知情权和新闻媒体的舆论监督权的法律保护做了独特的阐述，使此案再度成为新闻界与司法界关注的焦点。

第九章 新闻传播与著作权

著作权，即版权，是指公民、法人依照法律规定对于自己创作的作品所享有的专有权利，是知识产权的重要组成部分。著作权法是确认和保护作者对自己作品的权利以及规定因创作、传播和使用作品而产生的权利、义务关系的法律规范的总称，属于民法范畴，是重要的国际法规范。《民法通则》第九十四条规定："公民、法人享有著作权（版权），依法有署名、发表、出版、获得报酬等权利。"第一百一十八条规定："公民、法人的著作权（版权）……受到剽窃、篡改、假冒等侵害的，有权要求停止侵害，消除影响，赔偿损失。"这是著作权法的具体法律依据和原则。

著作权国际保护的主要组织和文件是《世界版权公约》和《保护文学和艺术作品伯尔尼公约》。1992年，中国加入了这两个公约。中国《著作权法》自1991年6月正式实施，同时还颁行了《著作权法实施条例》以及其他有关法规、规章，1997年《刑法》规定了侵犯著作权罪和销售侵权复制品罪，2001年10月，九届全国人大常委会通过了修订的《著作权法》，中国著作权法律制度趋于完善。

新闻传播活动与著作权关系十分密切：一方面，新闻媒介发表的有些作品及其作者是著作权保护的对象；另一方面，新闻媒介又是作品的传播者，在传播过程中应当遵守著作权法的相关规定，尊重著作权人的合法权益，保障其合法权益不受侵害。这就是说，新闻传播活动会经常涉及著作权法所要调整的社会关系和法律关系。本章主要从新闻传播活动的角度阐述著作权法的有关规定。

第一节 新闻传播侵犯著作权行为

一、侵犯著作权行为的概念

侵犯著作权行为是指未经著作权人认可，又无法律许可，擅自对他人享有著作权的作品进行剽窃、篡改、假冒或以其他非法手段行使作者的专有权利，从而损害著作权人人身权利和财产权利的行为。[①] 构成侵犯著作权的行为一般

---

① 顾理平：《新闻侵权与法律责任》，290页，北京，中国广播电视出版社，2001。

需具备三个条件：第一，侵犯的客体必须是他人享有著作权的作品。如果使用的是已经失去著作权的作品（如已超过著作权保护期的作品）或不受著作权保护的作品（如法律、年历、禁止出版的作品、时事新闻）则不构成侵权。第二，必须是未经著作权人认可或未经法律许可的行为。如果是得到著作权人认可或是法律上规定的"合理使用"的行为，则不构成侵权。第三，必须给著作权人造成人身或财产伤害。

二、侵犯著作权行为的种类

中国《著作权法》第四十五条和第四十六条列举了十余种侵犯著作权的行为（详见本章第五节"新闻传播侵犯著作权的法律责任"），综合起来，侵犯著作权行为主要包括以下几种：

第一，未经著作权人许可，发表其作品的行为。这一行为侵犯了著作权人的发表权。

第二，未经合作作者许可，将与他人合作创作的作品当做自己单独创作的作品发表的行为。这一行为侵犯了其他合作作者的发表权、署名权、使用权和获得报酬权。

第三，没有参与创作，为谋取个人名利，在他人作品上署名的行为。这一行为侵犯了著作权人的署名权，如果获利，还侵犯了著作权人的财产权。

第四，歪曲、篡改他人作品的行为。这一行为侵害了作者保护作品完整权。

第五，未经著作权人许可，以表演、播放、展览、发行、摄制电影、电视、录像或者改编、翻译、注释、编辑等方式使用作品的行为。

第六，使用他人作品，未按照规定支付报酬的行为。这一行为侵犯了著作权人的财产权。

第七，未经表演者许可，从现场直播其表演的行为。这一行为侵犯了表演者权。由于现场直播会影响到表演者以后表演的票房收入，因此，各国法律都规定，表演者有权决定是否允许他人现场直播其表演，中国也有相同的法律规定。

第八，剽窃、抄袭他人作品的行为。这一行为侵犯了著作权人的人身权和财产权。

第九，未经著作权人许可，以营利为目的，复制发行其作品的行为。这一行为侵犯了著作权人对作品的使用权，也扰乱了市场经济秩序。

第十，出版他人享有专有出版权的图书的行为。《著作权法》规定，图书出版者在合同约定期间享有出版权。只有与著作权人签订了出版合同的出版者才有权出版该作品，其他公民或法人包括著作权人均不得出版该作品，凡是出版他人享有专有出版权图书的行为，均构成侵权。

第十一，未经表演者许可，对其表演制作录音录像出版的行为。原作作者无权许可他人对表演者的表演制作录音录像出版，否则与录制者构成共同侵权人。

第十二，未经录音录像者许可，复制发行其制作的录音录像的行为。

第十三，未经广播电台、电视台许可，转播、复制发行其制作的广播、电视节目的行为。

第十四，制作、出售假冒他人署名的美术作品的行为。

三、新闻传播侵犯著作权行为

中国《著作权法》列举了多种侵犯著作权的行为，这对我们分析新闻传播侵犯著作权行为具有重要指导作用。新闻传播侵犯著作权行为主要集中在以下几个方面：

（一）剽窃和抄袭行为

剽窃和抄袭是新闻传播中最为常见的侵权行为。根据《著作权法》精神，"剽窃"和"抄袭"具有相同的侵权性质，因此，可视之为相同的侵权行为。

新闻传播中的抄袭行为有直接抄袭和间接抄袭两种。直接抄袭是指抄袭者将他人的作品整篇、整章、整段或稍加改动变成自己的作品在新闻媒体上发表。这种抄袭行为比较容易辨认。间接抄袭是指抄袭者将他人作品掐头去尾、改头换面，或在语句等表现形式方面进行删改，然后作为自己的作品在新闻媒体上发表。与直接抄袭相比，间接抄袭较为隐蔽，认定时需认真比较鉴别，找到问题和漏洞，才能作出结论。

在认定某作品的作者是否存在抄袭行为时，必须注意"抄袭"和"合理使用"的界限——前者是法律禁止的侵权行为，后者是则是法律允许的合法行为。直接抄袭与"合理使用"之间的界限是清晰的，而间接抄袭与"合理使用"之间可能会存在界限模糊的情况，需从引用目的、数量、是否标明原作者姓名和原作品名称等方面仔细辨别，予以区分。在认定抄袭行为问题上，中国台湾地区有一套量化指标值得借鉴：第一，连奇特的标点、符号都相同；第二，仅改动一两个字；第三，文字、内容、书名完全照抄，只有少数文字略加修改；第四，内容、专用名词、大部分文字均相同；第五，绝大部分相同，结构、举例一致；第六，90％相同；第七，误写之处也照抄；第八，略增不相干的文字；第九，抄袭大部分内容，封面、颜色、图案、字形、编排无不相同。

剽窃和抄袭不仅侵害了著作权人的精神权利，也侵害了著作权人的财产权利，所以，每个国家在其著作权法中，都将剽窃和抄袭行为列为严重的侵权行为而严加禁止。

（二）记者侵犯他人著作权的行为

一方面，记者撰写的新闻作品的著作权可能会受到他人侵犯；另一方面，记者在撰写新闻作品时有可能侵犯他人的著作权。就抄袭而言，即使是比较隐蔽的间接抄袭，只要认真比较鉴别，找到问题所在，澄清事实还是比较容易的。但在新闻传播活动中，有一些记者的侵权事实比较难于认定，应当引起注意。如在访谈作品（尤其是专业特色比较突出的访谈作品）中，被访者所谈的内容常常是作品的主体，这样的作品是访者和被访者共同智力劳动的成果，而在中国，口头作品也受《著作权法》保护，所以，必须保护被访者的著作权。发表这类作品首先应征得被采访者的同意。尽管中国《著作权法》规定第二十二条："为报道时事新闻"可以不经作者许可而引用他人作品，但是被引用的作品必须是"已经发表的作品"。被访者在采访时提供的口头作品没有发表，所以引用时应征得其同意。其次，应当通过适当的方式注明作者。最后，相互间应合理分配报酬。也就是说，如果这类访谈作品是以被访者所谈的内容为主体的，应该向被访者支付报酬。①

（三）非法使用他人作品的行为

先看两个案例：

2000 年年底，胡跃华应羊城晚报社约请，采写了《女记者贩毒七昼夜》一文（下称《女》文），并通过电子邮件发给该报社。2001 年 1 月，羊城晚报社《新闻周刊》对《女》文编辑整理后予以刊登，署名胡跃华。《新闻周刊》登载《女》文时在版面右下角声明"未经本刊允许，拒绝转载，违者必究"。嗣后，上海美亚在线宽频网络有限公司（下称上海美亚网络公司）在其网站上全文转载《女》文，注明出处为羊城晚报社《新闻周刊》，署名胡跃华，同时，在网页上设置对《女》文的搜索链接，没有向胡跃华支付报酬。几乎与此同时，全国范围内包括网易、搜狐等 18 家网络媒体和深圳商报社、哈尔滨日报社、南京日报社等 7 家媒体从《新闻周刊》转载或者互相转载《女》文，且在法定期限内没有向胡跃华支付报酬。胡跃华认为上海美亚网络公司等 26 家传媒单位侵犯其著作权，遂分

---

① 顾理平：《新闻侵权与法律责任》，299 页，北京，中国广播电视出版社，2001。

别诉至法院，形成 26 个系列案件。其中，有 5 个案件判决结案，3 个案件驳回起诉外，其他案件均以当事人案外和解撤诉结案。①

2009 年 10 月，重庆日报报业集团收到渝中区法院知识产权庭 19 份应诉通知及传票——环球时报社以《重庆晚报》侵害其知识产权为由，提出向其公开赔礼道歉并赔偿近百万元的诉讼请求。这 19 宗案件涉及的内容均为《重庆晚报》近年来转载、摘编《环球时报》的新闻报道，包括《日本媒体披露称朝鲜领导人"世袭制"》、《朝媒称美国三军集结　准备突袭朝鲜》、《中俄重启军事合作　俄推销最先进战机》、《菲律宾欲抢我南沙和黄岩岛》、《朝鲜国庆大阅兵　金正日没有现身》、《美国用隐形卫星搜集中国情报》等，在转摘后面均署有"据环球时报"的字样。据了解，《广州日报》、《扬子晚报》、《楚天都市报》等媒体也遇到了同样的官司，其中《广州日报》的诉讼标的高达 1000 万元。②

上述两个案例都是由传媒（包括传统媒体和网络媒体）转载、摘编他人作品的行为引起的侵权纠纷。在新闻传播活动中，传媒没有依照法律规定转载、摘编他人作品（如在署名、付酬等方面存在问题）是最为常见的侵权行为。中国《著作权法》、2006 年最高人民法院颁布的《关于审理涉及计算机网络著作权纠纷案件适用法律若干问题的解释》等法律法规中对此作出了明确规定。随着法律的健全和完善，传媒（尤其是网站）随意转载他人作品的行为正面临着越来越大的风险，新闻工作者应当强化法律意识，合法使用他人作品，避免侵权行为的发生。

第二节　著作权的基本内容

著作权制度是市场经济的产物，其前提是承认文学、艺术和科学作品是一种商品，具有价值和使用价值，可以进行商品交换。作者在自己的智力劳动成果被社会使用的过程中理应享有合理的人身权利和财产权利。

---

① 转引自陈绚：《大众传播法规案例教程》，284 页，北京，中国人民大学出版社，2009。

② 转引自黄小平：《〈环球时报〉起诉本集团 19 宗著作权侵害案件——转、摘的新闻报道是否构成侵权？》，载《新闻与法》，2009（6）。

一、著作权主体

著作权主体是指作品的著作权人或著作权所有者。著作权产生于作品完成之日。根据《著作权法》规定，著作权人包括以下几类：

（一）单一著作权主体

1. 作者

指创作作品的公民。创作活动是一种主要通过自然人的大脑进行的个体智力劳动，所以自然人是著作权最基本的权利主体。著作权法重在保护自然人的合法权益。

2. 法人或其他组织

法人或其他组织被视为作品的作者包括三种情况：第一，由法人或其他组织主持的创作；第二，代表了法人或其他组织意志的创作；第三，由法人或其他组织承担责任的创作。在新闻传播活动中，报刊的社论、评论员文章以及版面（编辑作品）的作者均被视为报刊社。

3. 不是作者的自然人或组织

是指依照法律规定接受转让、赠与、继承以及通过委托等方式获得他人著作权的自然人或组织，亦称为"继受著作权人"。"继受著作权人"只享有著作权中的财产权，不能享有著作权中的人身权。

4. 国家

在特殊情况下，国家可以成为著作权的主体。比如，作者或享有著作权的公民把作品赠与国家；在法人或其他组织终止后，其作品如无承受人，这些作品的著作权就归国家所有。

（二）涉及多个主体的作品的著作权归属问题

1. 职务作品的著作权人

《著作权法》第十六条规定："公民为完成法人或者其他组织工作任务所创作的作品是职务作品。"

界定一篇新闻作品是不是职务作品，第一，要看作者与新闻单位的关系。新闻职务作品的作者主要是指同新闻单位有隶属关系、承担相应岗位职责的编辑、记者，也可以是新闻单位聘用、借用或在新闻单位实习的人员。新闻单位向社会作者约稿，如无特殊约定，即使稿件内容完全出于新闻单位的授意，也不是新闻职务作品。第二，要看新闻作品的创作是不是职务行为。职务作品应当是作者接受上级布置或者履行岗位职责完成的作品。第三，要看作品是不是由本单位使用。职务作品应当由本单位使用，或发表在本单位媒体上，或由本单位向外发稿。如作者自行向外投稿，即使稿件内容与岗位职责相关，也不是职务作品。

根据《著作权法》的规定，一般情况下，职务作品的著作权由作者享有。但作者所在单位有权在其业务范围内优先使用。作品完成两年内，未经单位同意，作者不得许可第三方以与本单位相同的方式使用该用品。只有在单位不用并允许自行处理时，记者方可向外投稿。如在本单位发表的职务作品次年被选入某文集，记者还需征得本单位同意。

2. 演绎作品的著作权人

演绎作品是指对原初作品进行汇编、改编、翻译、注释、整理而产生的作品。汇编、改编、翻译、注释、整理也是一种创作活动，因此，创作人对演绎作品享有著作权。

同时，原初作品的作者对自己的作品仍然享有完整的著作权。演绎者在演绎前必须征得原初作品作者的同意并支付报酬。演绎作品著作权人在对演绎作品行使著作权时，不得损害原初作品作者的著作权。

3. 合作作品的著作权人

《著作权法》第十三条规定："两人以上合作创作的作品，著作权由合作作者共同享有。没有参加创作的人，不能成为合作作者。"新闻传播活动是记者、新闻源、编辑、审稿、发行等相关人员共同参与的一项社会活动，很多人会对新闻作品作出贡献，除记者外，审稿者和新闻源对于作品的形成和传播最为关键。但是他们不应成为新闻作品的著作权人。

审稿者的活动包括新闻单位内部总编辑、责任编辑等审改本单位记者或外单位作者的新闻作品，党政机关领导人审改新闻单位送审的社论、评论员文章和某些重要新闻作品，被报道单位的领导审改有关本单位的新闻作品等，他们对新闻作品未定稿提出意见或作出的修改，在政治、思想甚至表现力等方面对作品进行把关，有时还要在事实方面对作品承担责任，但他们并不对作品拥有任何权利。这是因为，他们对文稿的审改是履行自己的职责，并非参加作品的创作。《著作权法实施条例》第三条说明："为他人创作进行组织工作，提供咨询意见、物质条件，或者进行其他辅助活动，均不视为创作。"

再来看新闻源。新闻源提供的新闻线索和事实材料是形成新闻作品的基础，没有事实就没有新闻。但是著作权所保护的，不是客观事实本身，而是事实的表现形式。除单纯事实消息外，对于同一新闻事件，出自不同记者之手的作品常常千差万别，产生差异的原因在于记者智力活动的独创性。新闻源提供线索和事实，只是直观地转述客观事实，同后来形成的新闻作品的独特表现形式没有关系，所以并非参加新闻作品的创作，不能对作品享有著作权。有时新闻单位会给新闻源支付一些报酬，但这是劳务费用，而不是稿酬。有时新闻源同记者事先约定，双方共同创作新闻作品，但此时新闻源就不仅是新闻源而是合作者了。

4. 汇编作品和被汇编作品的著作权人

《著作权法》第十四条规定，汇编作品的著作权归汇编人享有。在新闻领域，最常见的汇编作品是报刊的版面，只要富有创造性，汇编人就享有著作权。需要明确的是，报刊的汇编人指报刊社而非具体编辑人员。此外，体现了独创性的广播电视节目、互联网网页等，也应属于汇编作品，制作者享有汇编著作权。

但是，汇编人对被汇编的独立作品不享有著作权。《著作权法》规定，作品的著作权属于作者。通常情况下，作者将作品交传媒发表，只是授予传媒对作品的"一次使用"权，而非其著作权的"让度"，传媒如需再次使用，除法律规定的合理使用外，应再次征得作者许可并支付相应报酬。

5. 委托作品的著作权人

委托作品是指作者按照委托人要求创作的作品。《著作权法》第十七条规定，委托他人创作作品，著作权的归属由委托人和受托人通过合同约定。如合同未作明确约定或者没有订立合同的，著作权属于受托人即作者。

二、著作权客体

著作权客体是指作者创作的、以某种具体形式表现出来的文学、艺术和自然科学、社会科学、工程技术等作品。根据《著作权法实施条例》的规定，作为著作权客体的作品必须具备以下两个条件：

第一，独创性。独创性是指作品具有可以同他人作品区别开来的个性特征。作品是作者智力劳动的成果，智力劳动是人的主观精神活动，因而作品必然表现出作者的个性创造。作品具有"独创性"，才可以具有专有性，抄袭之作不能成为著作权的客体。

传统理论认为，著作权法保护的是作品所具有的独创的外在表现形式而不保护作品所表达的思想。现在有学者认为，著作权法除了保护作品的表现形式之外，还保护确属作者创造的思想内容。作品中的题材、概念、事实和素材等元素因不具有独创性，著作权法不予保护。

第二，可复制性。可复制的前提是作品必须以某种有形的物质形态存在，从而使人们能够感知和使用。复制，是指通过印刷、影印或其他物理手段按照作品的原来表现形式和内容把一件作品变成许多件。复制主要是同一种物质形态内作品数量的变化，也可以将一种物质形态转换成另一种物质形态，如将口头作品转换成文字作品，将文字作品转换成广播作品等。复制是没有独创性的行为，如果具有某种独创性，就成为一个新作品——演绎作品。

关于著作权客体的种类，《著作权法》第三条规定："本法所称的作品，包括以下列形式创作的文学、艺术和自然科学、社会科学、工程技术等作品：（一）文字作品；（二）口述作品；（三）音乐、戏剧、曲艺、舞蹈、杂技艺术作品；（四）美术、建筑作品；（五）摄影作品；（六）电影作品和以类似摄制电影的方法创作的作品；（七）工程设计图、产品设计图、地图、示意图等图形作品和模型作品；（八）计算机软件；（九）法律、行政法规规定的其他作品。"其中，与新闻工作关系密切的是（一）、（二）、（四）、（五）、（六）等项。

《著作权法》还规定了著作权法不予保护的作品：

第一，中国现行新闻出版法规、规章禁止出版、传播的作品。

第二，不适用著作权法保护的作品。《著作权法》第五条规定："本法不适用于：（一）法律、法规，国家机关的决议、决定、命令和其他具有立法、行政、司法性质的文件，以及官方正式译文；（二）时事新闻；（三）历法、通用数表、通用表格和公式。"

新闻媒体上发表的各种体裁的新闻作品，如评论、杂文、散文、通讯、特写、述评、调查报告、采访札记、报告文学、理论文章、小品文、分析性新闻、解释性新闻等，或是具有不同程度的文学色彩，或是具有一定的社会研究价值，具有独创性，都不属于时事新闻，适用于著作权法的保护。

关于互联网上以数据形态传播的作品是否受著作权保护问题，1991年的《著作权法》在列举作品的种类和使用方式时，没有采取穷尽的表述方式，而是以"其他"、"等"的语汇留下了可解释的空间。2000年，最高人民法院《关于审理涉及计算机网络著作权纠纷案件使用法律若干问题的解释》明确规定："受著作权法保护的作品，包括著作权法第三条规定的各类作品的数字化形式。在网络环境下无法归于著作权法第三条列举的作品范围，但在文学、艺术和科学领域内具有独创性并能以某种有形形式复制的其他智力创作成果，人民法院应当予以保护。"2001年《著作权法》规定了"信息网络传播权"，明确把网络作品纳入了著作权法的规范。

三、著作权的各项权利

著作权分为人身权和财产权两个部分。

（一）人身权

著作权中的人身权，又称精神权利，包括发表权、署名权、修改权和保护作品完整权。人身权由作者独享，既不能转让也不能继承，除发表权外，其受保护的时间不受限制。

1. 发表权

发表权是作者享有的是否发表自己作品的权利。

发表是指通过一定的方式，将作品首次向不特定的多数人公开传播。第一，作品在特定的少数人中间传播（如提交学术会议研讨、请专家审议、供内部简报刊登等）不属发表；第二，每个作品只能发表一次，发表权也只能实施一次；第三，发表需通过一定的方式——或通过报刊社刊登、或通过出版社出版、或通过广播电台广播等，作者将作品交后者发表，意味着后者获得了使用作品的权利。

广播电台、电视台播放他人未发表的作品，不论是完整播放，还是作为节目的一部分播放，都是发表，必须取得著作权人许可，并支付报酬。

2. 署名权

署名权是指作者在作品上表明身份进行署名的权利。署名的主要作用在于确定作品著作权的归属。只要没有相反证明，在作品上署名的人就是作品的作者。

一般情况下，作者有权决定如何对作品署名。作品的作者如是自然人，作者有权决定在作品上署真名、笔名或者不署名；作品的作者如是法人或其他组织，作者有权决定在作品上只署单位名称或同署参与创作的工作人员姓名。例如，有些报刊上署有责任编辑、专版专栏编辑的姓名，而有些报刊则不予署名。是否署个人姓名，决定权在报刊社。

署名权是著作权中的基本人身权。即使在"合理使用"时，仍须注明原作者姓名，不得侵犯作者的署名权。在网络环境中，署名权发展为"权利管理信息"的概念。权利管理信息是指识别作品及其作者、对作品拥有权利的所有人的信息，以及有关作品使用的条款和条件的信息，这些信息都必须在作品的每件复制品上或向公众传播时出现，未经许可不得删除或改变。《著作权法》规定删改权利管理信息的行为构成侵权。

3. 修改权

修改权是作者对作品进行修改或授权他人对作品进行修改的权利。作者有权按照自己的意愿修改作品，有权禁止他人未经自己同意修改自己的作品。

《著作权法》第三十三条涉及作品修改时，对图书出版者和报刊社作了不同的规定。第一款规定："图书出版者经作者许可，可以对作品修改、删节。"第二款规定："报社、期刊社可以对作品作文字性修改、删节。对内容的修改，应当经作者许可。"这就是说，出版社对于作品的任何修改、删节，都必须征得作者许可；而报刊社则相对宽松一些。这是因为，在专业上，报刊的出版发行有很强的时效性和严格的版面限制；在政治上，中国报刊还会有明确的宣传方针和宣传口径，有的文章不进行修改、删节就无法刊出，而这时候再去找作者商量，时间又不允许。因此，《著作权法》对作者的修改权进行了一些限制，给予报刊编辑必要的修改权，但报刊编辑只能对稿件的文字进行修改，不能改变作品的基本内容，更不能因作品的修改而损害作者的声誉。

4. 保护作品完整权

保护作品完整权是指作者有保护自己的作品不受歪曲、篡改的权利。作品是作者思想的结晶，保护作品的完整也就是保护作者精神活动的自由权和自主权。保护作品完整权与修改权的不同在于，即使作者同意他人对作品进行修改、改编、翻译等演绎，修改、演绎后的作品仍然不得对作者在作品中表达的原意有所歪曲和篡改。

（二）财产权

著作权中的财产权，又称经济权利。在 1990 年《著作权法》中，财产权包括使用权和获得报酬权两项权利，在使用权下列举复制、表演、播放、展览、发行等使用作品的方式。2001 年《著作权法》第十条则直接规定以下财产权：复制权、发行权、出租权、展览权、表演权、放映权、广播权、信息网络传播权、摄制权、改编权、翻译权，汇编权以及应当由著作权人享有的其他权利，将行使这些权利的行为概称为"使用"。这些权利著作权人可以自行使用、许可他人使用，也可以转让，许可使用或转让都应当依照约定或者有关规定获得报酬。

1. 自行使用

第一，著作权人对自己的作品行使各种使用权，不受他人干预；第二，他人以任何一种方式使用著作权人的作品，必须取得著作权人的许可，著作权人有权利许可，也有权利不许可；第三，著作权人有权禁止他人未经许可使用自己的作品。

2. 许可使用

许可使用分为专有许可使用和非专有许可使用。专有许可使用是独占性的使用，指著作权人允许被许可人在约定期限内排他地使用自己作品的著作权；非专有许可使用是共享性的使用，是指著作权人允许被许可人以一定方式使用自己的作品，但著作权人自己仍然可以使用，也可以允许第三人以同样的方式同时使用。

专有许可和非专有许可可以合同约定。除法律已作出规定外，书面合同中未明确约定授予专有使用权的，或者没有订立书面合同的，使用者只能取得非专有使用权。报刊发表他人作品，应当取得作者许可，但一般不须同作者订立书面合同或其他书面许可形式。所以报刊社获得的作品许可使用，是非专有使用权。报刊社稿件来源通常是接受投稿和约稿。投稿是一种默示的许可使用；被约稿人同意为约稿的报刊社写稿，就意味着许可约稿者使用其作品。报刊社若要获得专有使用权，应该同作者专门订立书面合同并在报刊上发表声明。

3. 转让

转让包括对各项著作财产权的部分转让和全部转让，全部转让即为"买断"。

著作财产权转让的标的物是部分或全部的著作财产权，转让的结果是使得受让人在法律上成为部分或全部著作财产权的所有人，原作者就丧失了部分或全部的著作财产权。而使用许可的标的物只是对著作财产权的行使，财产所有权并不随之转移，获得使用许可的人并不是著作财产权的所有人，作品的财产权仍然属于作者。即使获得了专有许可的使用人仍然无权将作品许可给第三方使用。而转让的受让人则可以自行把作品许可他人行使受让的权利，还可以把受让的权利再转让给他人。

2001 年《著作权法》列举的各项著作财产权，有许多是 1990 年《著作权法》已经载明的，也有一些是新增加的。最突出的一项就是规定了"信息网络传播权"。在此以前，由于原来《著作权法》并没有采取穷尽列举的方式，所以在互联网作品发生著作权纠纷时，中国司法实践已经把网络传播作为一种使用方式对待。

财产权和人身权中的发表权的保护有一定期限：自然人作品保护期为作者终生及其死亡后 50 年，截至作者死亡后第 50 年的 12 月 31 日。合作作品以最后一位去世者为准。法人或其他组织作品的财产权保护期为作品发表后至第 50 年的 12 月 31 日。作品过了保护期，只保留除发表权外的人身权，财产权和发表权同时失效。

第三节　著作权与公共利益的平衡

著作权法的社会价值在于通过对著作权人智力劳动成果的保护和应有报偿的保障，建构和维护公平有序的创作环境，从而激发广大作者的热情，创作出更多更好的作品，最终促进社会文化的繁荣发展。在这一价值目标下，智力成果只有为社会成员所共享，才能具有社会意义。从另一个角度看，公民对于社会公共信息和人类文化成果享有知悉和使用的权利，作品中所蕴涵的信息是公民知情的对象。如果法律给予著作权人过多的保护，公众获知和使用作品信息的成本就会大为增加，这将不利于知识的推广和社会文化的发展；但是，如果法律片面强调知识信息的社会化，作者的独创性智力成果得不到合理回报，又必然会损害作者的创作热情，最终阻碍社会文化的健康发展。这两者之间的冲突需要通过法律手段进行调节。

著作权法的一项重要内容，就是通过对著作权作出必要、合理的限制，来实现著作权与社会公共利益之间的平衡。

一、不适用著作权法保护

根据《著作权法》第五条，不适用本法保护的有："（一）法律、法规，国家机关的决议、决定、命令和其他具有立法、行政、司法性质的文件，及其官方正式译文；（二）时事新闻；（三）历法、通用数表、通用表格和公式。"在此，我们仅就时事新闻作出分析。

（一）不受著作权法保护的时事新闻

根据中国《著作权法实施条例》，"时事新闻"是指"通过报纸、期刊、电台、电视台等传播媒介报道的单纯事实消息"。

时事新闻不适用于著作权法的原因有两条：

第一，时事新闻往往不具有著作权客体必须具有的独创性。

著作权法所保护的不是客观发生的事实，而是作者通过自己的智力劳动对事实所做的具有创造性的表述，包括描写、分析等。时事新闻是记者和传媒为了以最快的速度把新闻事实传播出去，对新闻事实所做的单纯、直观的记录，凸显事实本身而不刻意追求独创表现形式的特性使得不同记者和传媒的对同一新闻事实的报道很难区分开来。因此，这类作品不具有独创性，不能构成著作权法意义上的"作品"。

第二，为了满足公民的知情权而必须对作者的著作权予以适当的限制。

在现代社会，公众具有及时了解公共事务的知情权，这是公民的一项基本政治权利。而著作权的保护、特别是对其中著作权人人身权的保护，要求他人必须尊重著作权人的意愿、取得许可后才能使用作品，在这一法律规范之下，作品内容扩散的速度和广度都受到了相应的限制。公民的政治权利和民事权利在此产生了冲突。著作权法将时事新闻排除于著作权法保护之外，对记者个人权利进行限制，有利于时事新闻的迅速、广泛传播，满足公众的知情权，从而实现两种权利之间的平衡。

时事新闻不适用著作权法保护是国际惯例。《保护文学和艺术作品伯尔尼公约》规定："本公约的保护不适用于日常新闻或纯属报刊信息性质的社会新闻（Miscellaneous Facts，直译为'杂项事实'、'杂事'）。"许多国家的著作权法或是没有把新闻列入受著作权保护的作品之内，或是明文规定允许无限制地复制、传播新闻媒介发布的每日新闻。中国《著作权法实施条例》对"时事新闻"界定与"报刊信息"、"日常新闻"的含义相同。

（二）时事新闻的财产权与法律保护

在著作权法中，时事新闻不适用著作权法保护，传播者不能享有知识产权，但这并不等于它不受任何保护。信息作为一种客观存在的资源，经过记者的劳动加工就成为一种财产，采写者的民事权利应当得到承认和尊重，作者享有一般意义上的财产权。在实际工作中，时事新闻如被刊发，作者可以获得相应的稿酬，并可以在新闻上署名。时事新闻的财产权与知识产权的不同之处在于，采写者只能像一般财产交易那样获得一次性报酬，而著作权则是一种"连续的权利"，著作权人在作品发表后每一次再使用中都有权获得报酬。

从传媒角度看，新闻是传媒的主要产品。新闻单位投入大量资源组织新闻生产，重要目的之一就是要通过新闻产品的交换获得相应回报，并保障其可持续发展。如果一个传媒投入大量成本产出的新闻被另一传媒无偿使用，就会导致传媒业的无序竞争而失去公平和公正。为此，有的国家对新闻予以另行保护。如意大利的著作权法规定，在通讯社对它的新闻公报注明了发布日期和时间的情况下，他人在实际公报发布 16 小时内，或在通讯社授权发布的报刊发行前，转载或广播通讯社的新闻公报的，视为非法。有些国家以其他法律如反不正当竞争法加以规范，如美国在 20 世纪初就确认新闻是"准财产"。在美联社诉国际新闻服务社案中，法院判决后者剽窃前者的新闻传送给自己用户的行为构成不正当竞争。在另一些判案中，法院禁止电台在通讯社未能将新闻送到用户手中之前就广播通讯社的新闻。法院还认为未经允许使用他人新闻中的故事必须在报纸出版 20 小时以后。法院指出，这类案例中的原告的权利并不是著作权，而是因为信息是耗费了劳力、技能、金钱等而获得的这样一个事实。新闻的这种财产性决定它是不可被盗用的。中国新闻界提出的"信息产权"概念，与专利技术信息的权利无关，指的也是这种财产权。

部门规章《互联网站从事新闻业务管理暂行规定》要求综合性新闻网站登载新闻应当同有关新闻单位签订协议，体现了对新闻单位权益的保护。应当指出的是，"保护新闻单位的知识产权"与著作权法的基本精神不符。因为时事新闻没有知识产权，而且正因为时事新闻的作者不享有著作权，新闻单位方才有权去签订许可他人使用的协议，并且收取一定费用。对于新闻单位发表的那些有著作权的新闻作品，其中大多数作品包括职务作品，其著作权应归作者所有，是否许可他人使用，权限在作者而不在新闻单位。网站在转载这些作品时，由于属于"法定许可"的范围，可以不先征得作者许可，但是必须付给作者报酬。在同新闻单位签订协议时，应该明确对于那些受著作权法保护的新闻作品，是由收取费用的新闻单位把一部分费用转交作者作为稿酬，还是由网站另行付给作者稿酬。否则以后有可能发生著作权纠纷。

二、合理使用

"合理使用"就是使用人根据著作权法的规定，基于正当目的，不经著作权人许可、不支付报酬在一定范围内使用他人作品。包括如下五条原则：第一，合理使用必须有法律依据；第二，合理使用的作品必须是已经发表的；第三，合理使用的目的必须正当，主要是为了个人学习研究和出于信息传播、教育、科学等社会公共利益的需要，而不以营利为目的；第四，合理使用必须注明作者的姓名、作品的名称和出处；第五，合理使用不得损害作者的其他权益，如不得对作品进行歪曲、篡改等。

《著作权法》第二十二条规定了"合理使用"的12种情况，这里重点分述与新闻传播活动关系密切的部分。

（一）为学习、教学和研究而使用

就个人而言，包括第一项："为个人学习、研究或者欣赏，使用他人已经发表的作品。"第二项："为介绍、评论某一作品或者说明某一问题，在作品中适当引用他人已经发表的作品。"其条件有二：一是限于个人（家庭）使用；二是没有商业目的。

就单位而言，主要是第六项："为学校课堂教学或者科学研究，翻译或者少量复制已经发表的作品，供教学或者科研人员使用，但不得出版发行。"其条件有三：一是使用方式限于翻译和少量复制；二是使用范围只限于学校、科研单位之内（新闻单位的研究部门似也可适用）；三是不得出版发行。

（二）为新闻传播而使用

第三项："为报道时事新闻，在报纸、期刊、广播电台、电视台等媒体中不可避免地再现或者引用已经发表的作品。"所谓"不可避免"，是指在新闻报道中必然和必须出现的内容，如广播报道音乐会时播出一段音乐旋律、电视报道画展时出现某些画面等。《保护文学和艺术作品伯尔尼公约》（以下简称《伯尔尼公约》）第十条之二第二项有关新闻报道对他人作品的合理使用，限定于

"在事件过程中看到或听到的文学或艺术作品，且符合报道目的正常需要的范围内"。

第四项："报纸、期刊、广播电台、电视台等媒体刊登或者播放其他报纸、期刊、广播电台、电视台等媒体已经发表的关于政治、经济、宗教问题的时事性文章，但作者声明不许刊登、播放的除外。"在1990年《著作权法》里，这项合理使用仅限于社论、评论员文章，2001年《著作权法》放宽到关于政治、经济、宗教问题的时事性文章，从而与《伯尔尼公约》相衔接。该《伯尔尼公约》第十条之二第一项规定："本同盟各成员国的法律得允许通过报刊、无线电广播或对公众有线广播，转载发表在报纸、期刊上的讨论经济、政治或宗教的时事性文章，或具有同样性质的广播作品，但以对这种转载、广播或转播并未明确予以保留的情况为限。然而，均应明确说明材料出处；对违反这一义务的制裁由被要求给予保护的国家的法律确定。"

对于上述条款的几点提示：

第一，合理使用的范围是在新闻媒介上已经发表的关于政治、经济、宗教问题的时事性文章——其表述方式为穷尽式列举，这三类以外的内容不属于合理使用。

第二，合理使用的方式是其他新闻媒介予以刊登或播放。不是新闻媒介，不能对这些文章作合理使用。

第三，本条在列举四大媒介之后有一个"等"字，还包括别的什么媒介，值得研究。若包括互联网新闻网站，那么前述新闻网站登载新闻要同新闻单位签订协议的做法将同这一规定发生冲突。

第四，对三类时事性文章的合理使用与时事新闻不适用著作权法保护是完全不同的。这三类时事性文章属于有著作权的作品，只是为了便于新闻信息的传播，才把它们归于合理使用的范围。因此本条还有保留规定，即作者声明不许其他媒介刊登、播放的则不得刊登、播放，表明作者对于自己的作品是否允许合理使用仍有最后决定权。有权作出这样声明的只是作者，发表文章的媒介要作这样的声明是无效的，因为它们不享有对这些文章的著作权。

第五项："报纸、期刊、广播电台、电视台等媒体刊登或者播放在公众集会上发表的讲话，但作者声明不许刊登、播放的除外。"公众集会一般指公众可以自由出入的场所的集会，包括政治性集会或庆典活动性集会，不包括学术活动和学术演讲。新闻媒体刊播公众集会上的讲话，不需征得讲话者的同意，但如演讲者事先有不许刊播的声明，则不能予以刊播。

（三）其他公益使用

如公务使用，第七项："国家机关为执行公务在合理范围内使用已经发表的作品。"图书馆等使用，第八项："图书馆、档案馆、纪念馆、博物馆、美术馆等为陈列或者保存版本的需要，复制本馆收藏的作品。"公开陈列使用，第十项："对设置或者陈列在室外公共场所的艺术作品进行临摹、绘画、摄影、录像。"该项使用显然不能具有商业目的。

（四）免费表演

第九项："免费表演已经发表的作品，该表演未向公众收取费用，也未向表演者支付报酬。"

（五）特定群体使用

第十一项："将中国公民、法人或者其他组织已经发表的以汉语言文字创作的作品翻译成少数民族语言文字作品在国内发行。"这里的汉语言文字作品限于原作。第十二项："将已经发表的作品改成盲文出版。"

在新闻报道中，合理使用中比较难以掌握的是适当引用和抄袭、剽窃的界限。根据《著作权法实施条例》的规定：第一，引用目的仅限于介绍、评论某一作品或者说明某一问题；第二，所引用的部分不得构成引用者作品主要部分或者实质部分；第三，不得损害被引用作品著作权人的利益。一般说来，适当引用，只是为了证实、介绍、说明、烘托或者反驳的需要；去掉引用的部分，引用者作品仍然不失为一件独立存在的作品，即使是有缺漏的作品。如果去掉引用的内容，作品不复存在或难以独立存在，那么引用的内容就成为引用者作品的主要部分或实质部分，就有抄袭、剽窃之嫌。

在新闻作品创作过程中，作者借鉴（参考）他人已经发表的作品，模仿其结构、行文方式等，甚至用自己的语言说出他人作品中的某些事实和观点，是法律所允许的。著作权法保护的主要是作品的表现形式，而不是作品陈述的事实。只有大段行文完全相同或基本相同，才会发生抄袭问题。

三、法定许可使用

"法定许可使用"又称"非自愿许可使用"，是使用人根据著作权法规定的范围，可以不经作者同意而使用作品，但使用人必须向作者支付报酬。"法定许可使用"和"合理使用"都是不经著作权人同意可以使用作品，所使用的作品都必须是已经发表的作品，但前者必须支付报酬，而后者则不必支付报酬。

法定许可就是法律推定著作权人在某些情况下可能同意并且应该同意将已经发表的作品再次交由他人使用，因此可以不必征求作者意见而先行使用，使用后再付酬。这一制度的出发点是为了简化著作权手续，促进作品迅速而广泛地传播，便于社会共享文化成果；作者也可以在作品的广泛传播中获得更多的收益。在现实社会中，多数作者对于这类转载，只要事后得到正常稿酬，一般采取默认态度，这种惯例成为立法的基础。

《著作权法》关于法定许可使用的规定包括如下几项：

（一）报刊相互转载法定许可

《著作权法》第三十二条第二款规定："作品刊登后，除著作权人声明不得转载、摘编的外，其他报刊可以转载或者作为文摘、资料刊登，但应当按照规定向著作权人支付报酬。"

对本条款的几点提示：

第一，转载、摘编已出版的图书作品或是把报刊上的作品摘编成图书，都不适用"法定许可使用"，应当事先征得专有使用人和著作权人的同意；报刊社将本报刊发表的文章汇编成书交出版社出版，也必须征得原作者的同意，否则，需承担侵权责任。

第二，在报刊上发表作品的著作权人声明不得转载、摘编其作品的，应当在报刊首次刊登该作品时附带声明。

第三，按照著作权法的原则，作品被使用多少次，作者就应当获得多少次报酬。但有的报刊行使法定许可时只给摘录者付报酬，而不给原作者付报酬，这是不对的。严格地说，摘录者获得的报酬应当是劳务费而不是稿酬，因为摘录者的工作不具有独创性，与著作权不相关，原作者才是被摘录作品的著作权人。

（二）电台、电视台播放法定许可

《著作权法》第四十二条第二款规定："广播电台、电视台播放他人已发表的作品，可以不经著作权人许可，但应当支付报酬。"这里的播放，包括单独完整地播放，也包括在另一个完整的节目或作品中采用他人已发表作品的全部或部分进行播放。

（三）电台、电视台播放已出版录音制品法定许可

《著作权法》第四十三条规定："广播电台、电视台播放已经出版的录音制品，可以不经著作权人许可，但应当支付报酬。当事人另有约定的除外。具体办法由国务院规定。"

录音制品包括唱片、录音带等，其中音乐作品的播放量最大。需强调的是，本条付酬只限于著作权人即作者，表演者、录音制品作者不能获酬。

（四）录音制作者法定许可

《著作权法》第三十九条第三款规定："录音制作者使用他人已经合法录制为录音制品的音乐作品制作录音制品，可以不经著作权人许可，但应当按照规定支付报酬；著作权人声明不许使用的不得使用。"这里的"合法录制"，一般是指正式出版的音乐作品。

（五）教科书法定许可

《著作权法》第二十三条规定了在教科书中汇编已经发表的作品片段或者短小的文字作品、音乐作品或者单幅的美术作品、摄影作品，适用法定许可。

（六）网络传播法定许可

这是最高人民法院2000年司法解释的规定："已在报刊上刊登或者网络上传播的作品，除著作权人声明或者上载该作品的网络服务提供者受著作权人委托声明不得转载、摘编的以外，网站予以转载、摘编并按规定支付报酬、注明出处的，不构成侵权。"这条规定在法定许可方面赋予网站与报刊同等地位，报、刊、网三者之间可以按法定许可原则相互转载、摘编作品。

司法解释还规定："但网站转载、摘编作品超过有关报刊转载范围登载，应当认定为侵权。"这主要是指转载、摘编书籍、电影等非报刊媒体的内容，不能适用法定许可。

第四节　传播者的权利

著作权法意义上的传播者有自然人，如表演者，而多数则是媒介，主要是各种大众传播媒介。作品要进入社会必须经过传播者的传播。传播者在传播作品的过程中，要投入大量资源对作品的传播形式进行再创造，以形成新的传播产品。这种新的传播产品是传播者智力劳动的成果，传播者应当享有权利。传播者权是传播者在传播作品过程中，在保持作品内容不变或基本不变的前提下，对于自己赋予作品的独特传播形式所享有的一种权利。此外，传播者权还包括法律赋予传播者的其他权利，如对作品的法定许可使用权利等。由于传播者权是在传播原作品过程中形成的，与原作品相邻接，故被称为"邻接权"，又称"有关权"，中国《著作权法》称为"与著作权有关的权益"。

传播者权与原作品著作权有着多方面的关系：第一，传播者权是著作权的延伸和发展，两者具有某些相同特征，如作为权利客体的作品和"传播产品"都必须具有一定程度的独创性。第二，传播者与原作品作者是平等的民事关系，传播者权与原作品的著作权是平行的关系，两者不能相互包含和取代。第三，一件作品可以被传播多次，所形成的传播产品可以有多个或多层次，传播者权也具有多层次性。后面层次的传播者既要尊重其所利用的传播产品的传播者权，又要尊重原始作品作者的著作权。比如对他人表演录音录像，不但要取得表演者许可并付酬，还要取得所表演的作品的著作权人许可并付酬。复制、发行录音录像制品，不仅要取得录音录像制作者许可并付酬，还要取得作品的著作权人和表演者许可并付酬。第四，有时，传播者权和著作权之间很难划出一条明确的界线，有的传媒在传播过程中所形成的传播产品就是一件新的作品，如报社的传播活动，编辑必须把他人作品汇编成若干版面、形成整体才能进行传播，这样，整体的报纸既可作为一个传播产品，又可视为一件汇编作品，此类作品常常不用邻接权而直接用著作权来保护。第五，著作权的实现依赖于各种传播手段，要保护著作权就必须保护传播者权，保护传播者权有利于更好地保护著作权、促进作品的广泛传播。

在世界知识产权组织有关文件中，传播者权主要包括表演者权、录音制品制作者权和广播组织权，1961 年制定了《保护表演者、录音制品制作者和广播组织的国际公约》（即《罗马公约》）。中国《著作权法》中的传播者权包括出版者权、表演者权、录音录像制作者权和电台、电视台播放权。将出版者权纳入邻接权范畴为中国所特有。

现阶段中国对大众传媒实行审查批准制，所以，中国传播者权（除表演者外）基本上属于特许权。根据相关法律、法规，传播者权的内容主要有以下几项：

一、出版者权

出版者权主要是指报刊社、图书出版社对其出版的报刊、图书的版式设计所享有的专有权及法律授予出版者的其他权利。出版者权的权利主体是报刊社和图书出版社，而不是自然人和非出版单位。这是由于中国《著作权法》把出版限定于报刊、图书的出版，《出版管理条例》规定，报刊、图书必须由出版单位出版，设立出版单位实行审批制。出版者权的客体是出版物独有的外观形式，包括出版物的装帧、正文的版面安排等，而不是出版物的内容和报纸、期刊的汇编作品。出版者所享有的权利主要包括以下几个方面：

（一）对报、刊、图书的版面、装帧设计的专有权

报、刊、图书的版面和装帧设计无论是报社、期刊社、图书出版社自行编辑完成，还是委托社外人员完成，一经采用，其权利归报社、期刊社、图书出版社专有，未经许可，他人不得模仿抄袭。否则，权利人可以通过司法途径维

护自己的合法权益。

（二）图书出版者对被委托作品的专有出版权

在中国，作者要出版自己的作品，必须把作品委托给出版社。按照《著作权法》规定，图书出版者按照图书出版合同的约定享有专有出版权。这种权利排除了包括著作权人在内的一切他人另行出版该作品的权利。本来，按照合同法的平等原则，作者委托图书出版者出版作品是授予专有出版权还是非专有出版权，应由合同双方自行商定。现在以法律强制规定出版社通过合同获得一定期限的专有出版权，是对国有出版社的扶植和对著作权人权利的限制。从这个意义上说，图书出版者对被委托作品依法享有专有出版权，也是它所特有的出版者权。

这里，应当注意版权、出版权、出版者权等概念的区别。版权即著作权。在中国出版法中，出版权有两个含义：一是行政法概念，指国家授予特定主体出版合法出版物的特许权；二是著作权法概念，大致包含《著作权法》规定的人身权中的发表权和财产权中的复制权、发行权，这一权利归著作权人享有，在中国必须由作者授予出版者行使。出版者权即邻接权，包括对图书版式设计的权利和对相关作品的专有出版权等。出版社获得相关作品的专有出版权，只是获得了在一定期限内对作品的专门使用权，而不是作品的著作权（版权），是作者对作品使用权的有限授予，而不是著作权的转让，在合同期满后，使用权依法回归著作权人。

（三）报刊出版者对相关作品的非专有使用权和一定期限内首次发表的专有权

报社、期刊社对相关作品拥有非专有使用权。《著作权法》规定，对作品的许可使用是专有使用还是非专有使用由合同约定。凡合同未予明确约定的，使用者对作品只享有非专有使用权。报刊发表他人作品一般没有书面合同，所以不能获得专有使用权，只拥有一次使用作品的权利。报刊社如要再次使用作品，必须再次征得作者的许可，并另付稿酬。同时，报刊社对于在本报刊上发表的作品也没有排除他人使用的权利，因为作者对这些作品仍然享有完整的使用权。

有些报刊社以编辑部的名义发表声明禁止他人转载本媒体刊登的作品，没有法律效力，并有侵权之嫌。只有作者的声明才能对他人的使用作出有效限制。但作者一般不愿意作出这样的声明，因为只要法定许可严格执行，他人的转载不仅可以使作品广泛传播，作者也能够获得更多报酬。1991年，国家版权局相关文件指出："未经著作权人授权，报刊刊登对其发表的作品享有专有出版权的启事，不符合著作权法的规定。"

报刊社若要取得对其发表作品的专有出版权，必须同作者订立书面合同，取得正式授权。

人民日报国际部主办的《环球时报》，以报道国际事件为主要内容。由于该报被授权使用人民日报社在世界各地的 33 个记者站，所以有许多报道具有独家性质，许多报刊大量转载该报文章而不注明转载出处，或者不署名，或者付很少的稿费甚至不付。该报负责人认为，驻外记者站的成本非常高，每个记者站一年的开销至少几万美元，那些报刊的转载行为，是一种毫无成本的不公平的报业竞争。《环球时报》同 38 名驻外特派记者一一协商，获得了他们在该报发表的作品的代管权，并在 1998 年 3 月 15 日授权律师在本报发表郑重声明：对于上述驻外记者的作品，未经《环球时报》的书面许可，任何报刊不得转载、摘编，违者将被依法追究侵权责任。其后有若干报纸违背声明进行转载，《环球时报》与之交涉，均取得良好效果。如《本溪日报》星期刊在 3 月 29 日转载了《环球时报》3 月 22 日的两篇文章，经交涉，《本溪日报》星期刊在 5 月 17 日的《环球时报》上公开道歉。《环球时报》还同十余家报刊签订了有偿转载协议。[①]

《环球时报》这个做法，实际上是获得了驻外记者作品的专有出版权。获得作品的专有出版权只是获得对作品的排他使用权，不等于获得了作品的版权，第三方如需使用作品，必须征得专有使用者和作者双方的同意，并给作者支付稿酬。有些首发报刊把"作品使用费"完全充作自己的收入，是不符合著作权法的。如要获得作品的版权（严格说是获得作品著作权中的财产权），就必须同作者订立著作权转让合同。由于报刊不可能再版，报刊社又没有出版图书的权利，收购作品著作权没有实际意义。

使用作品是有偿的。一次性使用、专有使用还是著作权的转让，价款各不相同。报刊社如仅支付作品的一次性使用费，无法获得专有使用权，更不可能获得著作权。

《著作权法》给予报刊社使用他人作品一定的期限照顾。按照非专有使用的原则，著作权人有权把自己的作品交由多个主体同时使用，"一稿多投"应

---

① 参见《环球时报》，1998-03-15、1998-05-17；《人民日报》，1998-03-23；《新闻记者》，1998（8）。

该是合法的。但是《著作权法》对向报刊社投稿规定了一个期限："著作权人向报社、杂志社投稿的，自稿件发出之日起十五日内未收到报社通知决定刊登的，或者自稿件发出之日起三十日内未收到杂志社通知决定刊登的，可以将同一作品向其他报社、杂志社投稿。双方另有约定的除外。"这一条款对作者投稿作出了一定限制，也就是要求一件作品一次只能向一家报刊社投稿，在这家报刊社不拟采用后方可向别的报刊社投稿。这实际上是授予报刊社对作品首次发表的专有权。但是如果报刊社把来稿长期压着不发，也会损害作者的利益。法律对报刊社处理来稿的期限作出限定，作者在期满后未得到报刊社答复，即可视为报刊社不拟采用稿件，有权另作处理。其目的在于协调作者和报刊社之间的关系，使双方的利益都得到保护。从作者与报刊社之间的法律关系看，作者投稿，就是向有关报刊社发出了许可使用的要约，而在一定期限内没有得到对方同意使用的承诺，作者方才有权向别家报刊社发出另外的要约。

不过投稿、用稿毕竟是作者和报刊社之间的民事关系，在时限上还应取决于双方的意愿。"双方另有约定"是指双方通过某种方式达成的谅解。如果报刊社认为 15 天或 30 天的期限太短，执行起来有困难，可以在约稿启事中声明一个较长的处理期限，投稿者在投稿时若未表示异议，就可视为接受这个约定；投稿者也可以在投稿时要求报刊社按照法律规定的 15 天或 30 天期限甚至比这个期限更短的时间内答复。

二、表演者权

表演者权是对作品进行艺术表演而获得的权利。它与表演权不同，表演权是著作财产权的一种，是著作权人享有的公开表演作品，以及用各种手段公开播送自己作品的表演的权利。表演者权是演员、歌唱家、音乐家、舞蹈家等通过表演作品获得权利。表演是对文字作品进行直观的形象（视觉、听觉）塑造，具有很大的创造性，表演者理应对自己的表演享有权利。表演者权包括人身权和财产权。

人身权包括：第一，表明表演者身份，主要是署名的权利；第二，保护表演形象不受歪曲，主要是指当表演被直播或者被固定在图画、摄影、录音、录像上时，必须有正确的表现，不得歪曲、丑化。

财产权包括：第一，许可他人从现场直播和公开传送其现场表演；第二，许可他人为营利目的录音录像；第三，许可他人复制、发行录有其表演的录音录像制品；第四，许可他人通过信息网络向公众传播其表演。以上四项，均有权获得报酬。

表演者的主要义务：第一，使用他人作品演出，应当取得著作权人许可并付酬；第二，使用演绎作品演出，应当取得演绎作品著作权人和原作品的著作权人许可并付酬。

三、录音录像制作者权

录音录像制作者权，指录音录像制作者享有对录音录像制品（包括唱片、激光唱盘、录音带、录像带等）的专有权利。与电影、电视、录像作品不同，一般说来，录像制品是指直接摄录的制品，如对演讲、学者讲座、舞台表演等的摄录，录制者对摄录对象基本不做加工，独创性较低，受邻接权保护。电影、电视、录像作品则主要是制片者的创作，摄录内容具有独创性，受著作权保护。录音录像者权主要有以下几项内容：

第一，复制权。即自己复制或许可他人复制自己录音录像制品并取得报酬的权利。他人以学习、欣赏为目的的极少量复制，不在此例。

第二，发行权。发行就是将制品进入市场，满足群众需要，实现经济效益。可以自己发行，也可以委托或许可他人发行。未经许可发行他人录音录像制品是侵权行为。

第三，出租权。有偿许可他人临时使用录音录像制品的权利。

第四，信息网络传播权。指自行在网络上向公众传播录音录像制品并取得报酬的权利以及许可其他网络机构在网络上传播自己的录音录像制品并取得报酬的权利。

录音录像制作者制作录音录像制品时使用他人作品，无论是否发表，均应取得著作权人许可并付酬，但使用已经合法录制为录音制品的音乐作品，可适用法定许可。还应当同表演者订立合同并付酬。

四、广播电台、电视台播放权（广播组织权）

广播电台、电视台播放权是指广播电台、电视台通过无线或有线等方式向公众播放内容所享有的控制权。其权利主体是广播电台、电视台，国际上统称为广播组织，并把这项权利称为广播组织权。权利客体是广播组织播放的内容。

在广播组织播放的内容中，有一些内容堪称作品，其独创性比较高，在法律上受著作权保护；还有一些内容或是广播组织对人物、事件、景物的现场直播或录播，或是对他人作品、录音录像制品和其他信息资料的直接播放或经加工后的播放等，广播组织获取这些内容需要付出一定的创造性劳动，并投入大量资金，这部分内容在法律上受播放权（领接权）保护。

2001年《著作权法》在规定广播组织邻接权客体时，不再使用"节目"一词，这意味着法律对广播组织邻接权保护的扩大。就是说，只要是通过广播、电视播放的具有该广播组织一定独创形式的内容（包括录音、拍摄、剪辑、编排等），都应受该广播组织的控制，受邻接权的保护。而"节目"一词，按照《广播电视管理条例》的解释，包括电视剧和其他录音录像作品，这些堪称作品的节目具有较高独创性，是著作权保护的对象。

再来看权利本身。《著作权法》第四十四条规定："广播电台、电视台有权禁止未经其许可的下列行为：（一）将其播放的广播、电视转播；（二）将其播放的广播、电视录制在音像载体上以及复制音像载体。"根据这一规定，公民或社会组织无论是对电台、电视台播放的内容进行转播，还是进行录制，或是录制后复制，包括进入市场发行，除合理使用外，都必须征得电台、电视台的许可，并按要求支付报酬。

中国对广播组织权的规定与国际公约基本接轨。如《罗马公约》规定广播组织应有权授予或禁止：第一，转播他们的节目；第二，录制他们的节目；第三，复制；第四，在公共场所以售票方式向公众传播电视节目。例外条款：第一，私人使用；第二，在时事报道中少量引用；第三，广播组织为了自己的广播节目利用自己设备暂时复制；第四，用于教学和科研。《与贸易有关的知识产权协议》规定广播组织有权禁止未经许可的行为：第一，将其广播以无线方式重播；第二，将其广播固定；第三，将已固定的内容复制；第四，通过同样方式将其电视广播向公众传播。

行使传播者权的一个基本原则就是不得损害所传播的原初作品作者的权利。电台、电视台应当注意如下义务：

第一，播放他人未发表的作品，应当取得许可并付酬。

第二，播放他人已发表的作品（不包括电影作品和类似摄制电影的方法创作的作品、录像制品），适用法定许可。合理使用不必付酬。著作权人已声明不许使用的，不得使用。

第三，电视台播放电影作品和类似摄制电影的方法创作的作品、录像制品，应取得制片者或录像制作者许可并付酬；播放他人的录像制品，还要取得著作权人许可并付酬。

第四，使用经过改编、翻译等产生的演绎作品，既要向改编者、翻译者等付酬，又要向原初作品作者付酬。

第五，对于表演，若要现场直播，必须征得表演者许可并付酬；录制播放同样要征得许可并付酬。还应当同表演者订立合同。

第六，邀请表演者表演进行播放或录制节目，不仅要向表演者付酬，还要向被表演的作品作者付酬。

第七，广播电视节目被复制发行，除电台、电视台获得报酬外，节目中作品的作者、表演者也有权获得报酬，他们报酬的支付者是被许可的复制发行的录音录像制作者。

五、互联网内容服务者的传播者权利

互联网内容服务者（ICP）在传输内容时必定会赋予有关作品新的形式，符合传播产品的特征，是否也应该享有传播者的权利呢？

《世界知识产权组织版权公约》（WCT）第五条规定："数据或其他资料的汇编，无论采用何种形式，只要由于其内容的选择或排列构成智力创作，其本身即受到保护。"这种保护同对编辑作品或传播产品的保护相同，即不延及数据或资料本身，亦不得损害数据或资料的已有权利。中国《著作权法》规定，汇编作品除了被汇编作品及其片段外，还包括汇编不构成作品的数据或者其他材料，只要体现了独创性，即为汇编作品。互联网内容服务者和众多上网者在传播过程中合法制作的网页版式，特别是首页版式，以及各种链接设置、数据文件汇编等，只要具有独创性，就可以成为汇编作品受到著作权保护。此外，互联网内容服务者对其所传播的作品可以通过合同的方式取得专有使用权。

在享有上述权利的同时，互联网内容服务者除了自己发布的内容不得侵犯他人的著作权和邻接权外，还应对用户在网络上的侵犯著作权行为负有一定义务。对此，2000年最高人民法院司法解释规定了如下原则：

第一，互联网服务者［包括互联网内容服务者（ICP）和互联网服务提供者（ISP）］参与他人侵犯著作权行为，或者教唆、帮助他人实施侵犯著作权行为，承担共同侵权的连带责任。

第二，互联网内容服务者明知用户通过网络实施侵犯著作权行为，或者经著作权人提出确有证据的警告，但是仍然不采取移除侵权内容等措施以消除侵权后果，承担共同侵权的连带责任。

第三，互联网内容服务者应当按著作权人的要求，向他提供侵权人在网上的注册资料以追究其侵权责任，没有正当理由拒绝提供的，承担不履行义务的民事责任。

第四，著作权人向互联网服务者提出侵权信息警告或者索取侵权人注册资料，必须出示自己的身份证明、著作权权属证明和侵权情况证明，如果不能提供，视为没有提出警告或索取请求。

第五，互联网服务者按照著作权人提出的确有证据的警告，采取移除被控侵权内容的措施，不承担对被控侵权的人的违约责任。

第六，如果著作权人指控侵权不实，被控侵权的人因互联网服务者采取措施而遭受损失，请求赔偿，由指控侵权的人承担赔偿责任。

上述所论均为著作权问题，那么，对于独创程度较低的网络制作，互联网内容服务者是否享有邻接权，是一个有待研究的问题。

第五节　新闻传播侵犯著作权的法律责任

侵犯著作权行为的法律责任包括民事责任、行政责任和刑事责任。其中民事责任包括以下两种：第一，当事人不履行合同义务或不按照合同约定履行义务，这种民事责任被称为违约责任；第二，侵权责任。《著作权法》规定了11项应当承担民事责任的侵犯著作权和邻接权的行为。其中，有8项侵权行为在承担民事责任的同时，还可以由著作权行政管理部门给予行政处罚。1997年《刑法》规定了侵犯著作权罪和销售侵权复制品罪，对于构成犯罪的侵权行为，依法追究其刑事责任。

一、违约责任

使用他人作品应当同著作权人订立合同。合同中对使用作品的方式、范围、期限、付酬标准和办法、违约责任以及是否专有使用等作出规定。违反合同规定就是违约行为，应当承担违约责任。

报刊使用他人作品一般无须订立书面合同，但报刊社与作者之间存在着合同关系。作者向报刊社投稿就是提出要约，报刊社如果答复作者将要采用稿件就是承诺，两者之间的合同就宣告成立；报刊社向作者约稿是报刊社提出要约，作者同意写稿就是承诺，合同也宣告成立。如报刊社告知投稿人采用来稿，后因故未能采用，或非因质量问题而未予采用约稿，即为报刊社的民事违约行为。通常，报刊社解决这一问题的办法是，给作者支付一笔退稿费并向作者致歉。在法律上，这一行为就是主动承担违约责任，符合著作权法精神。作者方面也会发生违约行为。《著作权法》关于报刊社处理来稿期限的规定，前提就是一件作品一次只能向一家报刊社投稿，作者向报刊社投稿，实际上包含着对一稿一投义务的承诺，所以在报刊社处理期限之内的一稿多投也是一种民事违约行为。现实中，因为这种违约行为情节轻微，报刊社大多未予追究。

二、侵权责任

根据《著作权法》第四十六条规定的应当承担民事责任的侵犯著作权行为有以下几项：

（一）未经著作权人许可，发表其作品的；

（二）未经合作作者许可，将与他人合作创作的作品当作自己单独创作的作品发表的；

（三）没有参加创作，为谋取个人名利，在他人作品上署名的；

（四）歪曲、篡改他人作品的；

（五）剽窃他人作品的；

（六）未经著作权人许可，以展览、摄制电影和以类似摄制电影的方法使用作品，或者以改编、翻译、注释等方式使用作品的，本法另有规定的除外；

（七）使用他人作品，应当支付报酬而未支付的；

（八）未经电影作品和以类似摄制电影的方法创作的作品、计算机软件、录音录像制品的著作权人或者与著作权有关的权利人许可，出租其作品或者录音录像的，本法另有规定的除外；

（九）未经出版者许可，使用其出版的图书、期刊的版式设计的；

（十）未经表演者许可，从现场直播或者公开传送其现场表演，或者录制其表演的；

（十一）其他侵犯著作权以及与著作权有关的权益的行为。

《著作权法》对第六、第八两项有豁免规定。

根据《著作权法》第四十七条，在承担民事责任基础上还可以给予行政处罚直至追究刑事责任的侵犯著作权行为有以下几项：

（一）未经著作权人许可，复制、发行、表演、放映、广播、汇编、通过信息网络向公众传播其作品的，本法另有规定的除外；

（二）出版他人享有专有出版权的图书的；

（三）未经表演者许可复制、发行录有其表演的录音录像制品，或者通过信息网络向公众传播其表演的，本法另有规定的除外；

（四）未经录音录像制作者许可，复制、发行、通过信息网络向公众传播其制作的录音录像制品的，本法另有规定的除外；

（五）未经许可，播放或者复制广播、电视的，本法另有规定的除外；

（六）未经著作权人或者与著作权有关的权利人许可，故意避开或者破坏权利人为其作品、录音录像制品等采取的保护著作权或者与著作权有关的权利的技术措施的，法律、行政法规另有规定的除外；

（七）未经著作权人或者与著作权有关的权利人许可，故意删除或者改变作品、录音录像制品等的权利管理电子信息的，法律、行政法规另有规定的除外；

（八）制作、出售假冒他人署名的作品的。

《著作权法》或相关法律、法规对第二、第八项以外的其余各项有豁免规定。

按照《民法通则》规定，侵犯著作权行为人应当承担的民事责任包括停止侵害、消除影响、公开赔礼道歉、赔偿损失等方式。赔偿损失主要适用于对著作权人财产权利的侵害，即赔偿著作权人因著作权受到侵害而造成的经济损失。但也可以用于赔偿著作权人人身权利遭受的损害，即精神损害。追究民事责任，采取告诉才受理的原则。

对于传媒发表有侵害著作权内容的作品应当承担的责任，《著作权法》没有明确规定。但从理论到实务上一般采取过错责任原则，即传媒在主观上如有过错——明知来稿侵犯了他人的著作权，仍予发表，或应知来稿为侵权作品（如剽窃抄袭行为已在重要传媒上公开披露等），传媒不察，予以发表，则承担相应的侵权共同责任；如传媒无过错——事先并不知情并且不可能知情，则不应承担侵权责任。

但是，发表抄袭侵权作品的传媒即使主观上无过错，仍有采取一定补救措施的义务。这是因为：第一，受侵害的著作权人通常只能找传媒，不可能直接找到抄袭者；第二，从主观过错看，传媒发表侵权作品，因事先不知情而无过错，但当著作权人查明真相、主张权利时，传媒就成为知情者，如拒不采取补救措施予以更正，对著作权人的侵害处于持续状态，传媒就从无过错转化为有过错，如著作权人主张权利，传媒有可能与侵权者共同承担责任；第三，从客观损害看，传媒发表了侵权作品，实际上是以侵权行为人为著作权人使用了该作品，当真正的著作权人查明真相、提出权利主张后，传媒应当采取补救措施，按照著作权人的请求恢复其正当权利，如署名权、获得报酬权、保护作品完整权等，并公开披露侵权真相。最高人民法院2000年关于网络著作权纠纷的司法解释，对于互联网服务提供者责任的规定，也体现了这些原则。

三、行政责任

根据《著作权法》第四十七条规定，对8项侵权行为除要求侵权人承担民事责任外，还可以由著作权行政管理部门对侵权人进行行政处罚。这8项侵权行为都含有非法出版、发行、播放、传播活动性质，同时损害了社会公共利益，所以还要给予行政处罚。处罚措施包括警告、责令停止非法侵权行为、没收非法所得、没收侵权复制品及制作设备、罚款。著作权管理部门在进行行政处罚时，也可以责令侵权人赔偿受害人的损失。

四、刑事责任

《刑法》第二百一十七条规定了侵犯著作权罪："以营利为目的，有下列侵犯著作权情形之一，违法所得数额较大或者有其他严重情节的，处三年以下有期徒刑或者拘役，并处或者单处罚金；违法所得数额巨大或者有其他特别严重情节的，处三年以上七年以下有期徒刑，并处罚金：（一）未经著作权人许可，复制发行其文字作品、音乐、电影、电视、录像作品、计算机软件及其他作品的；（二）出版他人享有专有出版权的图书的；（三）未经录音录像制作者许可，复制发行其制作的录音录像的；（四）制作、出售假冒他人署名的美术作品的。"

《刑法》第二百一十八条规定了销售侵权复制品罪："以营利为目的，销售明知是本法第二百一十七条规定的侵权复制品，违法所得数额巨大的，处三年以下有期徒刑或者拘役，并处或者单处罚金。"

侵犯著作权罪和销售侵权复制品罪这两项犯罪行为的主体可以是个人，也可以是单位（法人或非法人单位），犯罪人在主观上必须是出于故意，且以营利为目的，利用侵权复制品进行一定规模的非法出版发行和传播活动，而不是剽窃抄袭歪曲篡改他人作品之类仅限于侵犯某个著作权人权益的行为；其侵犯客体不仅是著作权人的合法权益，还扰乱出版物市场秩序和文化管理秩序，侵害了社会公共利益，具有较大的社会危害性。2001 年《著作权法》第四十七条的规定扩大了这两个罪名的内涵，意味着保护著作权力度的加大。

案例及评析

【案例】 罗铭与株洲日报社著作权纠纷案①

2006 年 3 月 6 日，株洲日报社在《株洲日报》视觉栏目中使用了作者罗铭授权刊登的 4 张照片（以下称"涉诉作品"），向罗铭支付稿酬 60 元。此后，株洲日报社所属另一报刊《株洲晚报》于 2006 年 10 月 16 日、10 月 27 日和 11 月 3 日在对涉诉作品做像素缩小、画面拉伸、左下角添加三位人物等技术处理后作为跨页刊头的背景装饰使用三次。其中在 10 月 27 日《株洲晚报》的刊头中，摄影者只署有该刊其他照片摄影者的姓名，未署罗铭姓名。罗铭经与

---

① 参见秦珂：《报刊转载、摘编要遵循法定规则——"罗铭与株洲日报社著作权纠纷案"简评》，载《科技与出版》，2010（9）。

株洲日报社交涉无果后，遂于 2006 年 11 月 15 日以其摄影作品署名权、修改权、保护作品完整权、复制权、发行权和获得报酬权被侵犯为由诉至法院。

一审法院认为，《株洲晚报》在使用涉诉作品时，虽在照片中添加人物，但没有真正影响到原作品的主题思想表达，不属于著作权法意义上的修改，也并非对作品的歪曲篡改。被告对涉诉作品做像素缩小、画面拉伸处理，属于版面设计的客观需要，对作品内容无实质性修改，应视为合理使用。但是，10 月 27 日《株洲晚报》使用涉诉作品时未署原告罗铭姓名，属于有过错行为，应承担侵犯署名权的责任。据此，一审法院判决被告株洲日报社在《株洲晚报》上发布声明向罗铭赔礼道歉、消除影响，支付原告稿酬 900 元。

原告不服一审判决上诉，要求被上诉人赔偿其精神损害费 2000 元，财产损失费 15000 元，其他合理支出 300 元。二审法院审理认为，由于上诉人不能按照《著作权法》第三十三条第二款、《著作权法实施条例》第三十条之规定提供《株洲日报》首次发表其作品时的禁止转载、摘编的声明，因而《株洲晚报》对涉诉作品的使用属于法定许可转载、摘编。二审认定，《株洲晚报》10 月 27 日使用涉诉作品时没有为作者罗铭署名，属于侵犯署名权的行为，应承担相应的民事责任。二审法院指出，《株洲晚报》未经上诉人同意，在使用作品时进行了像素缩小和画面拉伸处理，并且在作品的左下角添加了三位人物，使涉案作品原有的美感和表现力降低，一定程度上失去了作品原有的内涵和特征。《株洲晚报》的这些行为侵犯了上诉人对作品享有的修改权和保护作品完整权。二审法院依据《著作权法》第十条第一款第（二）、（三）、（四）项，第三十三条第二款，第四十七条第（四）、（七）项；《民事诉讼法》第一百五十三条第一款第（二）项，第一百五十八条之规定判决，被上诉人株洲日报社在《株洲晚报》上刊登声明，就侵犯著作权的行为公开赔礼道歉，赔偿上诉人罗铭经济损失 2700 元，驳回上诉人的其他诉讼请求。

【评析】

第一，在本案中，上诉人罗铭在《株洲日报》使用其照片时未按《著作权法》第三十三条第二款和《著作权法实施条例》第三十条的规定附带禁止转载、摘编的声明，因此《株洲晚报》对涉诉作品的使用当属法定许可转载、摘编，二审法院据此认定上诉人提出的《株洲晚报》使用其作品应征得本人许可的诉求无法律依据。

第二，根据 1993 年新闻出版署、国家版权局《关于认真做好报刊转摘作品付酬及收转工作的通知》，报刊转载或摘编作品时应"注明作者姓名、作品名称及原作者首次发表的报刊名称和日期"。《著作权法实施条例》第十九条规定："使用他人作品的，应当指明作者姓名、作品名称。"当事人约定或者无法指明的除外。2002 年最高人民法院《关于审理著作权民事纠纷案件适用法律若干问题的解释》第十七条规定："转载未注明被转载作品的作者和最初登载的报刊出处的，应承担消除影响，赔礼道歉等民事责任。"法定许可不割裂作者与其作品的经济关系，因此要求报刊转载、摘编作品时履行注明义务，不仅是为了保障公众获知有关作品真实、全面的信息，也是实现作者财产权的必要条件。如果报刊转载、摘编作品不注明作者姓名和出处，就会造成著作权信息不完整、不准确，使其他报刊在转载、摘编同一件作品时无法核实作者的身份，更无法向其支付报酬。本案中，《株洲晚报》在 10 月 27 日使用涉诉作品时，既未署作者姓名，也未向其支付报酬，犯了未尽到信息注明义务与支付报酬义务的双重过错，自然应该承担民事责任。

第三，修改权是中国《著作权法》规定的一项特有的精神权利。按照《著作权法》第三十四条第二款的规定："报社、期刊社可以对作品作文字性修改、删节。对内容的修改，应当经作者许可。"保护作品完整权是指作者有权禁止他人歪曲、篡改和割裂其作品的权利。报刊转载、摘编作品要保护作品完整权，要忠实于原作品的思想内涵，不得断章取义、以偏赅全，不能拼凑嫁接、无中生有，更不得恶意诋毁与丑化。本案中，涉诉作品是"摄影作品"而非"文字作品"，《株洲晚报》在未征得作者同意之前对其做像素缩小和画面拉伸等处理不属于《著作权法》第三十四条第二款规定的情形，侵犯了作者的修改权。《株洲晚报》擅自在涉诉作品中添加三位人物的行为，改变了作品的结构，影响了作品的表现力，对保护作品完整权构成侵犯。

第四，本案中，《株洲晚报》的行为不仅侵犯了作者的精神权利，而且侵犯了作者的财产权利。但是对作者的精神损害未造成严重后果，所以按照《关于确定民事侵权精神损害赔偿责任若干问题的解释》第八条第一款的规定，二审法院对上诉人要求精神损害赔偿的诉求不予支持。对于上诉人财产损失的赔偿额度，按照《著作权法》第四十九条之规定，应以上诉人的实际损失或者《株洲晚报》侵权所得为核算标准。在审理中，双方都未提供证据证明实际损失和侵权所得，二审法院只能综合涉诉作品的类型、国家版权稿酬标准、侵权性质、法律后果等因素作出判决。对于上诉人罗铭要求被上诉人株洲日报社支付其为制止侵权的开支的诉求，二审法院认为没有事实和法律依据，不予支持。

《株洲日报》和《株洲晚报》属于同一法人单位株洲日报社，而作者在许可株洲日报社使用其作品时并未声明只能使用一次，那么《株洲晚报》使用涉诉作品的行为究竟属于许可使用，还是法定许可转载、摘编，这是一个值得商榷的问题。

第十章 对新闻传播事业的行政管理

中国对于新闻传播事业的行政管理，有着长久的历史渊源。从党报的发展历史来看，自从党报诞生的那一天起，行政管理为绝对主导的管理模式一直延续到改革开放之前。党报的行政管理模式代表了中国新闻媒体管理模式的主体，广播和电视媒体的管理模式沿用了党报的管理模式。

以 1942 年 4 月 1 日《解放日报》改版为标志，以党报为代表的新闻事业行政管理可以分为三个阶段：

第一个阶段为《解放日报》改版之后至 1956 年 7 月 1 日《人民日报》改版之前，确定了党报的性质：报纸是党的工具。"改革的目的，就是要使《解放日报》成为真正战斗的党的机关报。"在这一阶段，基本上一直处在战争时期，党报及新华社的管理体制沿用了部队体制。

第二个阶段以 1956 年 7 月 1 日《人民日报》改版为标志，到改革开放之前。在这一段时期，新闻事业在坚持党性原则的前提下，提出"报纸是社会公器"，"满足读者需求是一天职"。坚持党性原则，同时坚持新闻媒体为社会服务的原则，也是广播和电视坚持的原则。媒体的部队管理体制在进入和平建设时期后转为完全的行政管理模式，新闻事业的管理模式采用了与管理行政机构一样的管理模式。

第三个阶段从 1978 年开始，新闻传播事业管理模式经历了逐步的改革过程。1979 年，新闻媒体恢复商业广告业务，1985 年，国务院办公厅转发国家统计局《关于建立第三产业统计的报告》中，把教育、文化、广播电视列入第三产业的第四个层次，确定了新闻媒体实行"事业单位企业化管理"的制度安排，行政管理与市场竞争的双重管理模式成为了新闻传播事业的基本管理机制。

从上述以党报为主导的新闻传播事业管理模式的历史变迁特点可以看到，行政机制管理对新闻媒体的发展起到直接而巨大的促进作用。但是在当今，新闻传播事业的行政管理模式已经发生重大转变，完全是一种新的行政管理机制。

我国对新闻传播事业的管理在媒体自律和法律约束的管理基础上，行政管理是重要的管理方式之一。对新闻传播事业的行政管理就是行政主体依照行政法规对行政相对人依法进行管理。行政主体指依法实施国家对于新闻传播事业的管理职权的行政机关。如新闻出版总署、广播电影电视总局、信息产业部等。行政相对人指各种新闻传播事业、企业单位和参与新闻传播活动的其他法人、自然人。行政法是中国法律体系中十分重要的一个法律部门。行政法调整的最主要关系，就是行政主体和行政相对人之间的权利（权力）和义务（责任）关系。

第一节　行政管理的基本模式

在新闻传播事业引入商业模式之后，中国新闻传播事业的行政管理模式一直没有被放弃，但出现了一定的变化。第一，传媒管理体制从由党委宣传部包揽一切转向由宣传部和政府行政部门分工管理。1987 年设立国家新闻出版署（2001 年更名为新闻出版总署），虽然重大宣传政策的制定和传媒主要领导的任免仍由各级党委宣传部集中掌握，但具体的工作职责已逐步转向新闻出版总署（局）和广播电视电影（总）局。第二，法规和制度相继建立，行政与市场调节并用。第三，传媒管理部门对"违规"的新闻媒体和个人惩戒措施有相对放松和逐渐软化的趋势，由党务部门的人治开始转向政府部门的法治。第四，传媒资源通过市场进行配置，行政调控手段依然强硬，如 2003 年执行《关于进一步治理党政部门报刊散滥和利用职权发行，减轻基层和农民负担的通知》，用行政手段治理报刊的不正当竞争现象。

1999 年秋，中共中央办公厅和国务院办公厅发出《关于调整中央国家机关和省、自治区、直辖市厅局报刊结构的通知》，新闻出版署相应下达《调整报刊结构的意见》，对全国报刊结构进行调整。调整的核心是行政管理与出版运行相分离，政府机构不再直接办报、办刊。管办分离有利于报刊的产业化发展趋势，减弱了报刊市场竞争中的行政手段。

经过这次调整，国家各部委原则上不办机关报，继续办的报纸不再标出机关报字样；各部门直接主管主办的期刊只保留一种，其余停办或划转。各省、直辖市、自治区机关及所属厅局不办报，原有报纸划归当地党报，吸纳不了的撤销；保留一份指导工作的期刊，其余划归当地党报或出版社，吸纳不了的撤销。各省、直辖市、自治区的政法、公安、交通、消防等报纸合并为一种报纸，由当地党委政法委主办。地（市）以下机关所属局不办报刊，原有报刊一律划转或停办。各省工会、共青团、妇联所办报刊，现有的予以保留，未办的不再批办，省以下工会、共青团、妇联组织所办报刊，一律停办或交当地党报接办。

中国新闻传播事业的性质决定了新闻传播事业行政管理的基本模式。受新闻传播事业发展历程延续的影响及文化体制改革的推动，新闻传播事业管理的模式出现了属地管理、行业管理、分类管理等多种类型。

一、属地管理

中国的新闻媒体是按照中央媒体、省市媒体、地市媒体等与之相对应的行政机构而划分，新闻媒体的行政管理由所对应的行政区域履行首要的管理职责，即所谓的"守土有则"。长期以来，每个新闻媒体都有一个相对应主办、主管机构或单位，它们又接受相应的行政区域的党政机构的宣传部门业务管理。

属地管理的特点是将本区域所属的各类新闻媒体统一划到相应的各省、自治区、直辖市、地市归口统一管理，当地新闻媒体必须接受当地的行政管理。

作为政治权力行使者的党的各级宣传部门，相应的行政管理部门，如新闻出版、文化监管部门，只主管本区域的新闻媒体，没有管理所属地区以外的权力。如 B 地区的传媒机构对 A 地区进行批评报道，是被限制的；同样，A 地区的宣传管理部门无权管理 B 区域的传媒机构的批评报道。

所属区域的传媒资源，只能存在于相应的区域内，流出和进入都受到限制。中央媒体可以在地方设置分支机构，省级媒体可以在所属省区的地市设置分支机构，平行的省市和地市的新闻媒体不能跨界办报、办台。

二、行业管理

虽然中国新闻媒体中的绝大多数都直属于传媒机构，媒体与媒体之间不存在上下级隶属关系，并且实行属地管理，但在行政管理的业务和技术范围内，实行了行业管理。出版、广播、电视、电影等行业内，均不同程度地实行了行业行政管理。

《出版管理条例》于 2001 年 12 月 12 日由国务院第 50 次常务会议通过，并予公布，自 2002 年 2 月 1 日起施行。它是目前规范出版活动最高位阶的法律文件，按《出版管理条例》规定，出版活动是指出版物的出版、印刷或复制、发行，出版物包括报纸、期刊、图书、音像制品、电子出版物等。在《出版管理条例》公布之前，国务院公布或经国务院批准公布的有关新闻出版管理的行政法规有《关于严禁淫秽物品的规定》（1985）、《外国记者和外国常驻新闻机构管理条例》（1990）等。新闻出版署制定发布的部门规章有《报纸管理暂行规定》（1990）、《报社记者站管理暂行办法》（1992）、《关于出版单位的主办单位和主管单位职责的暂行规定》（1993）、《出版管理行政处罚实施办法》（1998）、《内部资料性出版物管理办法》（1997）、《报刊刊载虚假、失实报道处理办法》（1999）。中共中央宣传部联合发布的规范性文件有《关于建立违纪违规报刊警告制度的意见》（2000）等。

目前规范广播电视活动最高位阶的主要法律文件是国务院于 1997 年 8 月公布的行政法规《广播电视管理条例》。2000 年国务院公布《电信条例》，规定国务院信息产业主管部门依照本条例对全国电信业实施监督管理。《电信条例》定义"电信"是指"利用有线、无线的电磁系统或者光电系统，传送、发射或者接受语音、文字、数据、图像以及其他任何信息的活动"，被认为包含了广播电视活动。《电信条例》第四十五条规定："公用电信网、专用电信网、广播电视传输网的建设应当接受国务院信息产业主管部门的统筹规划和行业管理。"

《广播电视管理条例》明确了国务院广播电视管理部门对设立广播电台、电视台的统一审批权。除中央广播电台、电视台由国务院广播电视管理部门设立外，地方设台，由达到设台主体层级的政府广播电视管理部门提出申请，经本级政府审查同意，逐级上报，经国务院广播电视管理部门审查批准后，方可筹建。教育电视台，中央级的由国务院教育管理部门设立，报国务院广播电视管理部门审查批准。地方设台，由达到设台主体资格的政府广播电视管理部门提出申请，征得同级广播电视管理部门同意并经本级政府审查同意，逐级上报，经国务院教育管理部门审核，国务院广播电视管理部门审查批准，方可筹建。这就是先审批、后筹建的程序。

广播电台、电视台应按国家规定的程序和技术标准进行工程建设，建成后还要经国务院广播电视管理部门审查合格，发给许可证，方可投入播放。在许可证上，载明台名、台标、节目设置范围和节目套数等事项，电台、电视台必须按此制作播放节目，不得擅自变更，并且不得出租、转让播出时段。

《广播电视管理条例》规定，制作广播电视节目的主体限于两类：一类是广播电台、电视台；一类是经过省级以上广播电视管理部门批准设立的广播电视节目制作经营的单位，设立电视剧制作单位，还必须经国务院广播电视管理部门批准，取得电视剧制作许可证。这就是说，未经批准，任何单位和个人都不许制作供广播电台、电视台公开播放的广播电视节目。《广播电视管理条例》还规定，乡、镇设立的广播电视站不得自办电视节目。

2000 年发布的《电视剧管理规定》对电视剧制作、审查、进出口、发行、播放作了具体规定。擅自设立广播电视节目制作经营单位或擅自制作电视剧及其他广播电视节目的，按《广播电视管理条例》第四十八条规定，由县以上广播电视管理部门予以取缔，没收其从事违法活动的工具、设备和节目载体，并处 1 万元以上 5 万元以下的罚款。

广播电影电视总局于 1999 年发布《电视剧审查暂行规定》，主要内容为：广播电影电视总局设立电视剧审查委员会和复审委员会，省级广播电影电视厅（局）设立审查机构，负责电视剧审查工作。审查机构应在收到送审材料 30 天内提出修改、删剪意见或审查结论。审查通过的发给发行许可证；须修改的，修改后将修改部分重新送审；不予通过的，审查机构应当将理由书面通知送审单位。对审查结论不服可以申请复审。《电视剧审查暂行规定》还有关于禁载和应予删剪、修改的内容的具体规定。

用于广播电台、电视台播放的境外电影、电视剧必须经国务院广播电视管理部门审查批准；境外其他节目，必须经国务院广播电视管理部门或其授权的机构审查批准；广播电台、电视台通过卫星等方式进口、转播境外节目，必须经国务院广播电视管理部门批准。

三、分类管理

按照中国目前对报纸的通常分类，可以分为这样几个类别：第一类为机关报，即通常所说的党报；第二类为综合性报纸，与机关报有着一定相近的属性；第三类为行业报和专业报，包括经济、法制、科技、教育、文化、医药、体育、社会生活等行业和专业；第四类为市民报，主要由机关报、综合性报纸的子报及报业集团新办的报纸组成；第五类为群众团体报纸，由工会、妇联、团委等主办的报纸及针对一定社会群体的报纸。广播和电视的分类比较单一，因为广播和电视的集中度比较高，基本上是一地一台，其性质非常接近。所谓的相对独立的其他类别的广播电台和电视台，实际上都各有归属，没有独立存在的地位。

2011 年 10 月 18 日，中国共产党第十七届中央委员会第六次全体会议通过了《中共中央关于深化文化体制改革推动社会主义文化大发展大繁荣若干重大问题的决定》（以下简称《决定》）。《决定》提出："加强公共文化服务是实现人民基本文化权益的主要途径。要以公共财政为支撑，以公益性文化单位为骨干，以全体人民为服务对象，以保障人民群众看电视、听广播、读书看报、进行公共文化鉴赏、参与公共文化活动等基本文化权益为主要内容，完善覆盖城乡、结构合理、功能健全、实用高效的公共文化服务体系。"在文化产业化趋势下，公益媒体的概念被作为一个重要分类给予了强调。

《决定》提出："科学界定文化单位性质和功能，区别对待、分类指导"，"推动党报党刊、电台、电视台进一步完善管理和运行机制。推动一般时政类报刊社、公益性出版社、代表民族特色和国家水准的文艺院团等事业单位实行企业化管理，增强面向市场、面向群众提供服务能力。"这实际上提出了中国新闻传播事业分类管理的两个目标，即区分时政类媒体及其他公益性媒体，使它们在更大程度上脱离"事业单位企业化管理"模式，转而加大政策支持和行政指导，突出非市场化是分类管理的一个层面；另一个层面是加快企业化转型，最终完全实现企业化管理模式。

第二节　新闻记者管理规定

根据中华全国新闻工作者协会2004年的统计，中国的新闻从业人员已经超过了75万人。这75万人分布在中央、省市、县市各类媒体中，从事报纸、杂志、广播、电视、网络等多层次、宽领域的新闻传播业务。

狭义的新闻工作者主要指具有新闻记者证的新闻业务从业人员，并非指所有在新闻媒体工作的人员或为新闻媒体提供新闻资讯的人员。记者证是新闻工作者的从业资格证，也是管理新闻记者的方式之一。

新闻出版总署于2004年12月9日公布、2005年3月1日起施行的《新闻记者证管理办法》规定，全国新闻机构使用统一样式的记者证，证件名称为"新闻记者证"。新闻记者证是新闻机构的新闻采编人员从事新闻采访活动使用的有效工作身份证件，由新闻出版总署统一印制并核发。

新闻机构，是指经国家有关行政部门批准获得出版许可证的报社和新闻性期刊出版单位以及通讯社、广播电台、电视台、新闻电影制片厂等具有新闻采编业务的单位。其中，报纸、新闻性期刊的出版单位由新闻出版总署认定；广播、电视新闻机构的认定，以广播电影电视总局的有关批准文件为依据。

《新闻记者证管理办法》规定中央单位所办新闻机构经主管部门审核所属新闻机构采编人员资格条件后，向新闻出版总署申报、领取新闻记者证。省和省以下单位所办新闻机构经主管部门审核所属新闻机构采编人员资格条件后，向所在地省、自治区、直辖市新闻出版行政部门申报、领取新闻记者证，由省、自治区、直辖市新闻出版行政部门向新闻出版总署备案。记者站的新闻采编人员资格条件由设立该记者站的新闻机构审核，主管部门同意，并经记者站登记地省、自治区、直辖市新闻出版行政部门核准，由设立该记者站的新闻机构分别向新闻出版总署或者省、自治区、直辖市新闻出版行政部门申报、领取新闻记者证。

《新闻记者证管理办法》第十一条规定，新闻机构中发给新闻记者证的人员须具备下列条件：

第一，遵守国家法律、法规和新闻工作者职业道德；

第二，具备大学专科以上学历和经国务院有关部门认定的新闻采编从业人员；

第三，在新闻机构编制内从事新闻采编工作的人员，或者经新闻机构正式聘用从事新闻采编工作且连续聘用时间已达一年以上的非编制内人员。

《新闻记者证管理办法》规定，新闻记者证持有者应遵守有关法律规定和新闻职业道德，不得以新闻报道为名从事有偿新闻、强拉广告或者向采访对象索取不正当利益。被采访者以及社会公众可以对新闻记者证持有者的新闻采访活动予以监督，可以通过"全国新闻记者证管理及核验网络系统"验明新闻记者证真伪，并对新闻记者证持有者的违法违纪行为予以举报。

新闻记者的具体管理由每个新闻机构实施。作为一名新闻记者，在遵守相关法律法规的约束，接受自己所服务的新闻机构的行政管理的前提下，加强新闻职业道德的自律及接受行政管理机构的监督是非常必要的，它是新闻记者管理的重要内容之一。

2003年10月，中共中央宣传部、广播电影电视总局、新闻出版总署、中华全国新闻工作者协会联合发出《关于在新闻战线深入开展"三个代表"重要思想、马克思主义新闻观、职业精神职业道德学习教育活动的通知》（以下简称《通知》），要求开展以"弘扬职业精神、恪守职业道德、维护队伍形象"为主要内容的新闻业界的自律活动。《通知》以文件的方式，对新闻工作者的职业精神、职业道德、新闻价值观予以行政手段的诫勉，对有偿新闻、虚假新闻、低俗之风、不良广告等问题提出了行政解决的要求。

各国的新闻记者及新闻媒体提出了不同的新闻职业道德规范标准，除了新闻记者和新闻媒体自律之外，将受到法律的惩戒。中国新闻记者在受到法律的惩戒的同时，还必须接受有关新闻纪律的行政管理的诫勉。

2005年，中共中央宣传部、广播电影电视总局、新闻出版总署发布《关于新闻采编人员从业管理的规定（试行）》（以下简称《规定》）。《规定》要求新闻工作者，"要严格保守党和国家秘密；要依法维护公民个人隐私权，依法维护报道对象的合法权益"；"要坚持真实、全面、客观、公正的原则，确保新闻事实准确。要认真核实消息来源，杜绝虚假不实报道。新闻报道在新闻媒体刊发时要实行实名制"。《规定》要求新闻采编人员从事新闻报道活动时，如与采访报道对象具有亲属关系、友好关系、利益关系或直接地缘关系等，应实行回避，并不得对稿件的采集、编发、刊播进行干预或施加影响。

新闻记者的职业守则有关共同之处，《美国职业新闻记者协会（SPJ）职业伦理规范》（以下简称《规范》）可以作为借鉴。《规范》在记者追求新闻的真实性原则方面提出：

第一，检验来自所有来源的信息的准确性，小心避免无意的错误。绝不允许故意扭曲。

第二，努力找到报道的主体，给他们对于声称的错误行为作出反应的机会。

第三，任何可能的时候，都要指明消息来源。公众应该有尽可能多的信息来判断消息来源的可靠性。

第四，在承诺保证信息来源匿名之前，永远要质问一下信息来源的动机。要对为换取信息而作出的承诺中各种可能的情况都作出清楚的说明，一旦承诺，则遵守诺言。

第五，确保标题、导读和其他突出处理的材料、照片、音像、图表、声音和引文都没有误表达。

第六，避免在转述和连续性的报道中误导。如果有必要转述别的媒体一条新闻，可以这样做，但要标识清楚。

第七，除非传统的公开的方法不能得到对公众至关重要的信息，否则不要采用秘密的或窃听式的方法获取信息。如果使用了这样的方法，在报道中应该加以说明。

第八，永远不要剽窃。

第九，勇敢地讲述关于人类经验多样性和广泛性的报道，尽管这些经验可能是不经常有的。

《规范》在对待新闻报道对象及有关司法问题方面提出：

第一，对那些可能因为新闻报道而受到负面影响的人们表示同情。当面对孩子和没有经验的新闻来源或新闻主体时，要特别小心。

第二，当采访和使用受到正在悲伤中的人们的照片时，要特别小心。

第三，要认识到采集和报道信息会引起伤害和不适，报道新闻并不意味着你就可以傲慢自大。

第四，要认识到，一般人比公共官员和追求权力、影响和希望引起人们注意的其他人，有更多的权利保护有关于自己的信息。只有当有十分迫切的公共需要时，侵入私人领域获取信息才是正当的。

第五，品位要高。避免迎合任何低级趣味。

第六，在指出青少年犯罪嫌疑人或性犯罪受害人时，要非常谨慎。

第七，在正式控诉文件出来之前指明犯罪嫌疑人时，要非常审慎。

第八，在公众被告知的权利和犯罪嫌疑人被公正审判的权利之间寻求平衡。

第三节 报纸、期刊管理规定

报纸和期刊是现代传播媒介中历史延续时间最长的传播媒介，也是新闻传播媒介中最主要的媒介之一。在电视、网络及其他新型媒介快速发展的媒介环境里，报纸和期刊依然占有重要的一席之地。新闻出版总署公布，2010年中国共出版报纸1939种，发行数量达到500.2亿份，居世界首位；期刊出版种类达9884种，发行数量达到35.4亿册。

报纸是指有固定名称、刊期、开版，以新闻报道为主要内容，每周至少出版一期的散页纸张连续出版物。期刊是指有固定名称，用卷、期或年、月顺序编号，成册的连续出版物。报纸和期刊的这些特性，引申出了新闻出版物的基本管理程序。

对全国的出版活动包括报刊实施监督管理的部门，是国务院直属机构新闻出版总署，在省、自治区、直辖市和较大的市则设有新闻出版局。新闻出版总署的职责包含：起草法律、法令和规章制度，经审定颁发后组织实施；制定关于新闻、出版管理的方针、政策；制定并组织实施新闻、出版事业发展规划，对申请新建图书出版社、创办报纸和期刊进行审批；会同有关部门管理图书、报纸、期刊市场，取缔非法出版活动；管理图书报刊的印刷和物资供应，管理图书发行；归口管理新闻、出版方面的对外交流、贸易和合作。

新闻出版署1998年发布的《新闻出版行政执法证管理办法》第四条规定："新闻出版行政执法证的管理实行国家新闻出版署主管、各级新闻出版行政机关分级负责的原则。新闻出版署是新闻出版行政执法证的主管机关，并负责署机关和省级新闻出版局的新闻出版行政执法证的核发和管理；省级新闻出版局负责本行政区域其他各级新闻出版行政机关的新闻出版行政执法证的核发和管理。"第五条规定："申请领取新闻出版行政执法证，应当具备以下条件：（一）系新闻出版行政机关的正式工作人员；（二）在新闻出版行政执法岗位上执行职务；（三）经过新闻出版行政执法培训，考核合格"。

规范出版活动的最高位阶的法律文件是国务院于1997年公布，又于2001年修改重新公布的行政法规《出版管理条例》。该条例公布前后，国务院公布或经国务院批准公布的有关新闻出版管理的行政法规有《关于严禁淫秽物品的规定》（1985）、《关于严厉打击非法出版活动的通知》（1987）、《外国记者和外国常驻新闻机构管理条例》（1990）等。

一、审批制度

无论管理体制以及运行机制怎么不同，传媒所具有的公共性功能性质是相同的。各个国家的社会管理形态不同，传媒管理的手段也不同，但报刊服务于公众的基本原则趋同。尽管有些国家的报刊完全采用商业化模式运行，但报刊的准入制度的设立与商业企业的准入制度还是有区分的。报刊的公共性和意识形态作用对建立报刊的准入原则起到了不可忽视的影响，因此，报刊准入的管理更多地趋向于管理公共事务的价值体系。

报刊的公共性和意识形态作用在不同的国家社会管理形态中影响着不同的准入管理体系的形成，因为强调的服务原则不同和报刊自身运行机制的不同，不同的国家形成了不同的报刊准入管理制度。不论是公共传媒占主导地位，还是商业化传媒占主导地位，世界各国的报刊准入管理制度大体可以分为四类：第一，保证金制，即向政府交纳一定数额的保证金以备犯法时受罚所用；第二，审查批准制（许可证制），即向政府提出申请，经批准登记、取得许可证（执照）方可创办，未经许可，不得擅自出版；第三，注册登记制，即向政府注册即可创办而无须批准；第四，无须登记的追惩制，但须在报刊上刊登发行人的姓名、地址等，以备查找。

中国的报刊准入管理制度实行审查批准制，这是中国报刊管理的基本制度之一。实行审查批准制，第一，以保证报刊的社会功能属性和坚持公共性原则，《出版管理条例》第三条规定："出版事业必须坚持为人民服务、为社会主义服务的方向，坚持以马克思列宁主义、毛泽东思想和邓小平理论为指导，传播和积累有益于提高民族素质、有益于经济发展和社会进步的科学技术和文化知识，弘扬民族优秀文化，促进国际文化交流，丰富和提高人民的精神生活。"第二，实行审查批准制，国家可以根据社会发展规划对新闻传播事业的发展规模进行宏观控制，使新闻传播事业与国家的经济、文化发展水平相适应，形成多专业、多层次、门类齐全、布局合理，能够满足人民群众多方面需要的报刊体系，实现报刊资源的有效分布。

报刊必须有主办单位和主管单位（机关、部门），这是中国新闻传播事业的一项独特的制度。在《出版管理条例》和报纸、期刊管理两个暂行规定中，都把具有主办单位和主管单位（机关、部门）作为报刊创办的必要条件，由主办单位提出申请是创办报刊的必须程序。新闻出版署1993年《关于出版单位的主办单位和主管单位职责的暂行规定》，对这个制度作了比较完整的规定。

中国报纸绝大多数是各级党委的机关报和党领导下的工会、共青团、妇联人民团体的机关报，报纸编辑部是党委或人民团体组织的一个工作部门。期刊编辑部通常也总是某些机关、团体或出版社的一个部门。因此，所有报刊都有上级领导部门，都置于一定的党组织的领导之下。所有报刊必须有确定的上级领导单位以及相应的党组织进行具体的领导和管理。报刊的主办、主管单位制度表明，在中国，创办报刊的主体只能是有达到一定行政级别的上级主管机关的"单位"，没有上级领导单位的"同人报刊"、"民办报刊"是不允许存在的。

《出版管理条例》第九条规定："本条例所称出版单位，包括报社、期刊社、图书出版社、音像出版社、电子出版物出版社等。法人出版报纸、期刊，不设立报社、期刊社的，其设立的报纸编辑部、期刊编辑部视为出版单位。"主办单位是申请创办报刊的单位、报刊的上级领导部门，主管单位是主办单位的上级主管部门。无主管单位或者主管单位等级较低的单位，都不能创办报刊，有资格创办报刊的单位限于达到一定行政级别的党组织、政府部门、人民团体和部分事业单位、个别大型国有企业单位。在调整报刊结构以后，地市级以下的政府部门和人民团体不能再办报。

《出版管理条例》第十条规定："国务院出版行政部门制定全国出版单位总量、结构、布局的规划，指导、协调出版事业的发展。"在此前提下，第十一条规定："设立出版单位，应当具备下列条件：（一）有出版单位的名称、章程；（二）有符合国务院出版行政部门认定的主办单位及其必要的上级主管机关；（三）有确定的业务范围；（四）有30万元以上的注册资本；（五）有适应业务范围需要的组织机构和符合国家规定的资格条件的编辑出版专业人员；（六）法律、行政法规规定的其他条件。"

主管单位、主办单位与报刊之间必须是领导与被领导关系，不能是挂靠与被挂靠关系。如果某家报刊同主管单位或主办单位的关系不规范，主管单位、主办单位没有承担职责或正式表示不承担职责，就意味着这家报刊丧失了存在的合法条件。有关规章规定，如果某报（刊）主办单位决定不再履行职责，应报告主管单位和行政机关，主管单位代行主办单位职责，并在两个月内指定该报（刊）新的适当的主办单位或决定停刊，逾期由行政机关注销登记。主管单位决定不再履行职责，应决定停刊，行政机关予以注销登记。主管单位、主办单位不能履行职责或违反规章，致使报刊丧失举办条件的，由行政机关注销登记。

报刊的主管单位、主办单位是不允许随意变更的。变更主办单位应由主管单位向审批机关申报，变更主管单位应由原主管单位和拟接管的主管单位分别向审批机关申报，经批准后，方可变更。擅自变更主管单位、主办单位是违规行为，不仅没有法律效力，还要受到行政处罚。凡在国家机关机构改革中被撤销的单位，其主管的报刊也随之注销。

《报纸管理暂行规定》第二十五条规定："报纸经批准出版之后，不得擅自改变其办报宗旨、编辑方针和专业分工范围。"期刊管理中也有同样的原则。第十六条规定，出版单位改变业务范围，必须依照设立出版单位的程序重新报批。

二、审批程序

按照《出版管理条例》的规定，审批程序包括"申请—批准—登记"三个步骤。申请创办报纸或期刊，应由其主办单位持申请书向所在地省、自治区、直辖市出版行政部门提出申请，后者审核同意后，转报新闻出版总署审批。在得到批准后，主办单位应向所在地省级新闻出版局办理登记注册手续，填写报纸或期刊申请登记表，领取出版许可证（"报刊登记证"），编入"国内统一刊号"，方可出版。其他相关业务，还需向工商管理部门领取营业执照。对于申请书应当载明的事项，限定的行政部门审批期限为180日，主办单位在得到批准后办理登记的期限为60日。

中国的报刊都有"国内统一刊号"。1989年1月，取消了报刊由地方设立刊号的管理体系，建立了"中国标准刊号"制度。一种报刊只有一个分类号，期刊按《中国图书馆目录分类法》基本大类给出，报纸暂不加分类号。"国内统一刊号"由申请报刊所在地的省、自治区、直辖市新闻出版管理部门分配，在发给被批准登记的报刊社的报刊登记证上注明。获得"国内统一刊号"并属公开发行范围的报刊可再申请国际标准刊号。"中国标准刊号"的结构及其印刷与存贮格式，为利用计算机或其他现代化技术进行报刊的出版发行和信息交换得到更高的效率和可靠性，也为图书情报部门的报刊管理和服务创造方便条件。

"中国标准刊号"由一个以"ISSN"为标识的国际标准刊号（International Standard Serial Numbering，ISSN）和一个以中国国别代码"CN"为标识的"国内统一刊号"两部分组成。其一般格式是：ISSN××××-×××× （例如：ISSN1000-0097）和 CN××-××××/YY（例如：CN11-1340/G2）。

国际标准刊号等效采用国际标准 ISO3297《信息和文献——国际标准连续出版物编号（ISSN）》。按国际标准 ISO3297 规定，一个国际标准刊号由以"ISSN"为前缀的8位数字（两段4位数字，中间以连字符"-"相接）组成。如 ISSN1234-5679，其中前7位为单纯的数字序号，无任何特殊含义，最后一位为计算机校验位，其数值根据前7位数字依次以8～2加权之和、以11为模数按附录B所示的方法计算得到。在前缀"ISSN"与数字之间应空一个字距。

"国内统一刊号"以 GB2659 所规定的中国国别代码"CN"为识别标志，由报刊登记号和分类号两部分组成，前者为"国内统一刊号"的主体，后者为补充成分，其间以斜线"/"隔开，结构形式为：CN 报刊登记号/分类号。序号由报刊登记所在的省、自治区、直辖市新闻出版管理部门分配，各地区的刊号范围一律为 0001～9999，其中 0001～0999 统一作为报纸的序号，1000～4999 统一作为期刊的序号，5000～9999 暂不使用。

分类号作为"国内统一刊号"的补充成分，用以说明报刊的主要学科范畴，以便于分类统计、订阅、陈列和检索。一种报刊只能给定一个分类号。期刊按《中国图书馆图书分类法》的基本大类给出，其中文化教育（G 类）、自然科学（O 类）和工业技术（T 类）的期刊按该分类法的二级类目给出。

三、内部资料性出版物

1998 年 1 月 1 日起施行的《内部资料性出版物管理办法》对于"内部资料性出版物"的解释，是指在本系统、本行业、本单位内部，用于指导工作、交流信息的非卖性成册、折页或散页印刷品，不包括机关公文性的简报等信息资料。

"内部资料性出版物"由"内部报刊"演变而来。"内部报刊"制度是在1987 年报刊整顿工作中建立"国内统一刊号"系列之后形成的。当时经过整顿确认合格的报刊都编入"国内统一刊号"，但还有一些报刊形式的定期或连续出版物，如一些中小型企业的企业报刊、大专院校校报、群众或学术团体会刊之类，并不需要向社会公开发行因而不具有编入"国内统一刊号"的条件，而按中国任何出版物都必须登记批准的制度，这类出版物又必须履行登记手续，于是就从非正式出版物申办"准印证"的制度引申设立了"内部报刊准印证"系列。报纸、期刊管理两个暂行规定都规定了"国内统一刊号"的"正式报刊"和"内部报刊准印证"的"内部报刊"的两个不同系列。

《出版管理条例》中已经取消了有关"内部报刊"的规定，表明在新闻出版体制中，"内部报刊"已经不再享有法律地位。自 1998 年起，全部取消"内部报刊"，原"内部报刊"一部分停止出版；一部分改为"内部资料"，改为"内部资料"的不超过原有"内部报刊"的 60％。至 1998 年年底，"内部报刊"问题基本解决，原有"内部报纸"，停办 1 692 种，转为"内部资料"4 081种；原有"内部刊物"，停办 3 550 种．转为"内部资料"6 090 种。

新闻出版署发布的《内部资料性出版物管理办法》（以下简称《管理办法》），对"内部资料"作如下规范："内部资料"性出版物，必须同报纸刊物明显区别开来。它虽然还是在本系统、本行业、本单位内部，用于指导工作、交流信息的印刷品，但必须是成册、折页或散页的形式，从而不会再被看做是报纸。《管理办法》规定，在"内部资料"上，不得使用"××报"、"××刊"或"××杂志"的字样，必须注明"内部资料，免费交流"。印刷时，应在明显位置完整地印出"内部资料准印证"编号，不得省略或假冒、伪造。

为了杜绝一切利用"内部资料"牟利的可能，《管理办法》突出了它的"非卖性"的性质。不得收取任何费用，包括"工本费"也不许收取，不得刊登广告，不得在社会上征订发行，不得传播到境外，不得拉赞助或搞有偿经营性活动，不得用"准印证"出版其他出版物，不得与外单位以"协办"之类形式进行印刷发行等。

《管理办法》对"内部资料"的印刷也做了严格的限制。委印"内部资料"，必须向省级新闻出版局申请领取"内部资料性出版物准印证"。一种"内部资料"一证。以成册形式印制的"内部资料"，一次性使用有效。连续性散页、折页"内部资料"的"准印证"，有效期为 6 个月，期满重新核发。无证委印或承印的，以及违反其他规定的，都要受到行政处罚。

四、日常监督管理

报纸、期刊创办以后，就置于国家行政部门的监督管理之下。《出版管理条例》第六条规定："国务院出版行政部门负责全国的出版活动的监督管理工作。国务院其他有关部门按照国务院规定的职责分工，负责有关的出版活动的监督管理工作。县级以上地方各级人民政府负责出版管理的行政部门（以下简称出版行政部门）负责本行政区域内出版活动的监督管理工作。县级以上地方各级人民政府其他有关部门在各自的职责范围内，负责有关的出版活动的监督管理工作。"

《出版管理条例》第二十六条规定："任何出版物不得含有下列内容：（一）反对宪法确定的基本原则的；（二）危害国家统一、主权和领土完整的；（三）泄露国家秘密、危害国家安全或者损害国家荣誉和利益的；（四）煽动民族仇恨、民族歧视，破坏民族团结，或者侵害民族风俗、习惯的；（五）宣扬邪教、迷信的；（六）扰乱社会秩序，破坏社会稳定的；（七）宣扬淫秽、赌博、暴力或者教唆犯罪的；（八）侮辱或者诽谤他人，侵害他人合法权益的；（九）危害社会公德或者民族优秀文化传统的；（十）有法律、行政法规和国家规定禁止的其他内容的。"

各地新闻出版行政管理机构日常管理的职责依据行政管理划分的职权进行，主要的职责有审读、年检、调查等。

审读，是新闻出版管理部门了解报刊内容，掌握动态，对报刊进行经常性监督管理的主要手段。1988年新闻出版署曾制定《加强对报纸、期刊、图书审读工作的通知》，要求新闻出版署所属有关司局和省级新闻出版局应配置或聘任一定数量的审读人员，对已出版的报刊进行审读，并随时写出审读意见。

审读可以监督报刊质量，包括政治质量、信息质量、文化质量和编校印装质量；监督广告的合法性，包括广告的内容、增版、承载量等。

年检，是新闻出版管理部门对报刊进行阶段性监督管理的有效方法。根据《出版管理条例》第二十一条"出版单位应当按照国务院出版行政部门的规定，将从事出版活动的情况向出版行政部门提出书面报告"的规定，一方面，新闻出版管理部门要加强对报刊的经常性检查和年度检查；另一方面，报刊社应按规定向管理部门提交自己业务活动的书面报告，包括年度的书面报告。新闻出版署1994年发布的《报纸登记项目年度核验办法》、《期刊年度核验暂行办法》，明确规定了报刊社如何进行年检报告，新闻出版管理部门如何对报刊社及其年检报告进行审查，以及对年检情况如何处理等。

报刊属于连续出版物，在履行法定登记注册手续取得合法出版权利之后，在出版过程中自始至终必须遵守所有登记事项，不得任意变更。有关登记事项必须在出版的每期报刊上标明。报纸在出版时须在每期固定位置标出："国内统一刊号"、出版日期、期号、发行方式（邮发应标明邮发代号）、报社地址、电话、邮政编码、定价、印刷单位、广告经营许可证编号。期刊的上述记录应印在封底或目录页上，其中"国内统一刊号"应印在封底下方。如果有些事项确实需要变更，应当依照规定办理变更登记手续。

按照《出版管理条例》规定，变更登记分为两类：

一类是重大事项的变更，包括改变名称、主办单位或者主管单位、宗旨和专业范围，合并或者分立，出版新的报刊，改变刊期，都应当按照创办报刊的报批程序办理审批手续。即由主办单位向所在地省级新闻出版局提出申请，经审核同意后，转报新闻出版总署审批。

另一类是除以上诸项之外的其他事项的变更，报刊社应当经主办单位和主管单位同意后，向所在地省级新闻出版局申请变更登记，并报新闻出版总署备案。这包括：开版的变更，如4开报纸改为对开，32开期刊改为16开；印张的变更，如8版报纸改为12版，48页期刊改为64页；以及临时增版、增期（刊）等。

报刊停刊，由所在地省级新闻出版局注销登记，并向新闻出版总署备案。如果未经审批，擅自改变已登记事项，就是违规行为，要受到处罚。

五、违纪违规报刊警告制度

违纪违规报刊警告制度，是根据《出版管理条例》的规定，为强化对报刊出版特别是小报小刊出版的宏观管理而采取的一项重要措施。中共中央宣传部和新闻出版署于 2000 年联合发布《关于建立违纪违规报刊警告制度的意见》和实施细则，于当年 7 月 1 日起实施。

《关于建立违纪违规报刊警告制度的意见》规定，党委宣传部和新闻出版行政管理部门提出警告的报刊违纪违规问题有："1. 否定马克思列宁主义、毛泽东思想、邓小平理论的指导地位，造成恶劣的社会影响；2. 违背党的路线、方针、政策，出现严重的政治错误；3. 泄露国家秘密，危害国家安全，损害国家利益；4. 违反民族、宗教政策，危害民族团结，影响社会安定；5. 宣扬凶杀、暴力、色情、迷信和伪科学，思想导向错误；6. 传播谣言，编发假新闻，干扰工作大局；7. 党委宣传部门和新闻出版行政管理部门认定的其他严重错误。"

按照分级管理的原则，中共中央宣传部负责对中央级报刊新闻宣传工作的管理，对出现违纪违规问题的中央级报刊提出警告意见，由新闻出版总署发出"警告通知书"，抄送该报刊的主管单位、主办单位，并向中共中央宣传部备案。各省、自治区、直辖市党委宣传部负责对本地报刊，包括中央国家机关和中央级媒体在本地所办报刊的新闻宣传的管理工作，对出现的违纪违规问题提出警告意见，由当地新闻出版管理部门发出"警告通知书"，抄送该报刊的主管单位、主办单位，并向中共中央宣传部、新闻出版总署和当地党委宣传部备案。

"警告通知书"发出后，受到警告的报刊的主管单位、主办单位要作出书面检讨，并对造成错误的报刊负责人和责任人给以相应的处分。检讨和处理意见要在收到"通知书"10 天内报送党委宣传部和新闻出版管理部门。

对一年内受到三次警告的报刊，由新闻出版总署给予停业整顿的行政处罚。该报刊的主管部门要撤换报刊的总编辑或社长，给予责任人必要的行政处分。违纪违规报刊停业整顿结束后，如再发生违纪违规问题，出现严重导向错误，由新闻出版总署撤销该报刊的刊号。

在追究党报、党刊主办的其体系内的其他子报和子刊的责任时，党报党刊的负责人是第一责任人。

六、禁止非法出版

非法出版，是报刊管理中依法禁止和制裁的主要违法行为。

关于非法出版的含义有广义和狭义之分：广义的非法出版包括一切从程序

到内容违反法律的出版活动及其出版物，1998年最高人民法院《关于审理非法出版物刑事案件具体应用法律若干问题的解释》所规定惩处的，包括了出版煽动分裂国家、颠覆国家政权、侮辱诽谤他人、歧视侮辱少数民族、宣扬淫秽、侵犯著作权等内容的出版物和其他严重违反国家规定的非法出版活动。

狭义的非法出版，是指从程序上违反《出版管理条例》，未经批准擅自进行的出版活动，伪造、假冒出版单位或报刊名称的出版活动，擅自印刷或者复制境外出版物、非法进口出版物等活动。

2011年实施的《出版物市场管理规定》，在第二十二条中规定："任何组织和个人不得发行下列出版物：（一）含有《出版管理条例》禁止内容的违禁出版物；（二）各种非法出版物，包括：未经批准擅自出版、印刷或者复制的出版物，伪造、假冒出版单位或者报刊名称出版的出版物，非法进口的出版物；（三）侵犯他人著作权或者专有出版权的出版物；（四）新闻出版行政部门明令禁止出版、印刷或者复制、发行的出版物。"

《出版管理条例》第五十五条规定："未经批准，擅自设立出版物的出版、印刷或者复制、进口、发行单位，或者擅自从事出版物的出版、印刷或者复制、进口、发行业务，假冒出版单位名称或者伪造、假冒报纸、期刊名称出版出版物的，由出版行政部门、工商行政管理部门依照法定职权予以取缔；依照刑法关于非法经营罪的规定，依法追究刑事责任；尚不够刑事处罚的，没收出版物、违法所得和从事违法活动的专用工具、设备，违法经营额1万元以上的，并处违法经营额5倍以上10倍以下的罚款，违法经营额不足1万元的，并处1万元以上5万元以下的罚款；侵犯他人合法权益的，依法承担民事责任。"第五十六条规定："触犯刑律的，依照刑法有关规定，依法追究刑事责任；尚不够刑事处罚的，由出版行政部门责令限期停业整顿，没收出版物、违法所得，违法经营额1万元以上的，并处违法经营额5倍以上10倍以下的罚款；违法经营额不足1万元的，并处1万元以上5万元以下的罚款；情节严重的，由原发证机关吊销许可证。"第五十七条规定："有下列行为之一的，由出版行政部门责令停止违法行为，没收出版物、违法所得，违法经营额1万元以上的，并处违法经营额5倍以上10倍以下的罚款；违法经营额不足1万元的，并处1万元以上5万元以下的罚款；情节严重的，责令限期停业整顿或者由原发证机关吊销许可证：（一）进口、印刷或者复制、发行国务院出版行政部门禁止进口的出版物的；（二）印刷或者复制走私的境外出版物的；（三）发行进口出版物未从本条例规定的出版物进口经营单位进货的。"

在报刊审查批准制下，出版报刊是国家赋予的特定主体的特许权，这种特许权是同权利主体的特定条件相联系的，因而决不允许通过交易的方式来转换权利主体的资格。新闻出版署颁布的《关于严格禁止买卖书号、刊号、版号等问题的若干规定》（1997）有着明确的严厉惩戒条文："凡是以管理费、书号费、刊号费、版号费或其他名义收取费用，出让国家出版行政部门赋予的权力，给外单位或个人提供书号、刊号、版号和办理有关手续，放弃编辑、校对、印刷、复制、发行等任何一个环节的职责，使其以出版单位的名义牟利，均按买卖书号、刊号、版号查处。"

1998 年最高人民法院《关于审理非法出版物刑事案件具体应用法律若干问题的解释》第十五条规定："非法从事出版物的出版、印刷、复制、发行业务，严重扰乱市场秩序，情节特别严重，构成犯罪的，可以依照刑法第二百二十五条第（三）项的规定，以非法经营罪定罪处罚。"《刑法》关于"非法经营罪"的规定为："其他严重扰乱市场秩序的非法经营行为"，"处五年以下有期徒刑或者拘役，并处或者单处违法所得一倍以上五倍以下罚金；情节特别严重的，处五年以上有期徒刑，并处违法所得一倍以上五倍以下罚金或者没收财产。"单位犯本罪，对单位处以罚金，对其直接负责的主管人员和直接责任人员以上述规定处罚。2001 年最高人民检察院和公安部发布司法解释性质的规范性文件《关于经济犯罪案件追诉标准的规定》，对非法出版的追诉起点作了规定。

第四节　广播电视管理规定

对广播电视的行政管理，既包括对播放广播电视的机构的管理，也包括对通过编制声音图像而构成的节目的制作、播放、交换的管理，还有对广播电视的频道资源和传输覆盖网的管理等。

目前规范广播电视活动的最高位阶的主要法律文件是国务院 1997 年 8 月公布的行政法规《广播电视管理条例》（以下简称《条例》），负责全国广播电视管理工作的部门是广播电影电视总局。

一、中国广播电视管理体制的特点

第一，中央和地方的双重领导管理。广播电影电视总局统一领导和管理全国广播电视事业，指导省、自治区、直辖市的广播电视宣传；各省、自治区、直辖市广播电影电视厅（局）受当地政府和广播电影电视总局的双重领导，以同级政府领导为主；地、市级广播电影电视局受该级政府和上一级广播电影电视厅（局）双重领导。

第二，广播电视行政管理部门同广播电台、电视台是直接的上下级领导和被领导的关系以致整体和部分的关系。《条例》规定只有县以上政府的广播电视行政管理部门才可以设立电台、电视台。

第三，广播电视行政管理部门不是只从事行政管理，还承担着宣传的职能。中国广播电视行政管理部门对电台、电视台的管理与新闻出版行政管理部门对报刊的管理有很大的不同。新闻出版行政管理部门与报刊社不存在直接的上下级关系，报刊社的上级领导单位是自己的主办单位、主管单位。新闻出版行政管理部门也并不直接介入报刊的新闻报道等业务活动，只是以事后检查对报刊的方针、导向进行监督管理。而广播电视行政管理部门对广播电视事业实施全面的领导。

二、广播电台、电视台的设立和布局

按《条例》的规定，国务院广播电视行政管理部门负责制定全国广播电台、电视台的设立计划，确定广播电台、电视台的总量、布局和结构。

（一）设台主体资格

《条例》第十条规定："电台、电视台只能由县、不设区的市以上人民政府广播电视管理部门设立。""国家禁止设立外资经营、中外合资经营和中外合作经营的广播台、电视台。"

（二）设台条件

第一，有符合国家规定的广播电视专业人员；

第二，有符合国家规定的广播电视技术设备；

第三，有必要的资金保障；

第四，有必要的场所。

此外还应当符合国家的广播电视建设规划和技术发展规划。

（三）审批筹建程序

国务院广播电视行政管理部门对设立广播电台、电视台具有统一审批权。除中央广播电台、电视台由国务院广播电视行政管理部门设立外，地方设台，由达到设台主体层级的政府广电部门提出申请，逐级上报，经国务院广播电视行政管理部门审查批准后，方可筹建。

广播电台、电视台应按国家规定的程序和技术标准进行工程建设，建成后还要经国务院广播电视行政管理部门审查合格，发给许可证，方可投入播放。

三、广播电视节目制作、传播管理

（一）制作广播电视节目的审批

《条例》规定，制作广播电视节目的主体有两类：一类是广播电台、电视台；一类是经过省级以上广播电视行政管理部门批准设立的广播电视节目制作经营的单位。设立电视剧制作单位，还必须经国务院广播电视行政管理部门批准，取得电视剧制作许可证。

（二）播放、传送广播电视节目的审批

《条例》第二十四条规定："未经批准，任何单位和个人不得擅自利用有线广播电视传输覆盖网播放节目。"广播电视节目的播出及转播业务只能由经广播电影电视总局批准设立的广播电视播出机构、转播台和按规定设立的有线广播电视站、广播电视站按各自职能开办。在互联网上开办广播电视类节目播出前端，须报广播电影电视总局批准，取得许可证，在许可证载明的业务范围内播出。

（三）节目审查

《条例》规定，广播电台、电视台对其播放的节目内容应当实行播前审查，重播重审。广播电台、电视台播放的境外电影、电视剧必须经国务院广播电视行政管理部门审查批准，境外其他节目，必须经国务院广播电视行政管理部门或其授权的机构审查批准。

（四）转播规定

在中央台和省台覆盖不到的地区，必须以专用频道完整转播中央人民广播电台、中央电视台第一套节目及省台主要节目。

（五）禁播规定

第一，禁播含有违法内容的节目；第二，不得播放没有取得合法制作经营许可的单位制作的节目；第三，不得播放未经批准的境外电影、电视剧和其他节目；第四，不得擅自以卫星等方式进口、转播境外广电节目；第五，不得播放按《著作权法》规定必须经著作权人许可方可使用的作品。

（六）群众参与的直播节目的审批管理

群众参与的广播电视直播节目是指：听众、观众通过热线电话等方式参与的电台、电视台的直播节目，有听众、观众现场参与的广播电视直播节目，现场转播有听众、观众参与的节目。开设群众参与的直播节目，中央电台、电视台须报广播电影电视总局审批，省级台须报广播电影电视厅（局）审批，广播电影电视总局备案，地、县级台须报地级广播电影电视局审批、省级广播电影

电视厅（局）备案。

开设这类直播节目，必须具备如下条件：

第一，具备"延时装置"、"储存电话"等技术保障措施；

第二，具有较高政策水平、熟练掌握有关操作技能的相对固定的编播人员；

第三，电台、电视台的导演、导播必须经过培训、持证上岗，电话编辑、节目监制等编播人员必须具有中级以上的专业技术职务；

第四，有比较完善的节目操作程序和管理规定；

第五，有处理不测情况的应对预案。

第五节　互联网新闻传播管理规定

目前，网络媒介的发展正处在一个方兴未艾的时期。国家网络调查统计的数据显示，截至 2009 年 12 月，中国网民规模达 3.84 亿，增长率为 28.9％；手机网民一年增加 1.2 亿，仅仅过了半年，2010 年 6 月的统计数字显示，中国网民规模达到 4.2 亿，较 2009 年年底增加 3600 万人。互联网普及率攀升至 31.8％，宽带网民规模为 36381 万，使用电脑上网的群体中宽带普及率已经达到 98.1％。农村网民规模达 11508 万，占整体网民的 27.4％。

20 世纪，互联网作为"第四媒介"出现：网络的快捷传播速度、海量信息聚合、跨区域公民新闻、信息消费权转移、舆情突发生成，使得网络的传播功能和舆情影响力极大地超越了我们过去的认知架构，形成了与传统媒介完全异样的舆论生成结构方式和传播模式控制体系。与此同时，作为新型媒介，网络向媒介管理的模式和管理的法律依据提出了新的课题。

中国从发展互联网之日起，就开始着手互联网管理制度及相关法律法规建设。从 1996 年起，中国相继出台了多部互联网管理法规，如《计算机信息网络国际联网管理暂行规定》、《互联网电子公告服务管理规定》等。2000 年国务院公布行政法规《电信条例》，互联网作为重要电信业务被纳入电信监督管理。不久之后，国务院公布行政法规《互联网信息服务管理办法》，对互联网新闻传播进行规范。

中国大多数商业网站都把刊载新闻作为自己重要的服务内容，新闻媒介也逐步入网，开始建立自己的新闻网站。2000 年全国人大常委会通过《关于维护互联网安全的决定》，这是目前整个信息传播领域最高位阶的专门法律。互联网作为信息产业，其主管部门是信息产业部。从事新闻信息服务的网站还要接受国务院新闻办公室或省、自治区、直辖市新闻办公室的监督管理。公安、国家安全等部门对于互联网站也负有依法监督管理的职责。

一、现行管理制度的建设

互联网是一项崭新的传播技术。它是以电子传播载体同步覆盖为代表的现代传播技术，革命性地改变了全球信息传送的方式，改变了传播的载体。网络传播改变了社会分享信息的结构，分化了信息分配的权力，转移了使用信息的政治主导地位，延伸出了网络管理与社会管理关系的建构问题。

在互联网发展的初期，当时有人天真地认为，网络世界是"无法律、无管治、无国界"的"三无世界"，是一个现实社会的法律和国家权力所不能触及的"虚拟世界"。但是随着时间的推移，现在固守这种看法的人们已经不多，互联网被认为是"无法律"和"无管治"的观点，则完全是言过其实。网络管理涉及法律制定、技术控制、媒介素养、传播伦理、社会道德、网络机构、行政设置等，从社会管理和网络管理的角度看，非法网络传播是最为突出的，因为它会直接给社会酿造破坏力。

互联网立法的前提就是承认现行的传统的法律原则都应该适用于互联网空间。互联网并没有也不可能改变现实社会基本制度以及受这个制度保护的基本社会关系。互联网上的"虚拟世界"是从现实世界生成的，并且无时不在对现实世界发生影响，所以"虚拟世界"说到底还是现实世界的一部分，"虚拟世界"里的关系无非是现实世界的社会关系的延伸，仍然要受现实世界中现行法律的规范和调整。规范和调整的原则主要有以下三条：

第一，安全原则。安全原则要求信息在网络传输、存储、交换等整个过程不被丢失、泄露、窃听、拦截、改变等，要求网络和信息应保持可靠性、可用性、保密性、完整性、可控性和不可抵赖性

第二，引导原则。是指信息网络立法鼓励和引导社会公众利用信息网络进行信息交流和电子商务活动。通过立法鼓励引导和促进信息网络的健康发展是各国信息网络立法的基本原则。

第三，开放中立原则。是指信息网络立法对所涉及的有关范畴应保持开放中立的立场。如果立法的基础范畴依附于某一特定的技术形态，那么建立在先前某一特定技术基础之上的法律范畴就不适应新技术条件下网络发展的需要，要求立法必须适应信息网络的技术性和快速发展的特点，并保持一定的灵活性，以便使信息网络立法能适应信息网络的不断发展。

目前，中国信息网络的基本立法方面的法律法规，除了2001年新修改的《著作权法》涉及了网络环境的版权保护问题外，还有部分行政法规、部门规

章和司法解释等。其中，行政法规主要有《计算机信息网络国际联网管理暂行规定》、《计算机信息系统安全保护条例》等；部门规章主要有邮电部门发布的《计算机信息网络国际联网出入口信道管理办法》、《中公用计算机互联网国际联网管理办法》，国务院信息化工作领导小组发布的《计算机信息网络国际联网暂行规定实施办法》，公安部发布的《关于加强信息网络国际联网信息安全管理的通知》、《计算机信息网络国际联网公众媒体信息服务管理办法》；司法解释有最高人民法院《关于审理涉及计算机网络著作权纠纷案件适用法律若干问题的解释》等。上述规定的内容主要涉及的领域包括市场准入、网络监督、信息安全、电子商务、网络著作权等方面。为了整顿目前比较混乱的上网经营场所（如网吧等），2002年信息产业部等几家机构共同制定了《互联网上网服务营业场所管理办法》。中国虽然制定了一些法规、规章，但是从总体上说还不适应促进和管理互联网活动的需要，还要做很多的工作。互联网法仍然是中国社会主义法律体系的组成部分，它不可能超越现有法律体系的基本原则。

全国人大常委会通过的《关于维护互联网安全的决定》（以下简称《决定》），从某种意义上说，是一件法律解释。它的主要内容就是重申现行《刑法》规定的若干罪名适用于互联网，例如：为了保障互联网的运行安全，重申了《刑法》第二百八十五条非法侵入计算机信息系统罪，第二百八十六条破坏计算机信息系统罪；为了维护国家安全和社会稳定，重申了《刑法》第一百零三条煽动分裂国家罪，第一百零五条煽动颠覆国家政权罪，第二百零八条非法获取国家秘密罪，第三百九十八条故意或过失泄露国家秘密罪，第二百四十九条煽动民族仇恨、民族歧视罪，第三百条组织利用邪教组织破坏法律实施罪；为了维护社会主义市场经济秩序和社会管理秩序，重申了《刑法》第一百四十条生产、销售伪劣产品罪，第二百二十二条虚假广告罪，第二百二十一条损害商业信誉、商品声誉罪，第三章第七节"侵犯知识产权罪"内各项罪名，第一百八十一条编造并传播证券交易虚假信息罪，第六章第九节"制作、贩卖、传播淫秽物品罪"内各项罪名；为了保护个人、法人和其他组织的人身、财产等合法权利，重申了《刑法》第二百四十六条侮辱罪、诽谤罪，第二百五十二条侵犯通信自由罪，在第二百八十七条已有特别规定的第二百六十六条诈骗罪，第二百六十四条盗窃罪，第二百七十四条敲诈勒索罪等。并且规定，尚不构成犯罪的予以治安处罚或其他行政处罚，构成民事侵权的承担民事责任。

当然，由于互联网活动具有的新特点，这个《决定》即使是重申现有罪名，也要就某些特有的网上违法犯罪行为作出具体解释，从而扩展了《刑法》的原有内容。如规定"在互联网上建立淫秽网站、网页，提供淫秽站点链接服务，或者传播淫秽书刊、影片、音像、图片"，构成犯罪，追究刑事责任，这些行为是《刑法》第六章第九节不可能罗列的，特别是规定链接淫秽站点也可以构成犯罪，体现了中国查禁淫秽物品的严格性。又如规定"非法截获、篡改、删除他人电子邮件或者其他数据资料"，可以构成侵犯公民通信自由和通信秘密，也是对《刑法》第二百五十二条的引申，因为本条所列"非法开拆他人信件"，本意显然只是指纸质信件，这条规定就把互联网上的电子邮件和个人数据资料也纳入通信自由的保护范围。

除了这些法规外，还有一部分地方性的法规。这些法规针对区域性管理特点，也针对一些互联网管理中出现的新的需要规范的目标。如北京市公布的《北京市微博客发展管理若干规定》。

据中国互联网络信息中心（CNNIC）的统计，中国80%以上的独立网站均有独立社区，包括电子公告（BBS）和讨论组、博客、播客、图形化虚拟社区、三维网络社区等。微博作为一种社交网络，以其特有的技术性能，形成了与其他社交网络不同的信息传受路径、群体互动模式和舆论（意见）聚散方式，越来越多的用户在此聚集——微博正深刻地影响和改变着社会舆论生态。

微博用户可实名，也可匿名，没有身份标识。微博上针对很多具体问题的讨论与其说是参与者个体之间的互动，不如说是不同群体之间的互动，甚至论战。《北京市微博客发展管理若干规定》第九条规定："任何组织或者个人注册微博客账号，制作、复制、发布、传播信息内容的，应当使用真实身份信息，不得以虚假、冒用的居民身份信息、企业注册信息、组织机构代码信息进行注册。网站开展微博客服务，应当保证前款规定的注册用户信息真实。"第七条规定："开展微博客服务的网站，应当遵守有关法律、法规、规章和下列规定：（一）建立健全微博客信息安全管理制度；（二）根据微博客用户数量和信息量，确定负责信息安全的机构，配备具有相应专业知识和技能的人员；（三）落实技术安全防控措施；（四）建立健全用户信息安全管理制度，保障用户信息安全，严禁泄露用户信息；（五）建立健全虚假信息揭露制度，及时公布真实信息；（六）不得向未经电信业务经营许可或者未履行非经营性互联网信息服务备案的网站提供信息接口；（七）不得制造虚假的微博客用户；（八）对传播有害信息的用户予以制止、限制，发现构成违反治安管理行为，或者发现涉嫌犯罪的，及时向公安机关报告；（九）协助、配合有关部门开展管理工作。"

二、许可条件和程序

《电信条例》规定国家对电信业务实行许可制度，新闻传播业务实行审批制，互联网新闻传播业务也有严格的准入条件和审批程序。

《互联网信息服务管理办法》对互联网信息服务予以规范。互联网信息服务，是指通过互联网向上网用户提供信息的服务活动。互联网信息服务分为经营性和非经营性两类。经营性互联网信息服务，是指通过互联网向上网用户有偿提供信息或者网页制作等服务活动；非经营性互联网信息服务，是指通过互联网向上网用户无偿提供具有公开性、共享性信息的服务活动。国家对经营性互联网信息服务实行许可制度，对非经营性互联网信息服务实行备案制度，未取得许可或者未履行备案的，不得从事互联网信息服务。

互联网新闻传播是互联网信息服务的一个项目。这项业务称为"登载新闻"，指通过互联网发布和转载新闻。按《互联网信息服务管理办法》规定，"从事新闻、出版、教育、医疗保健、药品和医疗器械等互联网信息服务，依照法律、行政法规以及国家有关规定须经主管部门审核统一的"，在申请经营许可或履行备案手续之前，还必须经有关主管部门即国务院新闻办公室或省级政府新闻办公室的审核同意。按照国务院新闻办公室和信息产业部的规章《互联网站从事登载新闻业务管理暂行规定》，从事这项业务必须具备严格的条件。

（一）从事互联网信息服务的条件和程序

从事互联网信息服务分为经营性和非经营性两类。从事登载新闻的经营性的互联网信息服务，除了应当符合《电信条例》的规定以外，还应当具备《互联网信息服务管理办法》第六条规定的条件：第一，有业务发展计划及相关技术方案；第二，有健全的网络与信息安全保障措施，包括网站安全保障措施、信息安全保密管理制度、用户信息安全管理制度；第三，已取得主管部门即国务院或省级新闻办公室同意的批文。

这里说的网站安全保障措施，主要指应当符合公安部 1997 年《计算机信息网络国际联网安全保护管理办法》第十条提出的要求：第一，负责本网络的安全保护管理工作，建立健全安全保护管理制度；第二，落实安全保护技术措施，保障本网络的运行安全和信息安全；第三，负责对本网络用户的安全教育和培训；第四，对委托发布信息的单位和个人进行登记，对所提供的信息内容进行审核；第五，建立计算机信息网络电子公告系统的用户登记和信息管理制度；第六，发现有违法有害内容时，应当保留有关原始记录，并在 24 小时内向当地公安机关报告；第七，删除含有禁载内容的地址、目录或者关闭服务器。该《办法》并对违规行为规定了行政处罚措施。

这里说的信息安全保密管理制度，主要指应当遵守国家保密局 2000 年《计算机信息系统国际联网保密管理规定》。该《规定》中提出的互联网保密制度大致为：第一，保密隔离。涉及国家秘密的计算机信息系统不得与互联网连接，涉及国家秘密的信息不得在互联网的计算机信息系统中存储、处理、传递。第二，保密审批。凡向互联网站点提供或发布信息，必须经过保密审批，保密审批实行部门管理，有关单位应当建立保密审批领导责任制；除在新闻媒介上已经发表的信息外，上网发表的信息还应该征得提供信息单位的同意。第三，监督管理。任何单位、个人不得在电子公告系统、聊天室、新闻组发布、谈论、传播国家秘密信息，也不得利用电子邮件传递国家秘密信息；发现有涉密信息，及时采取措施，并报告当地保密工作部门。第四，教育自律，互联网单位要把保密教育作为技术培训的主要内容，并在用户协议、用户守则中规定保密条款。

从事登载新闻的经营性互联网信息服务，应当向信息产业部或者所在省、自治区、直辖市电信管理机构申请办理互联网信息服务增值电信业务经营许可证。主管部门应当在收到申请之日起 60 日内审查完毕，作出批准或不批准的决定。申请人取得许可证后应当持许可证向企业登记机关办理登记手续。

从事登载新闻的互联网信息服务如果是非经营性的，应当向信息产业部或者所在省、自治区、直辖市电信管理机构办理备案手续。办理备案时应当提交的材料为：第一，主办单位和网站负责人的基本情况；第二，网站网址和服务项目；第三，已取得主管部门即国务院或省级新闻办公室同意的批文。

互联网信息服务提供者应当在其网站主页的显著位置标明其经营许可证编号或者备案编号。

（二）登载新闻业务的审批

按部门规章《互联网站从事登载新闻业务管理暂行规定》（以下简称《暂行规定》），互联网登载新闻实行审批制。审批部门是国务院和省级政府新闻办公室。鉴于互联网发展初期，许多网站纷纷登载新闻，拓宽了人们获知新闻的渠道，但是由于缺乏必要的管理规范，一些互联网站擅自转载新闻单位发布的新闻或冒用新闻单位名义发布新闻，侵犯了这些新闻单位的正当权益；一些互联网站将道听途说的消息编发上网，转发或引用虚假新闻和有害信息，误导公众，混淆视听。所以，互联网站从事登载新闻业务，都应当按规定程序提出申请，通过批准取得从事这项业务的资格。

对于新闻单位建立的网站和非新闻单位建立的综合性网站，实行不同的审批办法。

中央新闻单位、中央国家机关各部门新闻单位，省、自治区、直辖市及其政府所在地的市直属新闻单位，建立从事登载新闻业务的互联网站（简称"新闻网站"），经批准可以从事登载新闻业务。其他新闻单位不单独建立"新闻网站"，经批准可以在中央新闻单位或者省、自治区、直辖市直属新闻单位建立的新闻网站建立新闻网页从事登载新闻业务。具体程序为：中央新闻单位报国务院新闻办公室批准；中央国家机关各部门新闻单位经主管部门审核同意，报国务院新闻办公室批准；省、自治区、直辖市及其政府所在地的市直属新闻单位经所在地省、自治区、直辖市政府新闻办公室审核同意，报国务院新闻办公室批准；省、自治区、直辖市以下新闻单位在中央新闻单位或者省、自治区、直辖市直属新闻单位的"新闻网站"建立新闻网页，报所在地省、自治区、直辖市政府新闻办公室审核批准，并报国务院新闻办公室备案。

其他非新闻单位建立的网站，包括众多的商业网站，可以从事登载新闻业务的限于综合性的互联网站。综合性网站据主管部门发言人解释，要从网站的服务内容来判断。其他非新闻单位建立的网站，不得从事登载新闻业务。综合性非新闻单位网站登载新闻，限于转载中央新闻单位、中央国家机关各部门新闻单位以及省、自治区、直辖市直属新闻单位发布的新闻，不得登载自行采写的新闻和其他来源的新闻。转发新闻，应当同上述新闻单位签订协议。

综合性网站从事登载新闻业务，应当具备以下条件：第一，有符合法律、法规规定的从事登载新闻业务的宗旨及规章制度；第二，有必要的新闻编辑机构、资金、设备及场所；第三，有具有相当新闻工作经验和中级以上新闻专业技术职务资格的专职新闻编辑负责人，并有相应数量的具有中级以上新闻专业技术职务资格的专职新闻编辑人员；第四，已经同合格的新闻单位签订了协议。综合性非新闻单位网站从事登载新闻业务，应当经主办单位所在地省、自治区、直辖市政府新闻办公室审核同意，报国务院新闻办公室批准。

区分新闻单位网站和其他网站，据主管部门发言人称：是因为国家已经建立了数量众多的专业新闻机构，这些新闻机构中有一支经过专业训练的记者队伍。在新闻采编、发布等方面有健全的机制和完善的规章制度，其采编、发布新闻的资格经过国家有关行政部门批准。目前，非新闻单位建立的网站都未经过国家有关行政部门予以采编、发布新闻的资格。因此，非新闻单位网站只能转发新闻单位发布的新闻，不能发布自行采写的新闻。把非新闻单位网站转发新闻的来源限定在省级以上的新闻单位，是考虑到这些新闻单位是中国发布新闻的主体，其发布的新闻权威、准确、及时。

《暂行规定》还规定，互联网站链接境外新闻网站，登载境外新闻媒体和互联网站发布的新闻，必须另行报国务院新闻办公室批准。

按照《暂行规定》，下列情况都属于违规行为：第一，未取得从事登载新闻业务资格，擅自登载新闻的；第二，综合性非新闻单位网站登载自行采写的新闻或者登载不符合法定来源的新闻的，或者未注明新闻来源的；第三，综合性非新闻单位网站未与合格新闻单位签订协议擅自登载其发布的新闻，或者签订的协议未履行备案手续的；第四，未经批准，擅自链接境外新闻网站，登载境外新闻媒体和互联网站发布的新闻的。有以上行为之一，国务院或省级政府新闻办公室给予警告、责令限期改正；对于取得登载新闻资格的网站，情节严重的，撤销登载新闻资格。信息产业部门还可以责令关闭网站、吊销许可证。

三、电子公告服务许可

电子公告服务，是指在互联网上以电子布告牌、电子白板、电子论坛、网络聊天室、留言板等交互形式为上网用户提供信息发布的条件。电子公告集中体现了网络传播的互动特点，这是传统媒体无法具有的。互联网站在登载新闻的同时，开展电子公告服务，扩大了公众行使言论自由的权利，有望成为公民表达对公共事务的意见、参政议政的重要渠道。

按《互联网信息服务管理办法》规定，从事互联网信息服务，拟开办电子公告服务的，应当在申请经营性互联网信息服务许可或者办理非经营性互联网信息服务备案时，提出专项申请或者专项备案。信息产业部就此发布规章《互联网电子公告服务管理规定》。

按规章规定，开展电子公告服务，除应当符合《互联网信息服务管理办法》规定的条件外，还应当具备下列条件：第一，有确定的电子公告服务类别和栏目；第二，有完善的电子公告服务规则；第三，有电子公告服务安全保障措施，包括上网用户登记程序、上网用户信息安全管理制度、技术保障设施；第四，有相应的专业管理人员和技术人员，能够对电子公告服务实施有效管理。

信息产业部或者省级电信管理机构，应当自收到专项申请或者专项备案材料之日起 60 日内审查完毕。经审查符合条件的，予以批准或者备案，并在经营许可证或备案文件中专项注明；不符合条件的，不予批准或者不予备案，书面通知申请人并说明理由。未经专项批准或者专项备案手续，任何单位或者个人不得擅自开展电子公告服务。

互联网信息管理的中心议题就是防范违法有害内容。除全国人大常委会《关于维护互联网安全的决定》外，几乎所有关于互联网的法规、规章都有禁止在互联网上制作、复制、发布、传播的内容的规定。如《电信条例》第五十七条规定："任何组织或者个人不得利用电信网络制作、复制、发布、传播含有下列内容的信息：（一）反对宪法所确定的基本原则的；（二）危害国家安全，泄露国家秘密，颠覆国家政权，破坏国家统一的；（三）损害国家荣誉和利益的；（四）煽动民族仇恨、民族歧视，破坏民族团结的；（五）破坏国家宗教政策，宣扬邪教和封建迷信的；（六）散布谣言，扰乱社会秩序，破坏社会稳定的；（七）散布淫秽、色情、赌博、暴力、凶杀、恐怖或者教唆犯罪的；（八）侮辱或者诽谤他人，侵害他人合法权益的；（九）含有法律、行政法规禁止的其他内容的。"

2011 年发布的《中国社会舆情与危机管理报告》提出，中国互联网已经成为公众行使知情权、参与权、表达权和监督权的重要渠道，公众通过互联网关注社会现象、发表不同意见、参与公共事务的意识与热情空前高涨，而政府部门也开始主动通过这种新型渠道探寻全新的公共管理模式。

社会进步和发展，取决于整个社会如何在社会稳定与个人自由之间取得平衡，为达到社会的和谐与稳定，社会必须有"控制"机制。因此，没有边界的互联网络以超越时空的方式传播人们自由选择的信息，改变了社会控制的政治环境、信息环境、媒体环境，网络管理也成了社会控制不可忽视的一个方面。

第六节　特殊新闻信息发布管理规定

在中国，某些特殊新闻信息和信息须由国家规定的部门统一发布，传媒不得擅自报道。对此党和政府有一些政策性规定。

一、重要政务新闻

重要政务新闻是指执政党和国家的领导机关的重大决策、重要会议和事件、重要文件以及有关领导人的重要公务活动等。这类新闻，一种是有正式文件或文书的，需要以公告形式发表；另一种虽然没有文件文书，但也要有一个权威性的官方文本，称为公告性新闻。这类新闻必须由国家通讯社即新华社统一发布，并由中共中央机关报《人民日报》负责刊载。

1982 年五届全国人大常委会通过决议，决定"将新华通讯社作为国务院的组成部门，是国家集中统一的新闻发布机关"。1987 年中共中央宣传部等部门《关于改进新闻报道若干问题的意见》重申新华社是"党和国家发布新闻的机关"，它的一个主要职能是负责准确地、及时地统一发布党和政府的重要新闻，主要是指：第一，党和政府的重大决策、决定；第二，重要文件；第三，重要会议新闻；第四，中央领导人的重要活动；第五，中央领导人同外宾会见、会谈时发表的涉及国内国际重大问题的谈话；第六，重要人事任免；第七，领导人去世等。这个文件中还解释："在这些重大问题上，有一个统一的发布口子和口径可以避免因多种版本的报道而引起的混乱以及因着重点不同而引起的外界猜测和流言蜚语。这类统一发布的新闻从总体上说，数量并不多，不会形成报纸版面千篇一律的现象。"

二、有关党和国家主要领导人的作品

中共中央宣传部和新闻出版署先后发布《关于对描写党和国家主要领导人的出版物加强管理的规定》(1990)、《关于发表和出版有关党和国家主要领导人工作和生活情况作品的补充规定》(1993)，对出版社出版有关书籍和报刊发表有关作品作了严格规定："凡发表和出版这类作品，必须严格执行送审制度。"

党和国家领导人包括现任或曾任中共中央政治局常委，国家主席、副主席，国务院总理，中央军委主席，全国人大常务委员会委员长，全国政协主席。有关党和国家领导人的作品是指描写、记述或涉及上述人物工作和生活情况的图书、报刊文章、音像制品、电影、电视作品。据此，新闻报道和其他新闻作品当然包括在内。发表和出版涉及健在的领导人的作品，包括报道领导人的活动、发表他的谈话，都必须征得本人同意。

有关规章还就此规定了罚则：对违反者，由新闻出版署和当地新闻出版局予以行政处罚。如果内容可以发表，但未按规定送审，没收全部利润。如果内容也有问题，除没收利润和加处罚款外，还将追究出版单位和责任者的责任，直至撤销出版单位。

三、证券信息和新闻

在中国，对证券信息的披露和传播的管理是对证券市场的管理的重要组成部分。关于证券信息和新闻的传播原则主要有以下几点：

(一) 公开、公平、公正的原则

2005 年修订版《证券法》第三条规定："证券的发行、交易活动，必须实行公开、公平、公正的原则。"证券市场信息的披露与传播是证券发行交易实行"三公"原则的重要条件，同时证券市场信息的披露与传播自身也要遵循这一原则。

首先是公开原则。信息公开包括初期披露和持续披露。信息的公开还要遵循公平、公正的原则。即公布信息不仅要及时、准确，而且对接受信息的公众来说还必须是机会均等的。所以证券信息的披露和传播还要遵循以下规则：

1. 重大信息和文件限时公布制度

按有关法律、法规，招股书在发股前 2～5 日发布，上市公告在上市前 5 日发布，公司年度报告在财政年度结束后 4 个月内公告，中期报告在 2 个月内公告，临时发生的重大事件立即报告，收购事件在 3 个工作日内公告，等等。"立即"是指"1 个工作日内"。

2. 临时发生的重大事件报告制度

重大事件是指可能对上市公司股票的市场价格产生较大影响，而投资者尚未得知的事件。公司在发生无法事先预测的重大事件后 1 个工作日内，应当向证监会和挂牌的证券交易所作出报告。公司认为有必要通过新闻媒介披露时，应当在公开该重大事件前向证监会报告其披露方式和内容，然后由各家传媒同时公开发布。如果证监会认为有必要时可对披露时机、方式与内容提出要求，公司应当按证监会的要求进行披露。

3. 重要文件审查验证制度

公开披露文件涉及会计、法律、资产评估等事项的，应当由具有从事证券业务资格的会计师事务所、律师事务所和资产评估机构审查验证，并提出意见；承销股票的证券经营机构必须对招股说明书内容的真实性、准确性、完整性进行查核，他们都应保证有关内容没有虚假、严重误导性陈述或重大遗漏，并对其负有责任部分承担连带法律责任。上述范围的信息未经验证不能公开报道或作为报道的依据。

4. 内幕信息不得提前泄露

《证券法》第七十五条规定："证券交易活动中，涉及公司的经营、财务或者对公司证券的市场价格有重大影响的尚未公开的信息，为内幕信息。"内幕信息包括前述重大事件和其他重要信息。《证券法》第七十四条规定"证券交易内幕信息的知情人"有 7 类："（一）发行人的董事、监事、高级管理人员；（二）持有公司 5％以上股份的股东及其董事、监事、高级管理人员，公司的实际控制人及其董事、监事、高级管理人员；（三）发行人控股的公司及其董事、监事、高级管理人员；（四）由于所任公司职务可以获取公司有关内幕信息的人员；（五）证券监督管理机构工作人员以及由于法定职责对证券的发行、交易进行管理的其他人员；（六）保荐人、承销的证券公司、证券交易所、证券登记结算机构、证券服务机构的有关人员；（七）国务院证券监督管理机构规定的其他人。"他们利用内幕信息进行证券交易活动受到严格禁止。《证券法》第七十六条规定："证券交易内幕信息的知情人和非法获取内幕信息的人，在内幕信息公开前，不得买卖该公司的证券，或者泄露该信息，或者建议他人买卖该证券。"以上信息披露规则所规范的主要对象是上市公司和发行债券的公司、中介机构及其高级管理人员和其他有关业务人员，对新闻单位和新闻工作者也同样有约束力。

通常企业的经济状况只要企业同意发布，新闻报道是不成问题的。而上市公司财务报表等文件的有关情况还必须经过审查验证，如果上市公司报表的有关数据未经审验即予报道，一旦审验后有所出入，势必对投资者造成一定的不利后果。所以按章必须审验的文件的有关内容在公布前即属内幕信息，任何管理人员和知情者都不得以任何方式向社会披露。至于临时发生的重大信息和内幕信息，往往具有极大的新闻价值，但新闻媒介即使提前获知，在"第一时间"获得者尚未获悉并准予报道之前，绝不能抢先披露。

（二）证券信息的真实性、准确性、完整性

《证券法》第七十八条规定："禁止国家工作人员、传播媒介从业人员和有关人员编造、传播虚假信息，扰乱证券市场。""各种传播媒介传播证券市场信息必须真实、客观，禁止误导。"中国证监会《关于加强对地方报刊及其他媒体传播证券期货市场信息的监管的通知》也规定，地方报刊及电台、电视台等不得误传或编造有关证券主管部门的信息，不得误传或编造公司发行、上市、股配等有关事项的信息，不得刊播明显误导市场的股评信息等。《关于加强证券期货信息传播管理的若干规定》规定，传播证券期货信息必须坚持客观、准确、完整和公正的原则，禁止任何单位和个人制造和传播证券期货市场的虚假信息。

第一，禁止不实、虚假信息；

第二，不得有重大遗漏；

第三，不得断章取义；

第四，不得片面诱导，特别是在证券新闻包括评论中体现的不同观点应当保持平衡。

（三）刊播证券信息的指定披露报刊制度

《股票发行与交易暂行条例》第六十三条规定："上市公司应当将要求公布的信息刊登在证监会指定的全国性报刊上。"《公开发行股票公司信息披露实施细则》第二十六条规定，公司应当在证监会指定的全国性报刊中自行选择至少一家披露信息，任何机构与个人不得干预。同时还可以根据需要在其他报刊上披露信息，但必须保证指定报刊不晚于非指定报刊披露信息；现在中国证监会指定的披露上市公司信息的共有七报一刊：《经济日报》、《金融时报》、《中国日报》、《中国证券报》、《上海证券报》、《证券时报》、《中国改革报》和《证券市场周刊》。"指定披露报刊制度"是中国证券界实行的与各国不同的一项独特制度，其主旨是为了保证信息统一披露和信息的真实、准确、完整，使投资者能够公平地在几乎同一时间内阅读并充分消化有关信息。

（四）传媒投资咨询文章作者资格审查制度

1997 年中国证监会、新闻出版署等六部门发布的《关于加强证券期货信息传播管理的若干规定》中，把可以刊播证券期货信息的新闻媒介限定为：经批准公开发行的证券期货专业报刊，经批准公开发行的综合类、经济类报刊，各类通讯社，经批准设立的电台、电视台、有线台。证券期货专业报刊、电台、电视台不得向任何机构和个人出租版面或节目时间开设证券期货栏目，不得与个人合办证券期货栏目。与机构合办栏目，稿件终审权在报刊社或电台、电视台，合作方工作人员不得以记者身份从事采访活动。综合类报刊开设证券期货专刊、专版或刊发投资咨询文章，需经新闻出版总署审批。

行政法规《证券期货投资咨询管理暂行办法》把"在报刊上发表证券、期货投资咨询的文章、评论、报告，以及通过电台、电视台等公共传播媒体提供证券、期货投资咨询服务"列为投资咨询活动。该行政法规规定，从事证券期货投资咨询业务的人员必须取得证券期货投资咨询的从业资格，并且加入一家有从业资格的投资咨询机构，方可从事投资咨询活动。《关于加强证券期货信息传播管理的若干规定》把投资文章规定为"分析并预测证券期货市场及个股、期货品种或合约的行情走势，提供具体投资建议的文章、评论、报告"，并规定有关报刊刊发这类文章，必须对撰稿人是否具有投资咨询业务的执业资格进行审查，撰稿人不能提供证明文件，其稿件不得刊发。发刊时必须署名作者所在的投资咨询机构的名称和自己的真实姓名。电台、电视台聘请个人做证券期货节目主持人播发有关投资咨询内容的，也必须进行资格审查。

（五）对违反信息披露规则非法牟利的制裁

同信息披露活动有关的，主要有下列两种情况：第一，编造并且传播影响证券交易的虚假信息，扰乱证券市场交易的行为。这类虚假信息不只限于上市公司和证券交易活动中公布的各种文件、公告，也包括各种新闻报道和评论。《刑法》第一百八十一条第一款规定了"编造并传播虚假证券信息罪"，对造成严重后果的当事人追究刑事责任。第二，泄露内幕信息或证券内幕交易行为。新闻记者依照《证券法》已不属于内幕人员，只能同广大公众享有同等的知情权。他们获知内幕信息是非法的。但新闻记者获知内幕信息的机会还是比较多的，当他们获知内幕信息后又实施利用内幕信息买卖股票、把内幕信息泄露给别人或者没有泄露内幕信息内容却建议别人去买卖与信息相关的某种股票等活动，就构成上述违法行为。根据《证券法》第二百零二条规定，此类行为要依法处理非法获得的证券，没收违法所得，并处以违法所得一倍以上五倍以下的罚款。《刑法》第一百八十条规定了"内幕交易、泄露内幕信息罪"，对情节严重或特别严重的追究刑事责任。

对于新闻媒介披露证券市场信息的一般违规行为，主要适用新闻出版管理的行政处罚。处罚执行者是国家的新闻出版行政管理部门。

四、汛情、疫情、震情、核事故

1991 年颁布的行政法规《防汛条例》第二十八条规定："电视、广播、新闻单位应当根据人民政府防汛指挥部提供的汛情，及时向公众发布防汛信息。"根据该条款，新闻媒介应当及时报道防汛信息，而消息来源必须由政府防汛部门提供，这其中当然包含了不得擅自报道非政府部门正式发表的传闻的意思。同时，政府防汛部门也就有及时向新闻媒介提供汛情的职责。

1989 年《传染病防治法》第二十三条规定："国务院卫生行政部门应当及时地如实通报和公布疫情，并可以授权省、自治区、直辖市政府卫生行政部门及时地如实通报和公布本行政区域的疫情。"这是对政府卫生部门负有及时如实公布疫情的义务性规范。1989 年卫生部发布《关于授权公布传染病疫情的通知》，授权各省、自治区、直辖市卫生厅（局）可以决定及时如实地通报和公布本行政区域的传染病情，但发生鼠疫、霍乱、病毒性肝炎、流行性出血热暴发性大流行的疫情，以及艾滋病、性病病例，在对外通报和公布前须征得卫生部同意。通知还规定："任何单位和个人未经批准，不准对外通报、公布和引用发表未经公布的传染病疫情。"这是对新闻媒介的禁止性规范，即不得报道未经政府卫生部门发布或未经批准的疫情新闻。

1997 年《防震减灾法》第十六条规定："国家对地震预报实行统一发布制度。"地震预报分长期、中期、短期、临震四种。长期预报是指对未来 10 年内可能发生破坏性地震的地域的预报；中期预报是指对未来一两年内可能发生破坏性地震的地域和强度的预报；短期预报是指对 3 个月内将要发生地震的时间、地点、震级的预报；临震预报是指对 10 个月内将要发生地震的地点、时间、震级的预报。地震预报意见实行评审制度。全国性的地震长期预报和地震中期预报，由国务院发布。省、自治区、直辖市行政区域内的地震长期预报、地震中期预报、地震短期预报和临震预报，由省、自治区、直辖市政府发布。北京市的地震短期预报和临震预报，由国家地震局和北京市政府负责管理地震工作的机构，组织召开震情会商会，提出预报意见，经国家地震局组织评审后，报国务院批准，由北京市政府发布。行政法规《地震预报管理条例》（1998）第六条规定："任何单位和个人根据地震观测资料和研究结果提出的地震预测意见，应当向所在地或者所预测地区的县级以上人民政府负责地震工作的机构书面报告，特殊的可以向国务院地震工作主管部门书面报告，不得向社会散布。"任何单位和个人不得向社会散布地震预报意见及其评审结果，任何组织或者个人都不得传播有关地震的谣言。发生地震谣传时，防震减灾工作主管部门应当协助政府迅速予以平息和澄清。

在地震发生后，政府还负有向社会公告的义务。《防震减灾法》第三十一条规定："地震灾区的省、自治区、直辖市人民政府按照国务院有关规定向社会公告震情和灾情。"《地震预报管理条例》第十四条规定："新闻媒体刊登或者播发地震预报消息，必须依照本条例的规定，以国务院或省、自治区、直辖市人民政府发布的地震预报为准。"新闻宣传部门应当实事求是地进行地震知识和地震工作的宣传报道。涉及地震短期和临震预报水平的宣传报道，在发表前应征得国家或省级地震部门的同意。新闻媒体如果得到民间与地震有关的异常情况反映时，首先应当与所在地政府及地震部门联系，而不应抢先报道。在地震发生后，应当从政府及地震部门取得可靠信息进行震情和灾情的报道。对有关地震的谣言，应当与地震部门配合积极辟谣。

行政法规《核电厂核事故应急管理条例》（1993）第二十三条规定："省级人民政府指定的部门在核事故应急响应过程中应当及时将必要的信息及时地告知当地公众。"这是对省级政府应当向发生核事故的地域的公众公开信息的职责的规定。第二十八条规定："有关核事故的新闻由国务院授权的单位统一发布。"授权单位一般是指新华社。1994 年卫生部发布部门规章《核事故医学应急管理条例》规定："核事故应急救援的有关信息由国务院卫生行政部门统一发布。"《核电厂核事故应急管理条例》还规定，在核事故应急响应过程中如有散布谣言、扰乱社会秩序等行为，应予行政处分、治安管理行政处罚直至追究刑事责任。

五、气象预报

《气象法》第二十二条规定："国家对公众气象预报和灾害性天气警报实行统一发布制度。""各级气象主管机构所属的气象台站应当按照职责向社会发布公众气象预报和灾害性天气警报，并根据天气变化情况及时补充或者订正。其他任何组织或者个人不得向社会发布公众气象预报和灾害性天气警报。"气象预报，是对天气预报、气候预测和各种专业气象预报的统称。灾害性天气警报，是指即将发生台风、寒潮、大风、暴雨雪、冰雹等对国计民生有严重危害的天气时，对可能危及的区域以天气预报的形式向公众发布的紧急通报。公开发布天气预报的主要方式是通过宣传媒介和公共信息发布系统，如广播、电视、报刊、电话等。

在气象预报统一发布制度中，新闻媒体主要承担两项义务：一是准确及时传播气象台站的气象预报；二是不擅自发布重要气象新闻。《气象法》规定，各级广播、电视台站和省级人民政府指定的报纸，应当安排的时间或版面，每天播发或者刊登公众气象预报或者灾害性天气警报。广播、电视播出单位改变气象预报节目播发时间安排的，应当事先征得有关气象台站的同意；对国计民生可能产生重大影响的灾害性天气警报和补充、订正的气象预报，应当及时增播或者插播。广播、电视、报纸、电信等传媒向社会传播气象预报和灾害性天气警报，必须使用气象主管机构所属的气象台站提供的适时气象信息，并标明发布的时间和气象台站的名称。另外，《气象法》还规定，通过传播气象信息获得的收益，应当提取一部分支持气象事业的发展。

传播活动中的违规行为，一是非法向社会发布公众气象预报、灾害性天气警报；二是广播、电视、报纸、电信等传媒向社会传播公众气象预报、灾害性天气警报，不使用气象主管机构所属的气象台站提供的适时气象信息。按《气象法》第三十八条规定，由有关气象主管机构按照权限责令改正，给予警告，可以并处 5 万元以下的罚款。

由于气象预报是采取高科技手段获得的，所以它还是一种智力成果。《气象法》第三条规定："气象台站在确保公益性气象无偿服务的前提下，可以依法开展气象有偿服务。"所谓"气象公益服务"，是指为各级政府指挥生产、组织防灾抗灾和为军事、国防及其他特殊任务提供的气象服务，以及通过广播、电视、报刊等方式向社会提供的天气预报。据此，政府机构、军事机构和新闻单位等可以享有无偿使用天气预报的权利，其他机构部门单位使用特别是带有营利目的的使用，应征得气象台站同意并酌情支付费用。

案例及评析

【案例】 《中国贸易报》山西站兰成长被打致死案

2007 年 1 月 10 日，犯罪嫌疑人侯振润接到其在浑源煤矿的留守人员打来的电话，称有记者要求和他见面。随后，侯振润率领郑文平、武强等 7 人赶到浑源县沙圪瘩镇水沟村道班房的办公地点。途中，侯振润告诉武强等人："到了浑源县后，如果去的是真记者，就好好招待他们，如果是假记者，就收拾他们。"下午 4 点左右，侯振润等人到了浑源县沙圪瘩镇水沟村道班房。见到《中国贸易报》山西记者站聘用的工作人员常汉文和兰成长后，在查看两人证件时，发现没有新闻出版总署的印章，认为二人是假记者，就用洋镐柄、啤酒瓶、凳子、电烙铁等殴打二人。兰成长受伤后被出租车司机送到大同市第五医院，经抢救无效于 2007 年 1 月 11 日 9 时许死亡。经大同市公安局法医门诊部鉴定，兰成长系被他人用钝器多次打击头部致颅脑损伤死亡。3 月 15 日，浑源县公安局将侯振润等 6 名犯罪嫌疑人移送浑源县人民检察院提请起诉。2007年 6 月 28 日，山西省临汾市中级人民法院就《中国贸易报》聘用人员兰成长被打死一案作出一审判决。被告人侯振润被判处无期徒刑。郑文平、武强等人被判处 1 年至 15 年不等的有期徒刑。法庭同时判令侯振润等人赔偿兰成长的亲属共计人民币 38 万元。宣告判束后，7 名被告均表示不服，要求上诉。

【评析】

在上述案件中，兰成长的职业身份一直是人们关注的焦点。但据《山西青年报》报道，《中国贸易报》山西记者站站长常旭日证实：二人系该站聘用的工作人员，发了新闻工作证，处于试用期，主要任务是收集新闻线索，没有采访权，2007 年 1 月 10 日，站里没有安排兰成长两人到浑源县采访，他们也未向站里请示报告，纯属个人行为。另外，在新闻发布会现场，死者兰成长的家属向在场的记者散发材料，对本案提出了三点质疑：第一，警方早就说锁定了元凶，而未及早抓捕，最后通报却是元凶投案自首。第二，常汉文说，兰成长曾说过，亮个证件矿上起码给个 1000 元钱，这是一面之词。第三，山西黑煤矿状况到底如何？有没有瞒报事故？

《中国青年报》的一则新闻曾披露了一组数据："两个多月来，共收缴假冒记者证、工作证 1362 件，抓获涉嫌敲诈勒索、强拉广告、强买强卖的假记者28 人。其中已批捕 7 人，行政和刑事拘留 21 人，已经取缔非法记者站、工作站 45 个。"

山西是中国第一能源大省，但从上面的数据来看，无疑也是"中国第一假记者大省"。在山西，如此多的假记者叫人惊叹。假记者以敲诈为主，敲诈对象多是发生各种安全事故的煤矿等私营企业，一般是以曝光要挟直接索要金钱。山西假记者的横行，暴露了在中国地方省市对记者管理的混乱。新闻工作者负有崇高的历史使命和社会责任，假记者的拜金主义和极端个人主义是对新闻业的侵蚀，大大降低了社会公众对新闻传媒的信赖。

后　记

习近平 2016 年 2 月 19 日在党的新闻舆论工作座谈会上的讲话中指出："在新的时代条件下，党的新闻舆论工作的职责和使命是，高举旗帜、引领导向，围绕中心、服务大局，团结人民、鼓舞士气，成风化人、凝心聚力，澄清谬误、明辨是非，联接中外、沟通世界。要承担起这个职责和使命，坚持正确政治方向是第一位的。""牢牢坚持马克思主义新闻观。新闻观是新闻舆论工作的灵魂。山无脊梁要塌方，人无脊梁会垮掉。党的新闻舆论工作必须挺起精神脊梁。古人说：'先立乎其大者，则其小者弗能夺也。'对党的新闻舆论工作来说，这个'大'，就是马克思主义新闻观。要深入开展马克思主义新闻观教育，把马克思主义新闻观作为党的新闻舆论工作的'定盘星'，引导广大新闻舆论工作者做党的政策主张的传播者、时代风云的记录者、社会进步的推动者、公平正义的守望者。"

在本教材出版之际，我要表达对导师中国人民大学陈绚教授由衷的感谢。在人民大学攻读博士期间，陈老师就鼓励我写一本有特点的新闻伦理与法规教材。在本教材的编写过程中，我们翻阅了大量的有关论文、论著，了解了目前学术界对该领域的研究现状，借鉴、参考并吸收了其中的一些研究成果。

感谢中国人民大学的杨保军教授，许多问题经与杨老师的讨论后都豁然开朗。此教材中也借用了杨老师的部分研究成果。

新疆财经大学的武鸿鸣教授、艾美华教授、张菊兰教授、朱爱敏副教授，昌吉学院的邝波教授、李彧老师，南通大学何秋红老师，包头师范学院许全亮老师，韩山师范学院杨永强老师参加了本书的编写工作。

感谢新疆财经大学新闻与传媒学院全体同仁的大力支持和帮助，感些本教材的编辑北京师范大学出版社的王强老师，没有他的辛劳，这本教材不可能出版的如此顺利。

罗　彬

2022 年 5 月 25 日于新疆财经大学